登録有形文化財

藤岡家住宅

〜修復と活用の記録

はじめに

江戸時代の庄屋屋敷であり、明治大正期の実業家の邸宅であり、戦前期の高級官僚で戦後も活躍した俳人の家であり、また、婦人運動家であったその妻がその最期まで住んでいた登録有形文化財「藤岡家住宅」は、多彩な顔を持った文化遺産、近代化遺産である。五條市の農村部の、そのような歴史を持つ古民家を保存・再生・活用する試みはまさに、「壮大な実験」と言える。

このような歴史的建造物について、国の重要文化財、都道府県や市町村による指定文化財があるが、これらの修復事業は原状回復や保存が中心である。これに対し、登録有形文化財は、保存とともにその活用が期待されている。藤岡家住宅の修復工事は、棟梁たちの努力で「一〇〇年は持つ」を目標に行われた。それは「昔の姿」に戻したように見えても、耐久性を高めるなどのために、様々な改造や改善が行われている。

歴史的な建物の活用には、現代生活にマッチした大幅な改造を行い、レストランや宿泊施設、住宅などに再生させている例も少なくない。しかし、藤岡家住宅は、当主藤岡宇太郎氏の「できるだけ文化的な方法で活用したい」という意向もあり、かつての姿をできる限り残す方法で修復が行われた。それは、「保存」と「再生」の中間的な修復とも言えるが、むしろ両者をつなぐ役割を果たすために、様々な創意工夫が凝らされた修復事例と言ってもよいだろう。本書は、その内容をできる限り詳しく記載した。

一方、蔵や母屋のつし二階などには、膨大な量の収蔵品が残され、それらを整理し、できる限り公開・展示していくのが、藤岡家住宅の管理運営を担っているNPO法人うちのの館《やかた》の方針である。その機能は、学芸員が常駐するある種の資料館や博物館に近く、こうした施設は入館料を取っても大赤字なのがふつうである。それを行政の財政援助にも頼らず、五條市民を中心とする民間の力だけで運営していこうというものであるから、条件的には大変厳しいといわざるを得ない。

しかし、全部で六棟にも及ぶ建物の修復費用は所有者の藤岡氏が負担し、その後の活用と運営は、地元の柿の葉すしの有名メーカーの創業者田中修司氏を理事長とするＮＰＯ法人うちのの館が行うという形がとられた。藤岡家住宅の修復工事、開館後の運営が順調に来られたのは、藤岡、田中両氏の経済力の大きさによるのは確かである。

筆者の一人、川村優理・うちのの館館長を中心に音楽会や落語会など様々なイベントが企画され、収蔵品を中心とした展示、茶会や句会、食事会での活用、古民家の風情を生かしたレストランの運営など、その「文化的な活用」は目を見張るものがある。それらを支えるのは、五條市民そのものである。五條市も自治体財政の困難期にあって財政的支援こそできなかったものの、田中、藤岡の両氏を引き合わせたり、広報の連載に取り上げたり、職員挙げての協力を行ってきた。市民も、所有する植栽や文物を持ち寄り、また、ボランティアで活動を手伝うなどしてＮＰＯ法人を支えてきた。

問題は、これを次の世代にどう引き継いでいくかである。建物の大幅な改修は、当面必要ないとしても、建物は年々劣化し、その維持修繕の費用や修復技術の継承をどうするのか。所有者もＮＰＯ法人もいずれ「代がわり」せざるを得ない。そのときのどう対応したらよいのか、などである。

藤岡宇太郎氏は「所有者と管理主体のＮＰＯ法人という二つの当事者がいれば、適度な緊張感が生まれ、状況の変化に対して対応が可能になる」という考えから、当面現在の体制を維持していく方針であるが、伝統的な文化を大切にしてきた、当初かかわった当事者や市民の思いを理解し充実させていく意思をどう育むかが肝心なのである。

それは、五條市のみならず、文化財が豊富な奈良県全体、いや日本全体の課題として、どれだけ人々が意識するかにもかかってくる。そのためには、藤岡家住宅で見られたような民間の活動を支援したり、これまであった障害を取り除いたりするための制度改正や制度づくりをいかに進めるのかも重要である。民間による文化財の保存活用のための活動を記した本書がそのための参考になれば幸いである。

平成二六年一一月一三日

編集長　神野武美

登録有形文化財 藤岡家住宅
～修復と活用の記録

【目次】

【目次】

【目次】

第二章　展示を年代順に紹介します

【目次】

（第一部～第四部　本文中敬称略）

第一部　被災から保存活用へ

神野　武美

第一章
台風七号の襲来で「煙出し」が吹き飛んだ

それは猛烈な風を伴う台風だった。一九九八（平成一〇）年九月二二日午後一時、台風七号は九六〇ヘクトパスカルという強い勢力のまま和歌山県田辺市付近に上陸した。その後やや衰えながら奈良県内を北東に速いスピードで駆け抜け、夕方五時二〇分には全県の大雨・洪水・暴風警報も解除された。

藤岡家住宅近くの近内御霊神社にある
「台風被害復興の碑」

しかし、この数時間の風の被害は甚大だった。奈良市では、午後三時三三分に最大瞬間風速三七・六メートルを記録した。これは伊勢湾台風（一九五九年）の三二・六メートルを上回り、林業が盛んな吉野地方ではおびただしい数の風倒木が発生した。県内で特に大きな被害が出たのが文化財だった。国宝の室生寺五重塔では、高さ四五メートルの杉が倒れて塔の屋根を損傷した。国の重要伝統的建造物群保存地区の橿原市今井町では、重要文化財の民家八軒のうち七軒で瓦が飛ぶなどの被害が出た。

県内で最も被害が大きかったのが藤岡家住宅のある五條市である。住宅の被害は市営住宅などで屋根を吹き飛ばされるなど全壊が四戸、半壊も七三戸。特産の柿も色づき始めていた果実の約七割が強風で落ちたり傷んだりした被害が出た。

中でも、金剛山麓の南東側斜面にあたる地域の風害はすさまじかったらしい。万葉集で「大荒木の浮田の杜」と詠まれ、県から「史跡浮田の杜伝説」に指定されている荒木神社の社叢林は、古来「神威が厳しくてみだりに立ち入ることが禁じられてきた」ことによって鬱蒼たる「鎮守の森」であった。常緑広葉樹のクロバイの巨樹群があり、針葉樹のヒノキが生い茂っていたが、台風七号の風はその多くをなぎ倒し、社殿の南側一帯では切り株に名残をとどめる状態になっている。こうした様子は、藤岡家住宅に近い近内御霊神社も同様であった。

住民の証言では「境内の木が倒れて丸裸にされた」という。社殿近くにある「台風被害復興の碑」（平成一四年一〇月の銘）は「社殿・瑞垣損傷　般若庫山林壊滅　平成一〇年（一九九八年）被災」と刻まれている。また、参道沿いにも「参道沿い檜　伊勢神宮より下賜　平成一一年三月」と書かれた石柱があり、参道には真新しい石灯籠が並んでいるが、住民や神職らの努力で復興されたのであろう。

近内御霊神社の境内の端から一〇〇メートルも離れていない藤岡家住宅も、母屋の屋根瓦が数多く吹き飛ばされ、屋根の上にあった「煙出し」が吹き飛んで無くなるなど大きな被害に見舞われた。当時は空き家で、母屋から道路を挟んだ北側にある納屋（現在、藤岡家住宅の来客用駐車場）で三輪そうめんの包装の仕事をしていた村井祥寶《しょうほう》（故人）が管理していた。台風の襲来後の後片付けは、村井と向かいに住む藤岡昭彦（新宅＝注：藤岡家の江戸時代からの分家筋。藤岡家住宅近くに三軒ある。昭彦方は東隣）、近所の人らが落ちた瓦の除去作業を行った。

藤岡長和と五條

藤岡家は、大坂夏の陣（一六一五年）に敗れた豊臣の遺臣の末裔といわれ、屋号は「大坂屋」。江戸時代は代々、当主は長兵衛を名乗り、近内村の庄屋を務め、薬種商も営んでいた。両替商、質屋、染物屋もしていたと言われる素封家、豪農であった。現当主の藤岡宇太郎の曽祖父の長二郎は一八八九（明治二二）年の町村制施行後の初代北宇智村長を務めた。

その一一人きょうだいの長男、長和は一八八八年五月一三日生まれ、東京帝国大学法科を卒業後、内務官僚となり佐賀、和歌山、熊本の三県の官選知事も務めた。歌人の与謝野寛（鉄幹）に、妻となる犬飼うた代とともに師事し、与謝野晶子や石川啄木とも交流があった。その後、俳句の道に入り、高濱虚子に師事して「玉骨」の俳号を持つ「ホトトギス」同人であった。

藤岡うた代

藤岡長和

長和は一九三九（昭和一四）年に退官した後は帰郷し、その後は近内に居ることが多くなった。戦後は、毎日新聞「大和俳壇」の選者となるなど「大和の大桜」とまで呼ばれる俳人として活躍するが一九六六（昭和四一）年三月六日に死去した。妻うた代（一八八六〜一九七八）は婦人運動にかかわり参院議員の市川房枝と親交があり。地元の五條市立図書館に「女性」に関した本を寄付し藤岡文庫を遺している。が、うた代が七八（昭和五三）年六月七日に死去した後、藤岡家住宅には住む者が居なくなった。

第二章　応急修理

屋根にシート

約二〇年間も空き家となり補修もほとんど行われていなかった住宅の傷み方は相当なものであった。長和の長男で先代当主の長久は、長男の宇太郎に近内に出向いて状況を報告するよう求めた。宇太郎は一〇月九日に近内に入り、地元の近倉建設に屋根にシートをかぶせるなどを頼んだ後、父長久に一一日付の手紙でこう報告した。

屋根に防水シートが張られていた主屋（2005年当時）

「結論から言うと、予定通り応急修理を行うこととしました。今では家の瓦と同じサイズの瓦がないため、同じ寸法に切ったブリキを差し込んで修繕することになるそうです。実際の施工は近内村内の板金（ブリキ）屋が行い、近倉建設からは補助の作業員を出すとのことです。今回の台風により県内の職人が繁忙を極めており、通常では年内着工が良いところという状況ですが、できるだけ急ぐよう依頼しました。

家の被害状況

・大きく瓦がめくれた所はありませんが、瓦の脱落・破損、妻の木部の脱落、尾根部分の破損が多数見受けられます。
・母屋の煙り出しが破損。（この部分はブリキを巻くなどして修繕の予定）
・庭木の倒壊（大きなものは三本、二本は新座敷の庭、一本は北角（?）の前の槙の木）。いずれもこれによる建物への影響は軽微と思われます。
・雨漏りは母屋二か所、内蔵入り口の納戸のようなところ（トリツキ）で三カ所とのことです。
・新座敷部分は被害はほとんど有りません。」
手紙は、神社の立木がほぼ全倒し、新宅の親族の家が倒木で潰されて建直しを余儀なくされたり、新宅母屋の屋根も総葺替えをすることになったりなど、近内村内の被害の大きさを綴った後、こう締めくくった。

「村井さんも高齢（七八歳）であるなど、いつまでも村の人に世話になることはできないと思います。老朽化のはげしいところは壊し、母屋・新座敷など比較的基本構造がしっかりしている部分は屋根の葺き替えなど本格的に修繕する必要があると思います。このことは近々相談したいと思います。なお最近では五條市も、管理できないとのことで旧家の寄付は受け付けないようです」

「いとこ会をやろう」

しかし、宇太郎は、恒久的な措置をどうするのかに悩む。東京で生まれ育ち、今も茨城県守谷市に住む宇太郎は、五條の〝実家〟にほとんど来たことが無かったからだ。大学時代に長和の法要（葬儀自体はちょうど大学入試と重なり欠席）に来たり、学生旅行のついでに立ち寄ったりするくらいだった。祖母うた代が一九七八年に死去してからは疎遠になっていた。ただ、一九九五（平成七）年八月一九日、ここで「藤岡いとこ会」を開いたことがあった。「いとこ会」は一九六〇年代中ごろから、不定期だが東京や大阪で開かれてきた。吉野川沿いにあった国民宿舎に泊まり、新座敷に、長和のきょうだい一一人の第二、第三世代など約六〇人が集まった。「もう一回ぐらい、ここでいとこ会をやろう」と別れてから三年後の台風による被災であった。

近倉建設に本格的な補修の見積もりと原状の図面作成を依頼したのはそれから約二年後の二〇〇〇年一〇月二七日だった。屋根にかぶせていたシートが破れ、恒久対策が必要になってきたからだった。近倉建設は一一月一八日に、母屋、内蔵、新座敷のみを残し、別座敷や離座敷（いんきょ）、渡り廊下などを解体撤去するというプランで五千二百二十万円という見積もりを提示した。長和もうた代も「朽ちていくものはそのままで良い」という考えの持ち主でほとんど建物に手を入れ補修することはしなかったようである。

宇太郎は一二月一一日、長久に相談したが、その意見は「直すにはお金がかかる。使わないのなら直すのは無駄であるし、わずか一〇年程度、家の寿命を延ばしても無意味である。自分なら子孫に負の遺産を残さないように考える。しかし、最終的な判断は宇太郎に任せる」というものだった。

近倉建設の現状図面が完成したのは翌二〇〇一年一月二五日だった。宇太郎は、知り合いの建築家に見積もり金額の妥当性や今後の家の活用方法について相談し、この建築家が紹介した五條市内在住の工芸作家から「作品の展示や実演ができるギャラリーとして使ってみたい」という希望もあった。しかし、この作家本人もこの家を運営していくことに不安を抱いていた。宇太郎は、インターネットで解答を探すことにした。

第三章　修理保存に向けて

山本陽一への相談

「五條」で検索すると、「山本陽一のホームページ」というものがすぐに出てきた。当時はまだ、インターネットで検索しても情報量全体が少なく、先進的に取り組んでいた山本のホームページにすぐにたどり着けたのが幸いだった。山本は「新町塾」という住民活動団体を主宰し、現在、重要伝統的建造物群保存地区「五條新町」に選定されている旧紀州街道の「新町通り」で毎年五月に自由市場「かげろう座」という大規模なフリーマーケットを開催（二〇一二年に終了）していた。古い町並みが残る町に賑

自由市場かげろう座（写真は2012年5月）

わいを取り戻すのが目的だった。

相談に乗ってもらえるかもしれないと、二〇〇一年六月四日未明、山本に次のようなメールを送信した。

「はじめまして、突然メールをいたします無礼をお許しください。私は、藤岡宇太郎と申し、近内町に古屋はあるのですが、（略）私の父親も若いときに古い〝家〟を嫌って東京に飛び出しており、祖母が亡くなってから二五年近く空き家になっています。幸い、近くの方にていねいに管理していただいて助かっておりますが、過日の台風で屋根瓦が大分とばされてしまいいまだに仮のシートをかぶせたままの状態になっています。もう大分時間もたち、このままでは景観を損ね　近隣のかたも迷惑ではないかと、修理を考え専門家に見てもらったのですが、

①修理にかなりの金額がかかる。

②たとえ修理してもだれも住まない、使わないのでは全く の無駄である。

の意見が家族から出て、実行するべきか決めかねていま す。①は何とかなったとしても、最大の問題は②です。

父親は、もう年なので基本的には私にまかせるといっていますが上に述べたような性格なので、直すなど愚の骨頂と申しています。

私は、建築やそれに付随する調度品、道具類は守るべき文化の一つとして考えています。またこれらの文化の保護は公に任せるばかりでなく、個人ででも、各々できる範囲で守っていくよう努力すべきだと考えています。もちろんただ現状を維持するだけでなく、生きた形で利用していくことが重要です。

もとより、私どもがここに住んで生活すれば、何の問題も無いのですが、私も子供達も現在は生活の基盤が関東にあり、それもなりません。そこで、熱意や技術はあるが、資本や場所がなくて困っている人（達）にこの家を有効利用してもらえないだろうかと考えました。先ず五條にはどのような人々がいるのだろうかと思って、調べているうちに山本さんのホームページにたどり着きました。ホームページを見て、五條は古い町でもあり、山本さんであれば私のような悩みを持つ方の事例をおそらくご存じではないか、何かアドバイスをいただけるかもしれないと思った次第です。

不躾で申し訳有りません、〝やはりやめた方がいいよ〟などでもかまいません、なにかヒントになることでもお聞かせいただけたら幸いです。」

返信に「五條新町」の取り組み

二日後の六月六日の夕方、山本から返信が届いた。山本は「藤岡さんは、お祖父様かお父様に長和様という方がおられたのではないかと思いますが…」と切り出し、山本の父親と藤岡長和がロータリークラブで懇意にしていたこと、山本家の分家の女性と藤岡家の一統の男性が結婚して東京に住んでいる、といった縁があることを綴った後、

「二、たとえ修理してもだれも住まない、使わないのでは全くの無駄である。

確かにおっしゃる通りです。

そこで、熱意や技術はあるが、資本や場所がなくて困っている人（達）にこの家を有効利用してもらえないだろうかと考えました。

これは五條市にとって、大変有り難いお話であると思いますが、ただ個人で、かなりの金額を出して修理をして住

重要伝統的建造物群保存地区「五條新町」のたたずまい

む人がいるかどうかですね。もしそのお家が保存するに値する建物であるならば、五條市に建物のみを寄付し、土地は有償で市に賃貸し、市によって修理保存し、一般に開放するということかな?と思ったりしますが。
よろしければ、近内の管理人さんのお名前など連絡先をお知らせいただいて、家の中を拝見できないでしょうか?もちろん私は建物などの事はよくわかりませんので、市の博物館か、市の教育委員会の文化財担当者に見ていただきます」とあった。

山本は、自分が住んでいる、古い町並みが残る新町通りで、街なみ環境整備事業が行われ、町家の修理に補助金が出ることもメールに付け加えていた。

宇太郎は翌七日、「五條市には立派な旧家が多いので、私どものような家を、市で管理していただける可能性があるとは、思っていませんでした。もし使っていただけるのであれば、私どもで、修理・修復をした後、市に寄贈することも考えられます。調査に費用がかかることが障害になるのであれば、最終的な結果に関わらず、こちらで調査費用を負担してもかまいません。」と返信し、管理人の村井の住所と電話番号を伝えた。

五條市などが調査に

山本は、五條市企画調整課長の上山保見に会い、こうした宇太郎の思いを伝えた。上山は六月一二日、市立五條文化博物館の学芸員の小島卓、商工観光課員ら市関係者四人と、山本、管理人の村井、藤岡家住宅の並びにある飲食店兼食料品店「かめくま」の主人、亀田永次の計七人が藤岡家を訪れて内部を調査した。

上山は「建物は古く立派であった。長和氏（玉骨《ぎょっこつ》）のことは『北宇智村史』で調べていたので、歴史文化的にも値打ちのあるものであり、解体してはもったいない」と思ったという。当時のメモにも、走り書きで「その時、藤岡宇太郎様の地域に対する熱い思いに心が動かされた」とあった。上山は、「藤岡家が私財を使って修理した上で市に寄付する」という宇太郎の思いを実現させようと、榎信晴市長ら市役所内部にも働きかけた。

しかし、一九九〇年代のバブル崩壊やその景気対策として打ち出された公共事業拡大策が結果的に地方財政を圧迫していた。五條市も公共事業で建て過ぎた「ハコモノ」の維持管理費用の捻出に苦労する日々だった。つまり市役所内部の多くの意見は、修理が終わった建物をたとえタダで寄付されても、その後の維持管理費用を市財政から支出するのは難しい、であった。市議会議員からも「市内には古い建物がいっぱいある。それらを全部引き受けて管理するのか」という疑問の声が上がり、「五條市への寄付」という方向ではこれ以上前に進まなくなっていた。

天誅組総裁の扁額がある?

そのように固まっていた事態が動き始めたのは、さらにその二年後の二〇〇三（平成一五）年五月のことだった。田中修司らが結成した「天誅組保存会」（現在は「維新の魁・天誅組」保存伝承・顕彰推進協議会）のメンバー四、五人が五月一九日、「天誅組三総裁の一人の松本奎堂が書いた額があると聞いた」と藤岡家住宅を訪れた。

一八六三（文久三）年八月一七日、孝明天皇の大和行幸に合わせて、松本奎堂、吉村虎太郎、藤本鉄石の三総裁ら尊王攘夷派の志士が大和五條で討幕の狼煙をあげ、幕府天

天誅組142年記念イベントは「長屋門」前で開催され、郷土芸能が披露された
（写真は県指定民俗文化財「篠原踊り」、2005年9月）

領の五條代官所（現在の市役所付近）を襲撃して代官を殺害し「五條御政府」を打ち立てたのが「天誅組の変」である。しかし、翌一八日、京都の朝廷内で政変（八月一八日の政変）が起こり、三条実美ら尊攘派の公家は京都から追放され長州に走ることになった（七卿落ち）。大和行幸は中止となり、天誅組（天忠組とも書く）は一転、朝敵と見なされるようになった。幕府軍に追われ、当初味方をした十津川郷士も離反し、吉野の山中を敗走したあげく、九月二四日、現在の東吉野村の鷲家口などでの戦いで壊滅する。そうした五條にまつわる歴史を顕彰し、伝えようというのが保存会の活動であった。

しかし、藤岡家住宅の「新座敷」の長押《なげし》の上に掲げられていた扁額「臨官莫如平」は、首相も務めた官僚の先輩、清浦奎吾のものだった。「為藤岡明府　米翁奎堂」という署名があり、「奎堂」を松本奎堂と勘違いし、田中らに伝えた者がいたらしい。扁額をよく見ると、「清浦奎吾」と書かれた落款もある。同行した、長和が取締役を務めた南都銀行の社員だった福井正三（故人、「ＮＰＯ法人うちのの館」の元理事）が「藤岡長和さんへの為書きがあるから松

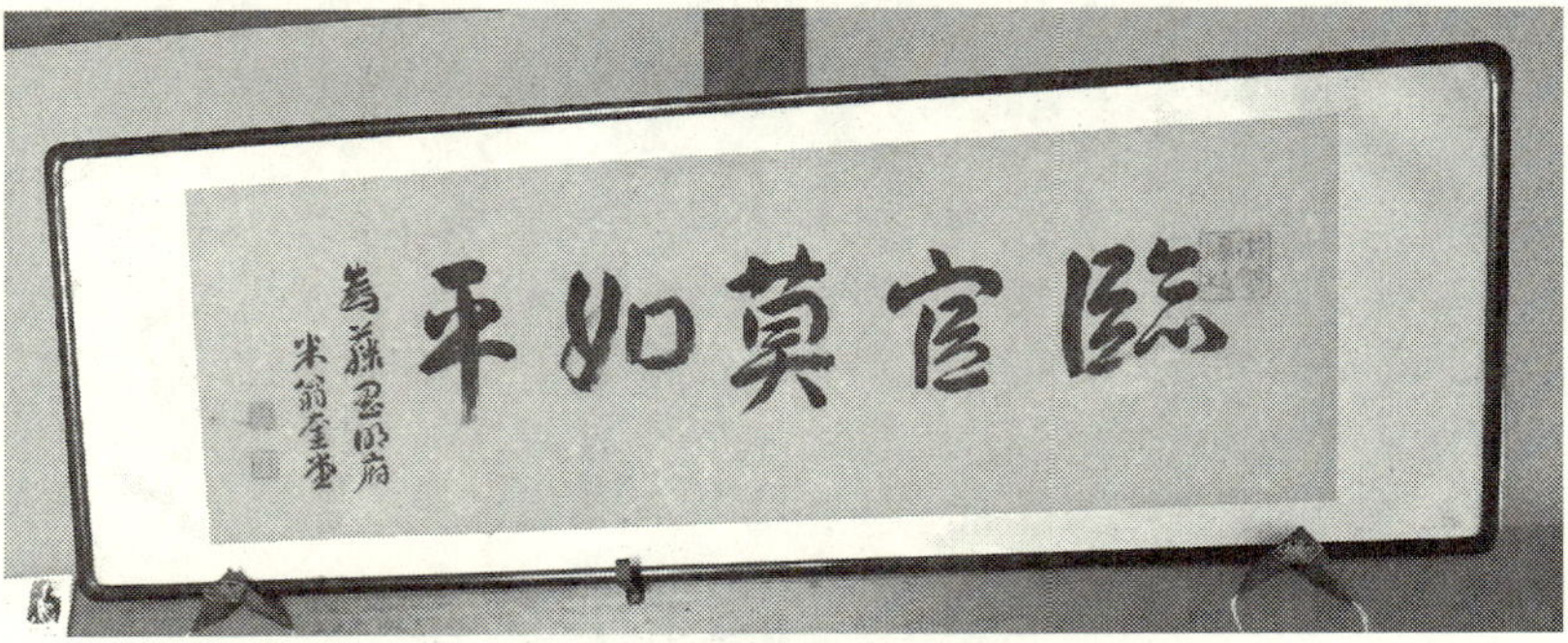

清浦奎吾・元首相が藤岡長和に贈った扁額

本奎堂ではない」とすぐに見破った。田中によると、「官に臨んで平に如《し》くは莫《な》し」と読み、「官僚は公平さが大切だ」という意味だそうである。清浦が熊本県知事に就任する長和に贈ったものである。

それでも田中らは一週間後の五月二六日、地元の郷土史家で智辯学園教諭の藤井正英、児童文学作家の川村たかしらを引率して計八人で再び藤岡家を再び訪ね、母家二階にあった箱に入った約三〇〇年前の古文書を「紙同士がくっついているので風に当てて自然にはがれるようにしたい」と借用書を書いて持ち帰った。田中は純粋に天誅組に関連する史料収集のために藤岡家住宅を訪れたが、上山から「修復して五條市に寄付したい」という話があることを聞いていた。

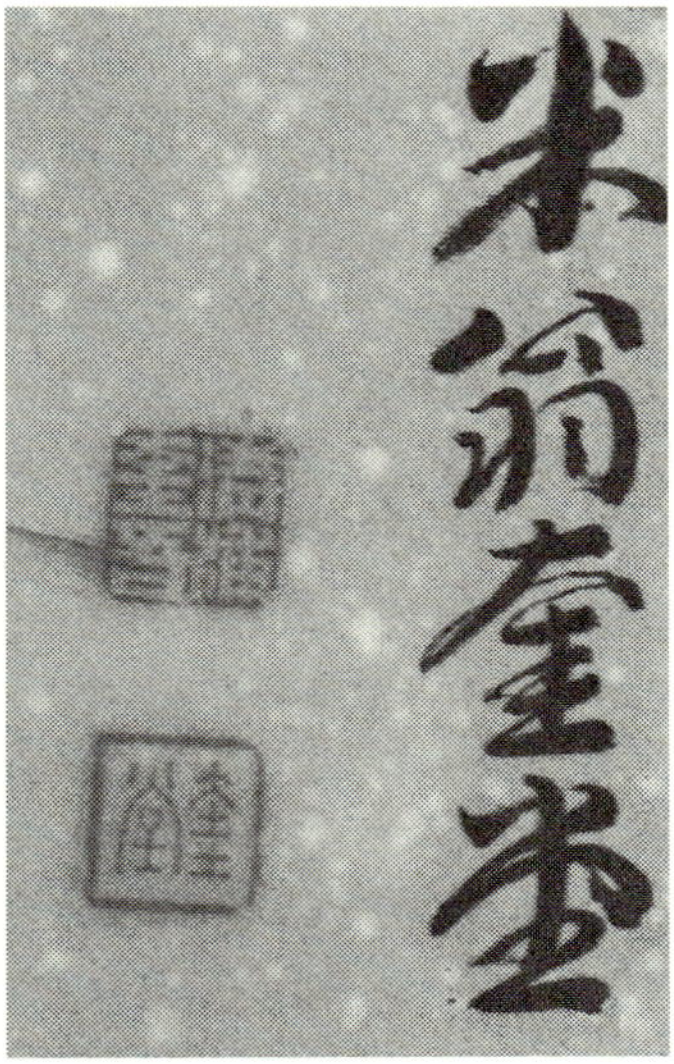

「米翁奎堂」の脇の落款は
「清浦奎吾」と読める

生活産業部長になっていた上山は「ひょっとしたら田中さんに受けてもらえないか」と考えて、「保存・再生の道」を再度模索し始めていた。田中は、五條市の柿の葉寿司メーカー「柿の葉すし本舗たなか」の創業者である。吉野・五條地方の郷土食の柿の葉寿司は元々、柿の葉の殺菌効果を活かした手作りの保存食であったが、それを量産化する体制を整え、関西各地の駅売店などで売るようにした立役者である。経営を娘の田中郁子に任せて、相談役に退いているが、当時は五條市商工会長を務め、「地元五條のために恩返ししたい」と、地域の様々な活動に取り組んできた人物である。上山は、田中の経済力や経営の才覚とともに、誠実な人柄に由来する指導力や影響力に期待した。

田中修司の決意

田中は、「松本奎堂ではない」と聞いても動じなかった。新座敷の立派さを見て即座に「資入《もとい》れ甲斐がある」（ここにお金を使っても十分成果が上がる）と判断したという。藤岡家住宅の多くの部屋には物が雑然と置かれていたが、田中が「立派な建物だ」と判断できたのも、扁額が架けられていたのが、その中で最も傷みが少なく、物もほとんど置かれていなかった「新座敷」だったのが幸いしたのかもしれない。

実は、田中にとって古い建物の「保存再生」は初めてではなかった。約三〇年前、現在の重要伝統的建造物群保存地区（重伝建）「五條新町」にある自宅を購入したが、そこは夜逃げをした後の古い空き家であった。債権者などが欄間など金目の物は全部持ち去り、すっかり煤けていた。そんな家の壁を塗り直すなどして住めるように改装し、一九九八年に始まった「五條新町地区街なみ環境整備事業」（五條新町が重伝建になる前に実施されていた町並み保存事業）の適用を受けて自宅を伝統的な町家に整備していた。その後も、江戸幕府の五條代官所にあった長屋門（「天誅組の変」後に再建されたもの）を利用した民俗資料館が閉鎖され荒れていたのを市民運動の末に「街なみ環境整備事業」に組み入れてもらうようにして、歴史展示施設と

江戸幕府末期の五條代官所長屋門。天誅組の資料などを展示している

して再生させることに成功していた。田中の父や祖父は大工であったが、旧制五條中学校在学中の一九四六年七月に父親が亡くなったため、大工の仕事を直接学んだことはない。卒業後は五條市役所前の料亭の板場で修業し、その後母親が営んできたうどん屋を継いでいた。お店で夏の間だけ出していた柿の葉すしを「一年中食べられるようにしたい」とすしを包む柿の葉の緑を一年中保つ研究を重ねた上、その製造販売で成功をしたという人物である。

田中の気持ちは「五條に恩返ししたい」に尽きる。家庭でほとんど作られなくなっていた柿の葉すしを「手土産品として復活させる」ことに取り組んでいた時、「いちばん応援してくれたのが新町の古い町並みに住む人たちだった」と言う。古い民家が人と人の心を繋ぎ、文化を育むことをそうした経験からつかんでいたのである。

官民一体となって

上山は早速、動いた。田中らが藤岡家住宅を再訪した三日後の二〇〇三年五月二九日には、上山が市の幹部を引率し、市立五條文化博物館が建物の内外の写真を撮り、「市だけでは無理であり、これまで話し合ったが、受け入れ体制ができなかった。官民が一体となって維持していけるか意見を聞かせてほしい」と幹部らに呼び掛けたという。同博物館は、宇太郎にメールやファクスを送って聞き取り調査を開始した。六月一一日には、五條市役所の市議会議長室で、『藤岡家住宅』の保存活用について」という会合も開かれた。民間から田中、川村ら六人、市側から総務部長の岸本親尚、上山ら五人、市議の益田吉博が出席し、上山が経緯を報告した。市教育委員会教育部長の長田雅光から、建物の文化財的価値の調査を県に依頼したことなどが報告された後、保存活用の方策について話し合った。

民間の意見は「建物も良いが、中の物（収蔵品）が素晴らしい価値がある。保存等について自分たちの手で協力したい」「行政は無理な面が多いがＮＰＯ法人（特定非営利活動法人）ならうまくできる。利用の仕方は、例えば田舎暮らしの体験（宿泊を伴う）や俳句会などを催してはどうか。また金剛山への登山者や博物館からも近く観光の拠点としてもいいのではないか」のほか、「市の迎賓館」「子どもの教育の場として活用」「県南部地域の民俗資料館」などの提案が次々と出た。同時に「雨漏りもあり早く建物の修復が必要である」「個人的財産であるからプライバシーの保護を考える必要がある。また貴重な財産の保護（盗難等）も考えれば、早く保存する必要がある」などと早急な対策を求める声も上がった。一方で「価値を見極める必要がある」「市は他にも寄付の申し出があるが、断っている経緯がある」という慎重論もあり、結局、

1．文化的価値があるかどうか県教委の調査を進める
2．市内部で方針の検討を早急に検討する
3．（榎信晴）市長の考え方を確認する
4．藤岡（宇太郎）氏に会い意向を確認する（建物の寄贈・修繕等）

という四つの方向が固まった。この時点では「藤岡家住宅を修復した上で市に寄付し、NPO法人が管理運営する」という流れであった。

奈良県教委文化財保存課は六月二〇日に現地調査を行い、七月三〇日には、五條市も岸本総務部長や山下正次企画調整課長が東京に出向き、宇太郎と面談した。「市としては保存・管理を行うのは難しい。民間による活用に期待したい」という意向を示したが、この時点では、建物や土地の市への寄付が前提であったように思える。

その翌月の二〇〇三年八月二二日には、後にNPO法人うちのの館副理事長になった益田吉博ら市議会議員六人、田中修司五條市商工会長、山本陽一市観光協会長ら市民八人、田村幸子教育長、山下企画調整課長ら市行政側八人が藤岡家住宅を視察調査した。同年一〇月には、市立五條文化博物館で、学芸員小島卓らの尽力で「なら県政出前トーク」として「藤岡家住宅の保存利用に関する研修会」が開かれ、二四人が参加してボランティアやNPOの活用、地域づくりについて話し合った。その後も藤岡家住宅の五條市への寄付を受託する件について、市や市教委幹部らの協議が続いた。山下は新町の田中の家を訪れて、田中と妻の孝も本気であることを確認した上で同年一一月に東京に出張し、宇太郎と二回目の面談を行った。修復費用の負担や寄付の方法について協議するとともに、田中らがNPO法人を設立して保存活用に取り組む意向であることを宇太郎に伝えた。

第四章「使ってもらう」に価値がある

初めての会談

宇太郎は、山下の話から「市の人がこれだけ言うのだから、信頼できる人」と感じたが、この時は、田中がどのような人物か全くわからなかった。ともかく会ってみることにし、山下を介して田中らNPO法人取得予定団体と宇太郎との懇談会の日程などを詰めた。

田中も二〇〇三年一二月には、市とも協議し、NPO法人の立ち上げを急いだ。田中が構想したNPO法人は次の様なものだった。

「活動の主な内容」は

(ア)　社会教育の推進を図る活動
(イ)　まちづくりの推進を図る活動
(ウ)　学術、文化、芸術又はスポーツの振興を図る活動
(エ)　環境保全を図る活動
(オ)　経済活動の活性化を図る活動
(カ)　その他社会的公益事業活動

「活動内容に関する主な事業概要」は

①　俳句、短歌、絵画、書道、写真、工芸などのカルチャー教育推進施設事業
②　地元をはじめ一般市民の会議など地域交流館としての利用施設事業
③　古文書の調査研究や農具、民具などの展示利用施設事業
④　自然環境を利用し、学び、保存する場を創出する事業
⑤　金剛登山、歴史、自然散策者などの休憩場所としての利用施設事業
⑥　・各種会議、フォーラム、冠婚葬祭、音楽関係の催し、茶席、囲碁、将棋などの貸会場としての公益事業
　・地域で採集できる農産物、加工食品、クラフト製品などの販売及び飲食提供等の施設事業

宇太郎は、年が明けた二〇〇四年一月一六、一七日に五條市を訪れて、新座敷で田中に会った。田中や五條市幹部らは事前に五條新町の長屋門の研修室で今後の進め方を協議し、「NPO法人の立ち上げを第一とすること」を決め

たほか、藤岡家住宅にある古文書や資料の管理、調査に伴う人件費をどのように調達するかを話し合っていた。新座敷での会談で、田中は「仕切りの中に入れないようなものではなく、大いに使ってもらう場所にしたい」と提案したが、宇太郎も同じことを考えていた。「うちのような家の場合、使ってもらうことに価値がある」と返した。「うち（藤岡家住宅）よりも文化財的価値のある住宅は奈良県内や五條市内にもたくさんある」というのが宇太郎の見方である。田中は「藤岡家住宅は建物も収蔵品も文化財的な価値は非常に高い」と考えているが、「使ってもらう」という点では完全に意見は一致した。

　この会談の結果を踏まえて、田中らは二月六日、奈良県に「NPO法人うちのの館」の設立を申請した。「うちの」は漢字で書けば「宇智野」であり、ゆるい傾斜のある金剛山の南側山麓一帯を示す言葉である。万葉集の長歌に「天皇の宇智の野に遊猟《みかり》したまふ時、中皇命《なかつすめらみこと》、間人連老《はしひとのむらじおゆ》をして献《たてまつ》らしめたまふ歌」があり、その反歌「たまきはる宇智の大野に馬並めて　朝踏ますらむ　その草深野」から採ったものである。

決まりかけた五條市への寄付

藤岡家住宅の今後のあり方については二〇〇四年二月一八日の東京での協議で固まったかに見えた。協議で確認されたのは以下のような内容である。

●藤岡家所有の土地・宅地一、二八五平方メートル、家屋八五六平方メートルすべてを対象に五條市に寄付する意向であること

●修復にかかる費用は八千百三十万九千五百円程度必要なこと

●修理個所は屋根や柱、床敷き、基礎、土塀などであるが、主屋の屋根は梅雨までの早い時期に行いたい

●藤岡家からの寄付行為を受諾する理由は「既存の建築物は所有者が修復後に市に寄贈する意向がある」「県の調査でも保存する価値があると認められている」「金剛山登山口に位置している」「保存利用団体がNPO法人の資格を取得し、施設の運営を行う予定であること」「地域住民の協力がある」「建築物の取得時に行政の経費負担がない」などである

●取得方法や維持管理運営は「普通財産として市に寄付する」「五條市はＮＰＯ法人に貸し付ける」「貸付後は文化観光的施設として運営する」
●市の普通財産をＮＰＯ法人に無償で貸し付けることについては、地方自治法九六条六項による市議会の議決を得る必要があり、その場合、明確な条件を付す必要がある

その条件とは、①地域の活性化につなげる②市の財政事情が悪化しない③活動の目的を明確にする④民間企業的な営利活動の要素とは異なる⑤収益があっても施設の運営をする維持管理的なものである⑥市のＰＲを兼ねた活動である、であった。

「うちのの館」もこうした条件をクリアできると見込み、三月一三日には近内町で地元説明会が行われた。七月二八日には近内集会所で「ＮＰＯ法人うちのの館」の設立総会が行われ、一一月二五日には県知事が「特定非営利活動法人うちのの館」を認証した。

すべて民間の手で

しかしその後、「五條市への寄付」はご破算になり、藤岡家が同住宅の土地・家屋、古文書や民具などの備品の所有を継続し、修復費用も藤岡家が負担するが、管理・運営は地元の住民らでつくる「ＮＰＯ法人うちのの館」が担う、という「すべて民間による」形で保存・活用事業が進められることになった。その辺りの行政や市民の動き・経緯については第二部で詳しく述べることにする。

藤岡家住宅における保存・活用は、今も模索が続いている。確かに、藤岡家代々の民具や掛け軸、内務官僚・官選知事としての藤岡長和関係の資料、著名な俳人や歌人のものも多い玉骨関係の詩歌など、近代日本の政治史や文化史の歩みが、ここに来さえすれば、実感できるほどのものである。さらに、収蔵品の調査は今も進行中で、古代からの豊富な歴史資料が次々と発見されている。

もし、藤岡家住宅が解体撤去されていれば、史料の多くは散逸して二度とわれわれの眼に触れなかったに違いない。しかし、収蔵品を含めた文化的歴史的価値が高いとし

ても、それを現実的に保存・活用するのは容易ではない。とくに、建造物は保存と活用の葛藤を抱えざるを得ない。国宝や重要文化財であれば、オーセンティシティ（真正性または真実性）が追求され、「本物であること」が重視され、それを「現代生活に合わせて改造する」行為は基本的には認められない。山本が中心となって活動する「五條新町」のような重要伝統的建造物群保存地区も、現実に人が住み活動している街であるため、それよりはやや緩い規制ではあるが、いずれにしても修理や修復には国や自治体から相当分の補助金が投入され、維持管理されていくことになる。

藤岡家住宅は、国の登録有形文化財に選定されてはいるものの、行政からの支援は側面的でしかなく、維持・修繕のための資金をどう調達し活用していくのか、という課題が藤岡家やNPO法人「うちのの館」という民間サイドに重くのしかかっている。それは建物の修復工事の方向を「原状維持」の重視に置くのか、「古民家再生」という現代的な利用に傾けるのか、というバランスの置き方の選択を迫られるという意味でもある。藤岡家住宅の場合、宇太郎当主の意向でもある「できる限り改変しない」という前者に重点を置きながら、座敷や部屋を改造してレストランや厨房にしたり、土間に面した女中部屋を無くしてロビーにしたり、老朽化の激しい建物の一部を撤去したりした。もともと大きな屋敷ではあるが、不特定多数の客を迎え入れる施設としては必要な改造であったのであろう。

第二部　NPO法人うちのの館の設立から開館へ

神野　武美

第一章　田中理事長熱く語る

二〇〇四年六月二七日、「NPO法人うちのの館」による藤岡家住宅の保存・活用という事業に乗り出した理事長田中修司は、市立五條文化博物館の博物館友の会の総会で講演した。その講演録には、郷土を愛する田中の熱い思いが込められている。田中は「五篠大好き人間の田中でございます」と自己紹介し、五條市民のさまざまな市民活動が活発化している状況を紹介し、その時代背景、市民活動にかける自らの理念や哲学、藤岡家住宅の保存・活用事業の構想について以下のように述べている。

効率から選択へ、画一から多様へ

二一世紀を迎え、大きな時代転換の中で、私たちはどのような世界を生きているのか、はっきりと見えてきました。長いトンネルもようやく抜け出し経済も回復への明るい兆しが見えつつあります。経済価値一辺倒の時代を超えて、心の豊かさや、人間としての生きる喜び、楽しさ等生活の質の向上や、充実をめざして、私たち一人一人が時代を切り開く気持ちが大切です。私たちは物の豊かさや、物質的な繁栄に至った反面、個の独立や自由があまりにも強調された事が、地域における人間関係の希薄さや、家庭における、結びつきが弱くなり、多くの大切なものを見失ってきたのではないでしょうか。いまこそ私たちが失ってきたもの、かけがいのない自然、すばらしい文化、人と人との信頼や、温もりのある人間関係などを、回復するとともに、家庭や地域の力を再構築していかなりません。二一世紀は成熟の時代、そこで社会の原理や価値の基準は、効率から選択、画一から多様、量から質へと明らかに変わりました。

新しい社会づくりをめざして、今私達は、大きな時代の転換点に立っています。金や物が豊かさの象徴であった時代から、ゆとりある、人間らしい豊かさを求める時代に移りつつあります。いろいろな価値観を持った自立した市民が連携しながら新しい時代を切り開く原動力になろうとしています。行政や企業だけでは対応不可能となった社会の諸問題について、もうひとつの公共の担い手としてNPOが解決の糸口を見出していきます。最初は一人でも、三人～五人いると変わる。一％から一〇％になるのは時間がかかるが、一〇％を越えてからは、一気に少ない時間で大きく変化していく。今までと違うシステムを創っていく『みざる、いわざる、きかざる』の呪文を解いて個人個人のレベルから変えなければならない。

埋もれている宝物を掘り起こしたい

次に北宇智藤岡邸について少しお話をしてみたいと思います。北宇智小和のお宮さんの近くの庄屋屋敷で土地四〇〇坪、建坪二〇〇坪江戸時代から、昭和初期にかけて造られた五棟が聳える立派な家です。当主藤岡宇太郎氏が自費で修復して、五條市への寄付も考えてくれています。私は五條の伝統的な食文化の柿の葉すしを家業としていただきました。また、五條で一番の景勝地　栄山寺地域にレストランよしの川として営業させてもらっています。今度は埋もれている宝物を掘り起こし五條市のまちづくり、活性化のお役になればとの思いでありま す。まず藤岡邸とのかかわりは、やはり天誅組関係の三総裁の一人松本奎堂の額があるということでこの家を訪ね、額は本人のものでないことがわかりましたが、額以上にこのような立派な屋敷、中でも各部屋の造り、金剛山を借景にした佇まいと、庭造り、ブルーシートのかけた屋根で良いのかと驚きもし、また感動を覚えました。

みんなの中でみんなの身近な地域にある、文化財を守り、生活のにおいのする風土を残し、関西から山麓線、京奈和自動車道側道、富田林線のまじわる良い場所、車で一時間で来られる処にある北宇智の田園風景を癒しの場、憩いの家としてご利用いただき、後ほど説明いたします、地元の農産物をはじめいろいろな取り組みをして商売に繋がればと考えています。

地元に愛され、懐かしさを感じる場所に

会場には、藤岡家住宅とその周辺の「宇智野」の将来像についての構想も配られていた。その内容は、まさにグリーンツーリズムそのものである。それを再録すると、

キーワード　五万人の森、みどり園の近く、土地開発公社の山林、市有地の棚田、荒坂の運動公園等関連性を持た

せ、人工的な遊具は何もない都会の子供達の憧れの場所で、一日遊ぶのに時間が足りない位の自然一杯な野山、里山公園つくり、花つくり。

①建物を外から眺めるだけの観光ではダメ。その建物の機能を保存し活かす

宿、店、レストラン等。住んでいるみなさんの生活が見える雰囲気

②不動産価値ではなく、利用価値をつけ、収益をあげていかなければ保存はできない

③地元に愛される事。住んでいる人も、よそから来た人も「何か、懐かしい」と口に出てくる、感じることの出来る場。ここに来なければ味わえない物、味わえない佇まい、もう一度きていただける町むらをつくりたい

五條を愛する人をつくる。五條を誇れるひとをつくる

●地域の資源を大事にして付加価値をつけ全国の交流の館とする

●五條市立文化博物館の指導のもと民俗資料館的な位置づけ

●長寿、高齢化社会に向っての高齢者の生きる力、生きがい育て

●自然環境の保護金剛山へハイキングコース整備。天ヶ滝からの水の流れ

●たにし、沢かに、かぶと虫、ホタル飼育、赤とんぼの飛ぶ浅い釣堀、棚田

菖蒲園、市有地での沢みつ葉園、そば畑、鳥の巣箱とりつけ、探鳥会、竹炭の体験

●文化芸術面 NHKにお願いし、俳句、短歌囲碁、将棋、朗読、詩、児童文学、生物学、年間を通じてのカルチャー教室。予約制

●米蔵を改装しての手作り工房。陶芸、あかね染物、織物、組みひも、つる細工、木工細工、絵画、書道、写真。

●屋敷の周囲に実のなる落葉樹を植え、棚田をつくり、野菜つくり、花つくり

●井戸水の活用。軽飲食の提供。駐車場の確保

●地元農産物、そうめん、かき餅、草花の販売。焼きまんじゅう、つけもの、野菜せんべい、柿ようかん、柿活用法

●北宇智駅のスイッチバックのＰＲと金剛登山道の整備、天ケ滝整備

こうした構想の中で実現したものはまだ一部分である。藤岡家住宅を拠点に、面としての広がりを持った新しい地域社会のあり方を追求する仕事は道半ばである。

特定非営利活動法人うちのの館設立

二〇〇四年七月二八日、「特定非営利活動法人うちのの館」は、地元の近内集会所で設立総会を行った。午後七時半、総会は田中修司ら一一人が出席し、市企画調整課長の山下正次が司会者となり始まった。田中が議長に指名され、定款案の承認、寄付財産受入れ、役員選任など八議案が提案され、第三号議案の「寄付財産なし」という事務局からの説明を除く、六議案を満場一致で承認可決、一議案（六号議案の特定非営利活動法人に適合していることの確認）を全員で確認した。理事には、田中のほか、市観光協会長だった山本陽一、当主の藤岡宇太郎、市議の益田吉博と西尾彦和ら一〇人、監事には中巌ら二人が選ばれ、九時一〇分に閉会した。この時選ばれた理事の中で河﨑眞彌、村井祥寶の二人、監事の福井正三がすでに亡くなっている（二〇一三年一〇月現在）。

奈良県知事が、特定非営利活動促進法に基づいて「特定非営利活動法人うちのの館」の設立を認証したのが同年一一月二五日。それに基づいて法人登記が完了し正式に設立されたのは一二月一五日であった。

第二章　ご破算になった「寄付」

三位一体の改革の影響

しかし、年が明けて二〇〇五年になると、当初の目論みを崩す事態が起きる。藤岡家住宅を修復後に寄付する相手先と見込んでいた五條市が、寄付を受けるのを拒否する態度に変わったのである。それは当時の地方自治をめぐる問題と深く結びついているようだ。

当時の小泉内閣は、財政危機の打開策として「三位一体の改革」を掲げ、二〇〇三年から実施に移したのである。「国と地方自治体は対等」という原則を掲げた二〇〇〇年の地方分権改革を受けた形で行われた国と地方自治体間の

財政改革であり、「国庫補助負担金の廃止・縮減」「国から自治体への税財源移譲」「地方交付税の一体的な見直し」の三つの改革を行うというものであった。しかし、蓋を開けてみると、二〇〇四年度は、自治体の財政を支えるはずの国から地方への税源移譲は少ない一方で、地方交付税が大幅にカットされてしまった。地方交付税は、一定の基準に基づき国から地方に配分される財源である。「国は地方分権より国の財政再建を優先させている」という批判が出たのもこのころである。地域の経済力が弱く税収の少ない五條市のような自治体の財政を直撃するようになったのである。五條市も公共事業の拡大による景気浮揚策の波に乗り、体育館などのハコモノを作り過ぎたとか、「五万人の森公園」の計画はムダとかの批判も受けていた。

「お荷物になる」は本当か

折しも、五條市は二〇〇五年九月二五日に西吉野村や大塔村との合併を控えていた。修復された建物をタダで寄付され、その後の運営も市民中心のNPO法人が行う、という一見、自治体には「願ったり叶ったり」に見える条件でも、将来を見通した場合、「お荷物」にならないという保障はない、という空気が五條市役所内に広がったのである。

二〇〇五年五月三〇日に田中らは、益田吉博、西尾彦和両市議とともに、榎信晴市長らと面会したが、藤岡家住宅を応援する市民に対し「五條市から冷たい答えがでています」という知らせを出さざるを得なかった。藤岡家住宅を五條市に寄付する、ということを五條市が受け入れない、ということであった。

藤岡宇太郎は六月二二日に五條市を訪れた。翌二三日午前九時半、田中や益田ら「うちのの館」のメンバーと長屋門で市長会談を前にした対策会議を開いた。そこで出た話は、藤岡家住宅の具体的な活用策であった。提案されたのは「藤岡家住宅だけでは間口が狭すぎる。周辺の田畑も活用して棚田オーナー制度みたいなものを作ってはどうか」「尺八の発表会場にするなど文化活動の拠点にすれば」などであった。

当時、人口三万人余りの五條市が将来目標人口を五万人と見込んで藤岡家住宅に比較的近い市立五條文化博物館の隣に「五万人の森」（八・四ヘクタール）という公園をつくる計画が

うちのの館の概要

名　　　称	特定非営利活動法人うちのの館
社会法人等番号	１５０３－０５－００１０７３
法人成立の年月日	平成１６年１２月１５日
主たる事務所	〒637-0016　奈良県五條市近内町 526 番地 TEL / FAX ０７４７－２２－４０１３ info@uchinono-yakata.com http://www.uchinono-yakata.com
目　的　等	この法人は五條市民をはじめ一般の人達に対して、明治期の建築である藤岡邸を拠点に文化、芸術などを通して多様な文化活動を図るための事業等を行い、様々な情報やノウハウの発信源となるまちづくちに寄与することを目的とする。 この法人は、上記の目的を達成するため、次に揚げる種類の特定非営利活動を行う。 （１）社会教育の推進を図る活動 （２）まちづくりの推進を図る活動 （３）学術、文化、芸術又はスポーツの振興を図る活動 （４）環境の保全を図る活動 （５）経済活動の活性化を図る活動 この法人は、上記の目的を達成するため、次の事業を行う。 （１）特定非営利活動に係る事業 ①文化教育推進事業 ②地域交流館事業 ③地域文化財に関する調査・研究事業 ④民俗資料館 ⑤自然環境学習推進事業 ⑥地区来訪者のための休憩施設運営事業 （２）その他の事業 ①貸し会場事業 ②物品販売事業 ③飲食提供事業
役員に関する事項	理事長　田中　修司 理　事　９名 監　事　２名
事務局に関する事項	常勤職員　２名

設立当初の「ＮＰＯ法人うちのの館」の概要

進行中であった（二〇〇七年一〇月オープン）。また市土地開発公社が所有する棚田や山林（いわゆる塩漬け土地）も藤岡家住宅の周囲にあった。五條市の「お荷物」とも見られていたこうした土地と、「文化的拠点」としての藤岡家住宅を結び付けて塩漬け土地の利用法も産み出していくという相乗効果を図る提案をして市側を説得しようと考えたのである。逆に「五万人の森に花などを植えないで、紅葉だけ楽しむ紅葉の森にすれば良いのではないか」という意見も出た。つまり、市が藤岡家住宅の寄付を受け入れないくらいなら、「五万人の森公園」の植栽などの手入れに市費を使うのはおかしいという意味である。

そうした裏事情には詳しくない藤岡は「古い家を壊すのは一時にできる。保存するだけでなく有効活用をしないと意味がない。管理運営を民間がやるとして、もし市に寄付できると安心感がある。寄付する先がNPO法人より市の方が家族に対する説得力もある。建物の修復保存は、市に寄付することを前提としてはいない。ただ先が見えないと困る」と述べただけであった。

行政の「マイナス思考」

その後の午前一一時に、藤岡は田中や益田らとともに市役所を訪問し、榎市長、岡本和人総務部長らと会談した。岡本は「市がいったん寄付を受けて、それを民間法人の運営に出すというのは問題が出るおそれがある。NPO法人のイベントに支出するという形ならいけると思うが」と切り出した。田中は「（運営費に関して）指定寄付という形で市民が負担することを考えている」とも述べたが、岡本は「施設運営を民間に委託する場合、設置条例や指定管理者の選定などの手続きがいる。指定寄付も毎年、予算書に計上しないといけない。いずれも市議会の議決がいる」と答えた。

このやりとりを聞いていた榎はこう切り出した。「個人としては田中さんの思いを実現させたいが、悲しいかな、民間と行政では状況が異なるので簡単にはいかない。一定の枠組みの中で了解をえるほかはない。市議会や市民の意向も考えないといけない。寄付を受けるとしても大義名分がいる。大義名分が無いと、こうした（建物の）寄付を全部受けることになる」

藤岡はすぐに反論した。「どんどん出てきたら困るというのはマイナス思考ではないのか。私としてはこういうものがもっと出たらよいのではないかと感じている」。益田も「みんな出す（民間がみんな負担する）と言っているのに何でダメなんや。民間活力を生かすと言っている行政がそれをへこますようなことをしてよいのか」と食い下がったが、市の意向を覆らせるには至らなかった。

結局、「ＮＰＯ法人で管理運営する覚悟はできているのか」「藤岡家住宅の建物だけで集客力を創りだせるのか」という課題だけが残された。市には断られたものの、「藤岡家が修理して地元の人たちの力で保存・活用する」という藤岡の方針は揺るがなかった。

第三章　登録有形文化財への登録申請

緩やかな保存制度

田中らが、こうした行き詰まりを打開する一つのきっかけと考えたのが、登録有形文化財への登録であった。地元の田野瀬良太郎衆院議員の事務所に相談をした際に同議員の秘書から提案されたものだった。それは、文化財保護法に基づき、各都道府県や市町村の独自調査や建築学会などの調査をもとに地方公共団体が国に推薦し、文化庁の文化審議会の審議・答申を経て文部科学大臣が文化財登録原簿に登録する制度である。

荒井正吾知事（中央）から登録有形文化財のプレートを手渡される田中修司NPO法人うちのの館理事長
（2006年6月21日）

登録有形文化財は、文化財の維持を目的に外観の四分の一以上の形状を変更する場合などには届出が必要となるが、保存活用するための修理の設計監理費の半分を国が補助し、家屋の固定資産税の半分以内の額の軽減ができるといった優遇措置がある。しかし、国の重要文化財などと比べると、形状変更などの規制は緩やかだが補助金や支援は少ないという、いわば所有者の自主性に委ねたものである。

七月一〇日、宇太郎の父、藤岡長久の名前で登録有形文化財の申請を行い、県教委は七月一六、二四両日に調査を実施。一一月一八日には、文化審議会が文部科学大臣に「登録」を答申した。翌年二〇〇六年三月二日付で文化財登録原簿（登録番号二九―〇〇九七～〇一〇六）に、主屋から塀までの一〇件が登録され、三月二三日付文部科学省告示第三五号として官報（号外）で告示された。ところが、この間の二〇〇五年一一月一二日、藤岡家当主の藤岡長久が八八歳で他界し、名実ともに藤岡宇太郎が当主となった。

当時、建物の名義は宇太郎にとっては祖父の長和のままだった。宇太郎が相続するには、長和の子や孫など相続人すべての同意を得るという困難な作業が予想されたが、長久への相続の書類が発見されたため、法務局における名義の書き換えはスムーズにいった。結局、土地は宇太郎が相続し、建物はその修復費用を負担する母親の多恵の名義とした。

専門家からの活用提案

藤岡家住宅の活用についても、専門家からの提案もあった。京都造形芸術大学プロジェクトセンター関本徹生教授らが二〇〇五年一一月二五日、「近代産業遺産のアート再生プロジェクト」の一つとして「八百万《やおよろず》の下宿屋」をテーマとする「藤岡家住宅活用プラン」を提案した。古来の信仰と自然が結びついたエネルギーがあふれる五條にある「家」の中には、自然と同じように神々が存在する。藤岡家住宅は、日本人が大切にしてきた八百万の神々が住む家「八百万の下宿屋」をテーマに、屋敷内をゾーニングしてはどうか、という提案だった。提案は単なる資料館や飲食店などの施設にしないように一流アーティストが参画し、それぞれの部屋に応じたショップや癒しの空間づくりを行う。それぞれの部屋には「足の神様」「薬の神様」「文の神様」「食の神様」などが居て、それぞれ、足つぼマッサージ、漢方薬販売、句会や落語会などを行うコミュニティースペース、農畜産物の朝市やカフェなどを展開する。米蔵は、五條市出身（生まれは和歌山県高野町だが、五條高校のそばに住んでいた）の漫画家楳図かずおワールドを展開してもらおうというものであった。

同大学が提案した「ストーリーを持たせた循環型観光の拠点」「芸術総合大学が参画することで一流アーティストが事業に参画」というコンセプトに魅力はあるものの、藤岡はこの構想に乗ってみる気にはならなかった。藤岡は「芸術家のイメージで『無いモノを作り込む』という発想にはちょっと抵抗感がある。それにここ（藤岡家住宅）は、五條が持ついろいろな要素の一つでしかなく、中心ではない。そういう位置づけであるべきだ」。田中は「ハコモノという形だけではだめ、『生きもの』をつくる必要がある」という感想であった。

ただ、この二つのコンセプトは、藤岡家住宅というより、五條市全体のテーマとして模索が続いている。前者は、藤岡家住宅に加え、国宝・八角円堂のある栄山寺、南北朝ゆかりの賀名生、天誅組遺跡のある天辻峠、重要伝統的建造物群保存地区「五條新町」などを結ぶ観光ルートづくりの動きとなり、「うちのの館」もマイクロバスで各地を回る企画をつくるなど、全市的な取り組みとなって徐々に効果が表れている。後者は、東京出身の日本画家の杉本洋が「五條新町」にアトリエを構え、横浜美術大学が古い町家を利用した学習拠点を構えるに至っている。

ＮＰＯ法人と藤岡家の覚書

相続に伴う面倒な手続きは何とか回避されたものの、藤岡はＮＰＯ法人への譲渡に不安を持っていた。ＮＰＯ法人の将来像がまだよく見えないからである。修復に費用をかけた後に無償譲渡をすれば、贈与税の負担などさらに難しい問題が予想される。藤岡の考えは、所有権は藤岡家に残すというほうに変わっていった。藤岡から田中へのニ〇〇六年一月二九日のメールには「ＮＰＯ（うちのの館）への寄付に関しては、正直言って現時点では決断しかねます。暫く（数年）様子を見てから決めたいと思います。それまでは一二月にお聞きした状態（ＮＰＯ法人に使用権を与える）が良いと思います」と述べている。また、このメールの中で、藤岡は、建物修復の予算は総額八〇〇〇万円を予定していること、備品（調度品、古文書、軸など）の調査費用の負担（五〇〇万円と予想）も、調査報告書の作成とその出版権を「うちのの館」などに付与することを条件に申し出ている。

藤岡は二〇〇六年二月一一日に五條新町の田中邸を訪れ、次のような田中の提案に同意した。

○屋根の修理を母屋から始め、次に内蔵の修復にかかる。三月から始め梅雨までに行う

○次に新座敷、お茶席の建物、そして離座敷から玄関と門構えを来年三月末までに

○基礎工事は、柱、土台、根座、床板などの補修のために米蔵の木材を使用する

○火災の用心のためにオール電化としてガスは使わない。深夜給湯器を設置する。昔あった「おくどさん」の復元は火が危ないので行わない

○NPO法人うちのの館は、四月から米蔵を事務所として使用し、職員一人を常駐させる

などである。

翌一二日には、藤岡家住宅所有者の法定相続人、藤岡宇太郎とNPO法人うちのの館理事長田中修司の間で覚書を交わした。主な内容は次のようなものである。

①藤岡家住宅の建物・土地の所有権は、当分の間、藤岡のものとする

②建物の修復工事（施主は「藤岡多恵」名義）にかかる費用は、藤岡の負担とする

③NPO法人うちのの館は建物の修復工事にかかる人的支援は最大限行う

④藤岡は、修復後の建物・土地の使用権をNPO法人に与え、管理運営を委託する。管理運営の費用はNPO法人の負担とする

⑤NPO法人が先に示した「八百万の下宿屋」案は再考し、文化財の活用にふさわしい管理運営の形態とする。今後の管理運営形態については、NPO法人の案により藤岡と協議する

⑥民具・古文書・軸などの備品の所有権は当分の間、藤岡とする

⑦藤岡は、備品の調査を五條市教育委員会に依頼する。この調査は必要に応じてＮＰＯ法人が支援する。この調査において市教委の専門外の分野で費用負担が生じた場合は藤岡が負担する

⑧調査済みの備品で貴重なものは一時、市教委で保管する

⑨備品の使用権をＮＰＯ法人に与える。ＮＰＯ法人は、備品を善良な管理のもとでの使用・活用に資するものとする

藤岡家住宅は同年三月、予定通り修復工事が始まった。また、ＮＰＯ法人うちのの館も同年四月、元五條市市長公室長の川元憙釋《よしとき》を事務局長に、奈良産業大学情報学部新卒の木下喜博を常勤のスタッフとして本格的に活動をスタートさせた。しかし、覚書が想定したスケジュール通りにはいかなかった。修復工事は最終的に三年三カ月もかかったのである。

覚書の調印の後、田中は「今なぜ藤岡邸にこだわるのか」について、藤岡長兵衛や藤岡長和（玉骨）の偉業や文化的な実績を述べたあと、さまざまな抱負を語っている。

「私の知る限りこれほど立派な家が藤岡当主のお金で修復され、地元の皆さん五條市のみなさん、いや、社会のお役に立てればとのお話をお聞きし、なんとしても、皆様のお力をお借りして後世に残るように、自分の非力に省みず努力する覚悟です」「自然いっぱいの里山、都会の生活に疲れた人々の憩いの場、癒しの庭として受け入れることが出来て、町の団地に生まれ、団地で育ち、ふるさとの無い方々には、おじいちゃんの里、おばあちゃんの里として、藤岡邸で迎え入れることができればどれくらい喜んでいただけるのではと考えています。また、健康の時代、登山、ハイキングブームの今日、日本で富士山についで登山者が多い山が金剛山だそうです。しかし、おおかたは大阪側からで奈良県の金剛山登山口の北宇智からのコース利用者は少ないです。しかし、冬の樹氷、夏の夜中登山でご来光等をＰＲし藤岡邸で一休みで来て、都会の子供たちの遊べる自然公園や、農業体験できるようなこと、地元の昔ながらの新鮮なたべものや、農薬や化学肥料を使っていない有機野菜でのご馳走、おすそわけできるお土産を買って帰れたらどんなにか喜ばれることでしょう」

第四章　修復工事始まる

修復記録の重要性

棟梁柴田正輝が修復工事を始めたのは、覚書の直後二〇〇六年三月初めだった。藤岡は二〇〇六年八月一八日に「うちのの館」や修復工事従事者に対して修復工事の方針の手紙（第三部第三章参照）を送っている。これに加えて、記録や資料の作成を強く希望している。同じ時期の田中理事長あての手紙には、こう書かれていた。

「前にも申しましたが私としては家の修復の他、家に伝わる文物の調査も行いこれをまとめたいと思っております。これはご先祖の功績を顕彰するためでも無く、また残っている文物に価値があると思っているからでもありません。この家を訪れた方にこの家の背景のようなものを知っていただくことも必要かと思い、また郷土史、文芸史、あるいは建築史愛好家の方に、あるがままの資料を整理して提供できたらと思うからです。それと我々一族に御先祖のことを知らせたいということもあります」

同年九月六日の田中理事長あての『『家の調査記録』について」という手紙には、小冊子にまとめ藤岡家住宅のオープン時に頒布したり、抜粋を入館者などへのパンフレットに入れたりといった提案をしている。藤岡が考えたのは次のような内容を含む冊子であった。

- 修復前・後の図面
- 各建物の建築年とその根拠
- 建て増し・改造の変遷
- 近内の家と他と比べたときの類似点あるいは相違点・特徴
- 建築史的な位置づけ
- 建築様式の解説
- 間取りなどの解説
- 建築技法の解説・特徴
- 古い部材（瓦、釘、建具、その他）の記録
- 修復時の建築記録（この中で今回修復に携わっていただいた方々の名を入れ顕彰したいと思います）
- 次回修復時のための参考資料

行政と市民による支援体制

修復工事が進む一方で、藤岡家住宅の管理運営体制づくりも始まった。

二〇〇七（平成一九）年五月一七日、「ＮＰＯ法人うちのの館」は、地元自治会長や各種団体長らに集まってもらい、藤岡家住宅の公開に向けて、説明会を開いた。

田中は藤岡家住宅を管理運営する意義を述べた後、「到底私たちＮＰＯメンバーだけでは、充分な管理運営はできません。本日のご縁をいただきましたことを大切に、ご関心のあるみなさまのお力をお借りして、次のような仕事や作業をボランティアとしてゆとりの時間、癒しの時間としてご提供いただきたい」と、登録有形文化財藤岡家住宅を守り伝えるための支援を要請し、その仕事の内容として次の6項目を提案した。

1、外観全体の水洗い、拭き掃除と片付け
2、建物内の天井とつし二階の掃除と整理、整頓
3、各建具の水洗いとガラス磨き、障子の張替え
4、机、置物、備品、器具の整理と磨き掃除
5、民俗資料の点検、古文書の解読、展示
6、庭木の剪定と草引き、池溝の掃除

これらは、「家守倶楽部」の活動として今に続いている。

一〇月一四日に開かれた五條市の市制五〇周年記念式典では、藤岡家の縁者である奥田真祐美が「ときめきコンサート」と銘打ってオープニングを務め、出席した田野瀬

吉野晴夫市長に寄付金を手渡す田中夫妻（2008年1月15日）

良太郎衆院議員らはその足で藤岡家住宅を視察。田中らはその翌一五日付で、同住宅の情報発信や調査研究への支援、こうした活動をしているNPO法人が健全な経営ができるようにするシステムづくり、税制の見直し、市民有志が行う寄付行為を経費として認めることなどを求めた要望書を送った。

その成果か、二〇〇八年一月一五日、田中修司、孝夫妻による五條市への寄付が実現した。「柿の葉すし本舗たなか」を創業した修司の旭日双光章の受章記念という名目で修司が二〇〇〇万円、孝が一〇〇〇万円という寄付であったが、それはそのまま「NPO法人うちのの館」による藤岡家住宅の管理運営への補助金に回された。二〇〇七年度の一二月議会で、「うちのの館管理運営補助金」として一般会計補正予算案に組み込まれ、それが原案通り可決したためであった。

第五章　一般公開に向けての動き

玉骨句碑の除幕式

藤岡家住宅の一般公開（開館）への動きは二〇〇八年に入ると一気に加速した。その口火を切ったのが、五條ロータリークラブによる俳人藤岡玉骨の句碑の建立であった。玉骨（長和）はその初代会長であり、この年がクラブ創立五〇周年に当たり、それを記念したものであった。句碑は、渡廊下二階の、長和の子どものころの勉強部屋（通称「若さんの部屋」）と樹齢二五〇年の「長兵衛梅」の傍らにあり、自然石（幅九〇センチ、高さ六〇センチ）に、創立当時の幹事で第四代会長を務めた栗山亮作の揮毫を刻んだものである。

その俳句は一九五二（昭和二七）年作の

「渉り石　渉りためらい　梅仰ぐ」

NPO法人うちのの館が二〇一三年に発行した復刻版『玉骨句集』（一九五八年）の一一五ページに掲載されている。

二月一七日の除幕式には、田中修司、藤岡宇太郎に加え、吉野晴夫市長、クラブ会長の山本陽一、元会長の栗山亮作など、古民家や町並みの保存に縁が深い、そうそうたるメンバーが出席した。山本は、藤岡が最初に相談を持ちかけた「五條新町」の町並み保存運動「新町塾」のリーダーである。宝永年間（一七〇四～一七一一）創業の「山本本家」という古い町家景観を誇る酒蔵の九代目であり、現在（二〇一五年現在）は県森林組合連合会長である。栗山もかつては銅山経営で栄え、重要伝統的建造物群保存地区「五條新町」の五條市指定文化財「栗山家住宅」（国の重要文化財とは別の建物）の当主であり、山本と同様に県森林組合連合会長も務めた。

毎日新聞（二〇〇八年二月一八日付奈良版）によると、山本は「クラブの産みの親で俳句をこよなく愛した」とたたえ、藤岡は「祖父の偉さを改めて知った。藤岡家住宅はいろいろな人に助けられここまで整備できた」、田中は「歴史などの殿堂として活用したい」とあいさつした。

その後も、北宇智保育所の園児が長兵衛梅を観賞したり、盆梅を大広間に飾って句会を開いたり、また、四月三日には、藤岡家住宅南側の土地にグラウンドゴルフ場が開設されるなど、開館に向けての足慣らしが続いた。五條ロータリークラブは、うちのの館監事でもある俳人の上辻蒼人を講師に、地元北宇智小学校の六年生児童を集め、「子ども俳句教室」を毎年開いている。その第一回が二〇〇八年六月四日にロータリークラブの「五〇周年記念」として

玉骨の句碑を除幕する田中修司、藤岡宇太郎、
山本陽一、吉野晴夫ら（右から）

開かれた。六月一八日に選句があり、二三日には表彰も行なった。

九月一九日には「うちのの館通信」創刊号が発刊。第一回の「リレーいんたびゅー」は、藤岡長和が一九五二年から取締役を務めた南都銀行の行員で「うちのの館」の理事であった故福井正三の「藤岡長和氏の思い出」であった。福井は銀行の定期刊行物「なんと」初刊号に長和（玉骨）が寄せた句を紹介し、「白壁に一際映えて梅咲けり」と、開館を控えての自作の句を載せた。

藤岡家の「いとこ会」も一〇月一二日、一九九五年八月一九日以来の一三年ぶりに開かれた。五條市内のリバーサイドホテルに当主の藤岡宇太郎のほか、シャンソン歌手で大阪在住の奥田真祐美ら高齢者から子どもまで約五〇人が集まり、その後、修復が進んだ藤岡家住宅の見学に移り、記念撮影をした。

収蔵品を自主調査

建物の保存のための修理とともに、藤岡家住宅に遺された膨大な量の収蔵品の整理と調査も、うちのの館のメ

藤岡家住宅の前で記念撮影した「いとこ会」の人々

ンバーらの努力で進んでいた。故河﨑眞𠀋彌の本職は車のシート模様などをつくるテキスタイルデザイナーであったが、「うちのの館」のロゴマークも制作し、「五條新町」の自宅で柿渋の染物を創作していた。

藤岡家住宅の仏壇裏の部屋に置かれていた本棚に、ほこりまみれになって積まれていた塗りの箱、短冊帳などは玉骨が関わった俳句の短冊ではないかと思い、これらはばらばらにしてはあとで分からなくなってしまうと、本棚全体の状態を写真に撮り、一つの単位でも記録した。一枚も紛失しないようにするため、俳句や短歌を現物大で二首ずつスキャナーする作業を延々と行った。与謝野晶子、鉄幹、高濱虛子、河東碧梧桐、阿波野青畝といった著名な歌人や俳人、天誅組隊士で「南山踏雲録」の著者である伴林光平の名前が次々と出てくるのに感動し、「興味を持ちながらの作業」になったという。

その作業は「五條新町」にある資料館「長屋門」で行なわれていたようである。次の段階の仕事を引き受けたのは上辻庄司（俳号・蒼人）である。上辻は、「中学校で習った」というレベルの河﨑と違い、奈良県俳句協会理事を務めている専門家である。

上辻のエッセー（「うちのの館通信」第五号、二〇〇九年三月一日掲載）によると、河﨑がスキャンした色紙や短冊のファイルは一〇冊ほどあった。二〇〇七年初めごろ、当時市生活産業部長の上山保見から「資料が沢山あり整理に苦労している」という話を聞かされ、週一回二時間程度のペースで、解読と作者の突合作業を行なったという。虛子のほか、山口誓子、高野素十といった有名俳人らの短冊の多さに驚き、「私の手でなんとかしたい」という思いになった。しかし、さらさらと墨字で書かれた俳句は解読が難しく、上辻は、五條高校の後輩の田中敏彦・県立図書情報館副館長に支援を要請して、同館の古文書研究会に、色紙や短冊を実物大にスキャナーしたファイルを全部預け、七カ月かけて解読を完了した。現在、内蔵の資料室に掲示されている「近現代俳人の系譜」はその成果で、これらの俳人を年代別に分別して一枚の紙にしたものだという。

専門家や大学による調査と協力

修復が進むにつれ、膨大な量の所蔵品の文化財調査に協力する学者や研究者が増えてきた。例えば、美術品では、「うちのの館」からの要請で、立命館大学文学部教授で美術史家の島田康寛が二〇〇七年七月一七日に訪れ、所蔵品のうち五六点を調査した。

現事務局長の木下喜博が卒業した奈良産業大学情報学部生による「デジタルアーカイブ」のプロジェクト演習もその一つである。二〇〇八年八月一一日から一一月にかけて、同学部の学生六人と廣田英樹教授、片岡英己専任講師らが俳句の短冊や手紙類を写真撮影しスキャナーで取り込んで電子化したデータを保存するという作業に取り組んだ。泊まり込みまでしたが、藤岡家住宅が開館した同年一一月ごろに「映像が暗すぎた」と再撮影を申し込んだ段階までで、立ち消えになってしまった。開館イベントの都合で資料を貸し出せなかった事情もあったが、片岡は「学生が集まらなかった」と話す。

「デジタルアーカイブ」は二〇〇六年ごろから、学生有志による「高取城CG化プロジェクト」という形で始まり、木下もその一員であった。立ち消えした原因は、学生らが藤原京や郡山城のCG化にも取り組んだ関係で、それに人を取られたせいでもあるが、同大学が奈良学園大学に改組され、入学者の確保難を抱える情報学部が二〇一四年度末で廃止されるという事情もある。

片岡も「ここで終わってしまうのはもったいない」と口惜しがるが、建造物から書物までさまざまな文化財が豊富な奈良という土地柄を考えても、地元の大学でのこうした取り組みが継続できないということは本当に惜しいことである。奈良県には、旧家の蔵や押入れなどには藤岡家住宅にあるような貴重な歴史資料が眠っている。古民家をやむを得ず取り壊す際にも、貴重なこうした文物を記録したり、保存したりするシステムを確立することが必要であろう。

第六章　盛大な開館式典

復元工事完成（開館）記念式典は二〇〇八年一一月一一日に約一二〇人が出席して盛大に行なわれた。セレモニーは、「大野新田町民芸会」の神楽の舞が、藤岡家住宅前の道路から玄関内へと練り歩いた後、五條市立北宇智小学校の児童代表二人が、藤岡家住宅の石碑と登録有形文化財の銘板を除幕した。琴和会の島田響湖らによる尺八と箏の調べに乗って午前一一時前、玄関先に居並んだ吉野晴夫・五條市長、田野瀬良太郎・衆院議員、前田武志参院議員の妻信子、秋本登志嗣・県議会議員、西尾彦和・五條市議会議長、当主の藤岡宇太郎、ＮＰＯ法人うちのの館理事長の田中修司がテープカットを行なった。

中庭で開かれた記念式典では、田中修司理事長が「文化・芸術・民俗の発信、癒しの場として後世に伝えていきたい」と開会のあいさつした後、工事関係者などに田中理事長から感謝状、藤岡当主から記念品が贈られた。感謝状を贈られたのは、棟梁の柴田正輝、大工の怒田幸男、左官の有本泰造、屋根瓦葺き工事の和田秀則、建具や美術品の補修・展示に携わった尾崎庸一、電気工事の椋本一弘、設計原案の平井憲一設計建築事務所、それに工事関係者ではないが、長い間藤岡家住宅を守ってきた村井祥寶らである。その後、来賓の吉野市長や田野瀬衆院議員らが祝辞を述べ、藤岡当主が「いろんな方の協力で人の輪が広がり、開

式典を盛りあげた「大野新田民芸会」の神楽

館できたことをうれしく思います。さらに多くの人に活用していただけることを願っています」と感謝の言葉を述べた。開館を盛り上げたのは、文化・芸術の館にふさわしい洋楽と邦楽であった。中庭を演奏会場に、この年にデビュー二五周年を迎えたシャンソン歌手の奥田真祐美は自分で作詞した「クスノキのうた」などを歌った。奥田は大阪生まれだが、祖母が藤岡長和の姉であり、藤岡家のいとこ会のメンバーである（第二部末尾に奥田の寄稿文）。

続いて「貴賓の間（別座敷）」から琴和会の島田響湖らが箏と尺八の調べを演奏した。その後、会場は大広間（新座敷）に移り、箏曲の演奏をバックに昼食がふるまわれた。藤岡宇太郎の母、多恵も出席し、棟梁の柴田らと和やかに懇談した。

すり減り、汚れ、破損を恐れては家は死んでしまう

開館式典当日発行の「うちのの館通信」第二号には、藤岡と田中の藤岡家住宅に対する思いを込めた、あいさつ文が掲載されている。全文を紹介しよう。

（右上）中庭に集まった式典の参加者たち
（左上）柴田棟梁と懇談する藤岡多恵と俳優のうだしげき（右）
（右下）昼食の間も箏と尺八の演奏が続いた

開館を迎えて

藤岡家当主　藤岡宇太郎

古い家を壊したくない、ただ修繕しても使わなければ意味がない、何か活用する方法はないものか、という私の単純な考えが発端でありました。それが思いもよらず五條の皆様の心に共鳴して、いろいろな方々の輪が広がり、この度の開館を迎えるに至ったことは、私にとってまさに夢のようなことであります。また当主不在の間この家を守って下さった、近隣の近内町の皆様にも厚く御礼申し上げます。

これで家を修繕するという私の主たる役割は果たしました。これからはＮＰＯ法人「うちのの館」の方々が管理運営してくださいますが、運営に当たって一つだけ私からお願いがあります。

それはこの家を動態保存、すなわち活きた形で、使いながら残していただきたいということです。使っていれば家はすり減り、汚れていきます。また時には什器類を破損することもあるでしょう。

しかしそれを恐れていては家は死んでしまいます。この家の場合はそれでは価値はないと思うのです。

登録有形文化財「藤岡家住宅」の運営は手探りで開始されると思います。しかしそれだけに面白く、やり甲斐のある活動になると思います。皆様の自主的で積極的な参加をお願いします。

開館にあたりまして

ＮＰＯ法人うちのの館理事長　田中修司

こんな良い財産を次の世代に残したい、心からほっとする場所、皆さんが自由にやりたいことがやれる家として次の世代に残したい。

そう願って「藤岡家住宅」の復元に取り組んでまいりました。広い道路にも近く、景色も良く、自然の残る場所です。きっと多くの方々にとっての癒しの空間となることでしょう。また郷土の誇りであり、貴重な財産という意味で、大切な空間となるでしょう。

代々庄屋として、又、初代村長として北宇智地区を守り、育て、支え、指導してこられた藤岡家の方々への社会への奉仕精神に感謝し、そして二百年もの間、家を守り伝えてこられた先人、村民の皆様に対して、今を生きる私たちには、金剛・葛城王朝につながる伝統、文化、歴史を後世に伝える責任があります。

しかし、ただ単に、修復、保存するだけでは、何十年か後にまた、修繕が必要です。私たちNPO法人「うちのの館」は、他に類を見ない江戸時代の豪壮な建物を活用して、いつの時代にもマッチする環境と、安全、安心の管理運営を維持し、収益も上がり、建物、什器、備品の管理も出来る運営を目指してチャレンジし続けていこうと思います。

先祖から受けついだそのバトンを次の世代につなげていくことこそが使命であると感じています。

皆様のご支援とご協力をどうぞよろしくお願いします。

開館記念イベント

「藤岡家住宅」のことを世間に知ってもらおうと、開館後の一一、一二月の二ヶ月間は入館料をもらわず、うちのの館主催の開館記念イベント、他団体主催の関連行事を続けた。主催イベントでは一一月二一、二三日に「藤岡家名品　呈茶と華展」、二一日に「藤岡玉骨記念俳句大会」、三〇日には貴賓の間を舞台に中庭を客席とする、高鴨雅楽会の「宇智野の雅楽の調べ」、一二月一三日には能楽・金春流の無料の能楽体験講座、一二月十四日には、田中修司理事長による講演「町づくり人講演会」が催された。

第1回藤岡玉骨記念大賞を田中修司理事長から授与される相野暲子さん（右から2人目）＝新座敷で
（2008年11月21日）

このうち、俳句大会は「大広間」で開かれ、約一〇〇人が参加した。島田康寛・立命館大教授の記念講演「俳句と日本画」の後、茨木和生・代表選者筆頭に地元の俳人上辻蒼人らの選者が、事前募集句四四八句から藤岡玉骨記念大賞、五條市長賞などを選んだ。大賞は東吉野村の相野暲子さんの「天誅義士馳《は》せし間道《かんどう》薬掘り」。当日句も募集したため、朝早くから藤岡家住宅の周囲を散策したり、住宅内を見学したりする参加者も目立った。俳句大会はその後、玉骨の命日（三月六日）に近く、俳号の由来ともなっている梅が咲く時期の恒例行事となり、第六回となる二〇一四年三月四日の大会は、応募者が一七〇人で応募句は五四一句。また、当日参加者は六一人で当日句一三四句と盛況を続けている。

　関連するイベントでは、一一月二三日に、市立五條文化博物館によるバスツアー「秋の歴史探訪ツアー～町の全部が博物館」があった。見学コースは、同博物館→藤岡家住宅→南朝ゆかりの地「賀名生《あのう》」の重要文化財「堀家住宅」→二〇一〇年に国の重要伝統的建造物群保存地区に選定される「五條新町」という順であった。一二月二日の奈良新聞主催のバスツアー「大和の秋にこだわる文学散歩―御所と五條を訪ねる」では、約五〇人が参加して、上野誠・奈良大教授の講演が大広間で行なわれた。

　このように、開館を迎えた藤岡家住宅は、文学や政治にまつわる歴史探訪の拠点として社会的に認知されるようになった。それは、保存のための修復を行なった古民家としての価値だけでなく、俳句から日用品に至るまでの歴史的に重要な収蔵品の多さ、周囲には古墳、瓦窯跡などの古代遺跡、鉄道のスイッチバック跡などの近代化遺産があり、万葉集に歌われた金剛山を背景とする景観の美しさなどが複合されたものである。それは研究者にとっても重要なものであった。

研究者らが相次いで訪問

二〇〇八年一一月の開館後も、研究者などが見学者として訪れている。学芸員（現館長）の川村優理らと語り合ううち、協力して調査研究に入るケースが相次いでいる。生物学者・民俗学者として知られる南方熊楠と藤岡長和との親しい関係も収蔵品の手紙や絵付きの短冊「犬の糞の仇討」から読み取れる。熊楠を研究する武蔵大非常勤講師の岸本昌也はジーパン姿でぶらっと訪れて、それを研究にまとめて発表（二〇一〇年一〇月「KUMAGUSU　WORKS」所収）した。それに関連して藤岡家でも、「南方熊楠の書簡〜熊楠と藤岡玉骨」展（二〇一二年八〜九月）が開かれた。（詳しくは第五部「藤岡家住宅の展示について」参照）

「別座敷」下の間の襖絵である「琵琶湖八勝景」は「百裏」という絵師の作品であるが、うちの館では「百裏」が何者かがわからなかった。見学者だった大阪市史調査会の内海寧子は、展示案内をする川村からその話を聞き、江戸時代の末頃、五條代官と大阪代官を歴任した竹垣直道の日記「浪華勝槩帖《なにわしょうがいちょう》」から「百丈」という絵師の名前を見つけ、「百裏」と同一人物ではないかとの考察を発表している（「大阪の歴史」八一号）。

このほか、習字のお手本である「手鑑《てかがみ》」、与謝野晶子の手紙なども専門家の協力で解明が進んでいる。

厳しい運営・財政事情

文化的な価値が解明され、その価値が認められたとしても、館を運営するための収入につながらないのが実態である。開館以来、財政状況は厳しく、初代NPO法人うちのの館事務局長で元五條市市長公室長の川元憙釋《よしとき》（現五條市監査委員）は、「年間必要な平均的な経費は、常勤一人を含めて職員を雇い、電気代や暖房の燃料代など維持費をからめると約一二〇〇万円。それに対して、収入の皮算用は大まかに言って、入場者が約一万人の入館料（三〇〇〇円）、米蔵を展示施設に貸した企業からの協力金、レストラン・喫茶などの事業収入、田中理事長はじめ市民からの寄付の四つから約三〇〇万円ずつの計一二〇〇万円で収支トントンと考えてきたが、事業収入を中心に収入は不足気味。結局、市民からの不安定な寄付金に頼らざるをえない」と証言する。

NPO法人うちのの館は、五條市立五條文化博物館の指定管理者にもなっているが、市からの指定管理料は博物館の維持運営のために使うのが原則であり、藤岡家住宅の運営に回すわけにはいかない。ＮＰＯ法人への寄付が免税の対象になる「認定ＮＰＯ法人」になるためには、「一人三千円で百人以上の寄付」といった要件や、認定のための煩雑な手続きに手間や費用がかかることなどがネックになっている。川元は「社会福祉事業ならば、介護保険といった事業収入があり寄付も受けやすい。しかし、文化財の保存活用には、これといった支援の仕組みが無い」と、公立でも「大赤字」がふつうな博物館・資料館的な事業を民間単独でおこなっていくことの難しさを訴えている。

藤岡家住宅のような存在が、地域文化を育み、地域のイメージを向上させ、来訪者が増えることで観光や産業の振興にも寄与している。ところが、その「文化的な存在」を維持するための収入は不十分であるという、外部経済的なギャップを今後、どのような仕組みでどう埋めていくのか、という課題が残されている。

寄稿

五條藤岡の家と私

奥田　真祐美（シャンソン歌手）

心に語りかけるような歌声を披露

平成一八（二〇〇六）年のある日、ふたいとこの藤岡宇太郎さんからお手紙を頂いた。三〇年間誰も住んでいなかった五條の藤岡の家を修復し、地域の方々に役立ててもらうことを考えている。よって五條に関心のある真祐美さんにも何か協力してもらえたら、という主旨だった。

世の中は開発・発展の命題の元に古いものを壊し、自然を破壊することに異議を唱えない風潮にあって、私は宇太郎さんの考えに共感を覚え、即「お力になりたい」と返事した。

平成二〇(二〇〇八)年一一月一一日(火)「藤岡家住宅」復原工事完成(開館)記念式典のセレモニーでシャンソンを歌うため、朝七時大阪の家を出てクルマを運転し五條に向かった。

冷たい風が吹き抜ける肌寒い晩秋。中庭には五條市長の吉野晴夫さんをはじめ関係者の方々がパイプ椅子に並んで座っておられた。ベルベットのワインカラーのロングドレスに同色の薄いストールを肩に掛けた私は、シャンソンを数曲歌った後、最後の歌に『クスノキのうた』(作詞・奥田真祐美/作曲・さとう宗幸)を選んだ。クスノキは五條市の木であることと、歌詞にある〜新しい緑よ、新しい生命よ、生き続けておくれ〜という言葉を、新しい生命を吹き込まれたこの家に贈りたかったからで

「貴賓の間」前の中庭であった開館記念式典でシャンソンを歌う
(2008年11月11日)

ある。

修復工事中に何度か五條を訪ねた折り、当時五條市役所の総務部長をされていた上山保見さん、「柿の葉すしたなか」の相談役田中修司さんとお知り合いになり、それ以来たいへんお世話になっている。田中修司夫人の孝さんは五條のご婦人方を誘って大阪まで私のリサイタルやデイナーショーに来て下さっている。

平成一九（二〇〇七）年一〇月一四日には五條市制五〇周年記念式典で歌う機会をいただき、やがて藤岡家住宅が開館されてから企画された八月一六日の「ゆかたでナイト」というイベントに毎年出演するようになった。

金剛山を背に暮れなずむ夏の夕、中庭に立って歌っていると、歴史の積み重ねとすべてのものには時があることを実感した。

私が知人友人に藤岡家の話をすると、何人かは必ず興味を持ってくださる。そこで時間の許すかぎり、クルマにお乗せして五條へお連れすることにしている。関西の方だけでなく、愛知、岐阜、東京の方々もご案内した。延べ何人になるだろうか。

何度通っても厭きることがない。そして行くたびに感じる。田中修司理事長をはじめ、NPOの皆さん、学芸員の川村優理さん、事務局長の木下喜博さん、家守倶楽部の方々など、苦労も多いであろう管理運営の仕事を、藤岡の家を愛し、大切に思い、心を砕き、力を尽くして下さっていることが伝わってくるのだ。

私事で恐縮だが、平成一三（二〇〇一）年から一六（二〇〇四）年まで、元日になると高齢の両親をクルマに乗せて高速道路を走り五條の藤岡の家へ向かった。正月くらい親孝行したいと、母がいつも懐かしんでいた五條・近内までドライブすることを考えた。祖母の生まれたその家は長和さんの妻うた代さんが亡くなってから空き家になっていた。門は閉ざされ屋根は台風で瓦が飛んだためブルーシートが掛けられたままで、崩れかけた土塀の中には庭木が鬱蒼と生い茂っていた。薬医門の前で父母のスナップ写真を撮った後、すぐ近くにある御霊神社にお詣りをして大阪へ帰った。

私の祖母は明治一五（一八八二）年一月二二日に藤岡長二郎とならみつの次女として五條・近内で生まれた。

一一人きょうだいで上から二番目。現当主の藤岡宇太郎さんの祖父藤岡長和さんは祖母の弟になる。

祖母・葛は自分の母親（ならみつ）の兄弟の子ども冨和成美に嫁ぎ冨和葛となった。私の祖父と祖母はいとこ結婚だ。祖母は五人の子どもを産み、その末っ子が私の母である。母は結婚して奈良から大阪に住むようになった。

余談になるが、父の先祖奥田市郎兵衛は寛文三（一六六三）年、大阪市阿倍野区の沼地だった土地を開拓した。猿山新田と呼ばれている。その時に防風と美観のため木を植えて森を造った。その名残りのクスノキが今も本家と分家の拙宅に大阪市の保存樹として現存している。記念式典で歌った『クスノキのうた』は一九九五年の阪神淡路大震災の年に作り、ずっと歌い続けている。

話を藤岡の家にもどそう。

母は思い出ばなしになると必ず「近内の家にいとこがみんな集まって楽しかった」と実にうれしそうに語っていた。何度聞かされたか分からない。子どもの頃というのは親戚のことには関心がなく、耳を素通りしていたが、〜近内の藤岡の家はいいところ〜という母の郷愁が、知らないうちに私の心に一粒の種となって落とされていたようだ。

祖母のきょうだいの大伯母、大叔母、大叔父の中で生前に会ったことがあるのは三人だけ。その中で特に印象に残っているのは長和夫人のうた代さんだった。うた代さんは同じ五條の旧家の生まれで旧姓は犬飼るいと言った。

一二歳くらいの頃、姉と二人で春休みに藤岡の家へ遊びに行った思い出がある。祖母がお里帰りするのに合わせて訪ねたのだ。うた代大叔母は広い屋敷に一人で暮らしていた。

うた代さんは婦人運動家として市川房枝さんや河崎なつさんらと交流があった。進歩的な考えを持ったうた代さんは、自由学園の創立者・羽仁もと子を尊敬し、姉や私が自由学園で学んでいることを大変喜び、励ましてくださった。

もう一人心に残っているのは高橋英子大叔母。東京・九段の家へ母に連れられて何度かご馳走になったり泊めてもらったりしたことがある。英子さんは学者高橋克己と結婚。克己博士はビタミンＡの分離・抽出に世界で初めて成功。だが三二歳の若さで病死。その後九段に阿家という茶寮を経営しながら歌人や書家としての才能を開かせた。英子さんはうた代さんと同様、新しい考えを持った女性で、凛とした姿は美しかった。英子さんの二人の娘のうち長女ゆりさんは自由学園に学んでいる。

英子さんは「あんたはいいこや。自由学園でしっかり勉強しなさい」とやさしく声をかけて下さったことは忘れられない。

大阪から東京の学校へ入るには保証人が必要だったので、私の両親は目黒に住む祖母の弟藤岡長敏大叔父に頼んだ。そこへも何度か母と挨拶に行ったことがある。遠い昔の話なのに、場面場面が断片的に思い出される。

時は流れ、学園在学中の一九歳の時、将来の道としてシャンソン歌手になろうと決心しレッスンを始めた。卒業後、婦人之友社の編集部で働いていたある日、原稿を受け取りに婦選会館の市川房枝さんを訪ねたことがある。その頃はうた代さんと市川房枝さんが親しいことなどまったく知らなかった。

婦人之友社を二年三ヵ月で辞めてシャンソンの世界へと転換、銀巴里に出演し始めたが、やむなく一一年暮らした東京を二三歳の誕生日に引き揚げた。そして大阪の両親の元へ帰ってからまた紆余曲折の人生が始まった。

シャンソン歌手になるなど、両親からも親戚からも大反対を受けたが、私の気持ちは変わらず、自分なりのやり方でほそぼそと続けているうちに少しずつ道が開かれていった。そのうち、両親もだんだんと理解をしめしてくれるようになった。

年老いていく父母を、正月にクルマで五條へ連れて行ったのがきっかけで、たびたび五條へ行くようになり、五條図書館で五條市史を読んだり、うた代さんが寄贈した未整理の藤岡文庫も見せてもらったりした。

五條はまるで自分のふるさとのように愛着を感じる。幼いころに蒔かれた一粒の種が芽生えてきたのだろうか。

ある時、長和大叔父と恋愛結婚したうた代さんの実家・犬飼家を一度たずねてみたいと思った。しかし、住所も分からず誰に訊けばよいのかも分からなかったが、偶然にも運転中にそこを通りかかることが出来た。

静かな環境の中に白壁の美しいお屋敷。「このお家でうた代さんは生まれ育ったのか。今はどんな方が住んでおられるのだろう。お会いしたいな」などと夢みたいなことを思いながらそっとそこを後にした。

それから数年経ち、思いがけず犬飼家の現当主は上山

新町通りの辻家ゆかりの「まちや館」

保見さんの同級生だと分かり、それがご縁で犬飼正志、章子さん夫妻とお会いすることがかなえられた。遠縁になるお二人は大阪サンケイホールブリーゼで開催する私のリサイタルに毎年お越し下さっている。

縁や出会いの不思議はまだあった。

五條新町にまちや館といって古い町家を開館しているところがある。そこは元辻家のもので、五篠市に寄付した建物。

吉田茂内閣の時に初代法務大臣・防衛庁長官などを務めた木村篤太郎の生家である。私の父の弟は辻家へ婿養子に入った。表仲人は藤岡長和、うた代夫妻。実際は祖母が仲を取り持ったとのこと。

「うちのの館」の開館に当たって木村篤太郎氏の孫の木村忠夫さんとお会いでき、関東に住む藤岡宇太郎さんと木村忠夫さんは東京での私のリサイタルにお越し下さっている。

五條の「うちのの館」と「まちや館」という二つの保存建築が私の両親を介して繋がりがあることは縁とよろこびであり感慨深い。

第三部　登録有形文化財としての藤岡家住宅

神野　武美

第一章　建物等の概要

藤岡家住宅（五條市近内町五二六、土地面積一二六九・四二平方メートル）は主屋など一〇件が二〇〇六（平成一八）年三月二日付で、文化財保護法の文化財登録原簿に記載され（登録番号二九―〇〇九七〜〇一〇六）、同年三月二三日付の官報で文部科学省が告示第三五号として告示された。奈良県内では、大和郡山市の杉山小児科医院診療棟・住居棟と同時の登録有形文化財への登録であった。

藤岡家住宅の登録有形文化財一〇件の概要と、建築年代の推定の根拠は以下の通り（県教委文化財保存課の調査資料に基づくが、調査後に判明したことや疑問点の提示に基づき一部を修正した。また、カタカナ表記は藤岡家や近隣住民による建物や部屋の呼称）。

【主屋】（オモヤ＝母屋、本家＝ホンケ）（写真・修復前と現況・以下同じ）

●年代…天保三（一八三二）年（鬼瓦に「天保三年辰五月吉日　細工人瓦屋源治郎」の銘）

●構造様式…木造平屋建て、入母屋造り、瓦葺

●規模…桁行一七・一二メートル、梁間一〇・四五メートル、建築面積二三三・九八平方メートル。

【内蔵】（ウチグラ）

●年代…寛政九（一七九七）年（棟木下端に「寛政丁巳九年三月一四日」という祈祷札が角釘で打ち付けられていた）

●構造様式…木造二階建て、土蔵造り、切妻造り、瓦葺

●規模…桁行九・〇二メートル、梁間六・三六メートル、建築面積七七・五五平方メートル

【別座敷】（ベッザシキ）

●年代…嘉永六（一八五三）年（嘉永六年の年紀が記載された祈祷札が両妻の小屋梁に各一枚和釘で止められ、建物中央の天井の上に一枚置かれていた）

●構造様式…木造平屋建て、入母屋造り、瓦葺

●規模…桁行九・八五メートル、梁間一一・四三メートル、建築面積九八・九五平方メートル

【離座敷《はなれざしき》】（インキョ）

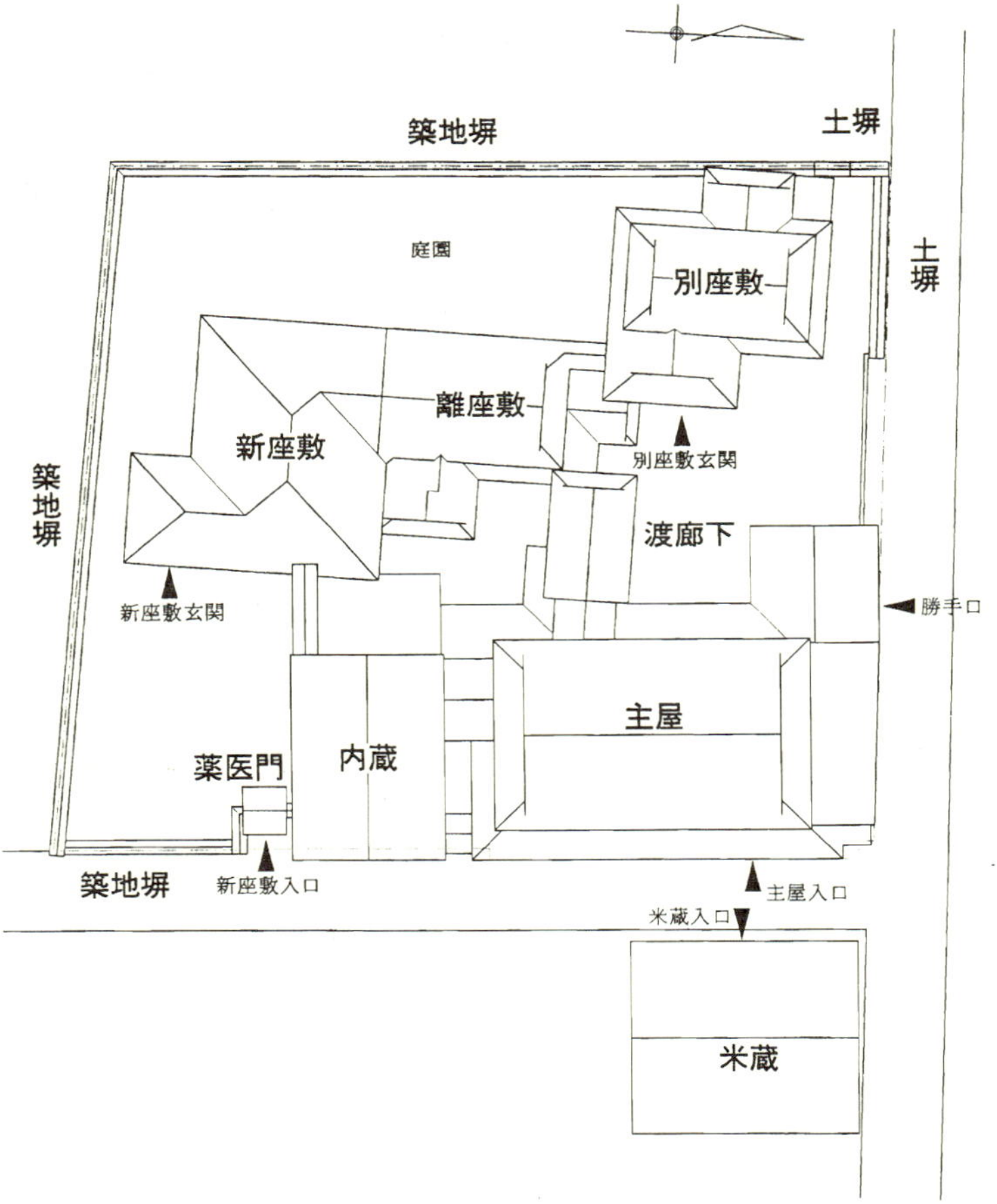
築地塀
土塀
庭園
別座敷
土塀
離座敷
新座敷
別座敷玄関
築地塀
渡廊下
新座敷玄関
勝手口
主屋
内蔵
薬医門
築地塀
新座敷入口
主屋入口
米蔵入口
米蔵

配置図

●年代…江戸時代末期（別座敷との連続性から同時期の可能性がある。東側の便所は非常に新しく新座敷を整備した時に増築した可能性がある）
●構造様式…木造平屋建て、北面は入母屋造りで角屋が付属、南面は新座敷に接続、瓦葺
●規模…桁行九・〇九メートル、梁間六・一四メートル、建築面積七二・七一平方メートル

【新座敷】（シンザシキ）
●年代…明治四五（一九一二）年（棟木下端に取り付けられた棟札と御幣に建築年の記述）
●構造様式…木造平屋建て、寄棟造り、瓦葺
●規模…桁行一二・〇四メートル、梁間一一・二九メートル、建築面積一一五・七〇平方メートル

【渡廊下】（一部はワカサンノヘヤ＝若さんの部屋）
●年代…明治二九（一八九六）年（棟木下端に打ち付けられた棟札に建築年の記述）
●構造様式…木造二階建て、東面切妻造り、西面入母屋造り、瓦葺
●規模…桁行五・八三メートル、梁間三・〇三メートル、建築面積二二・九五平方メートル

【米蔵】（コメグラ）
●年代…明治二五（一八九二）年（鬼瓦の箆《へら》書に建築年の記述）
●構造様式…木造平屋建て、切妻造り、瓦葺
●規模…桁行九・八五メートル、梁間七・八八メートル、建築面積七七・六二平方メートル

【薬医門】
●年代…大正三（一九一四）年（修理中に棟札を発見した）県教委調査では、明治後期（新座敷と一連の建物と思われる）
●構造様式・規模…一間薬医門、切妻造り、本瓦葺、間口二・四メートル

【築地塀】
●年代…江戸時代末期（現在の屋敷構えがほぼ整備された時期と考えられる）
●構造様式・規模…瓦葺、折れ曲がり延長七八・三メートル

【土塀】
●年代…江戸時代末期（別座敷の建設時期と一緒と考えら

れる）

●構造様式・規模…瓦葺、折れ曲がり延長一三・六メートル

　県教委調査では、薬医門を除く建物すべての屋根瓦を「桟瓦葺」としているが、修理工事を指揮した五條市の棟梁、柴田正輝は、「全部『土葺き』だった」としている。ほかに、主屋や別座敷から道路を挟んで北側にある敷地を藤岡家ではキタカド（北角）と呼んでいた。そこにはナヤ（納屋）とレンジグラ（連子倉）があった。ナヤは、向かって右からウシゴヤ（牛小屋）オトコシュウベヤ（男衆部屋）、ワタグラ（綿倉）、シバクラ（柴倉）、スミグラ（炭倉）の五つに仕切られていたが、老朽化が甚だしいため、当主の承認の上で取り壊し、今は来訪者用の駐車場になっている。また、その右手前にある連子倉は改修され、今も北の増築部分も含めて未整理の収蔵品や藤岡家の私物を収納している。連子倉はかつて、管理人だった村井祥寶に貸与し、そうめんを包装する工場として利用していたが、藤岡長久の死去（二〇〇五年一一月一二日、享年八八歳）を機に、村井から返還されている。

　藤岡家には、屋敷全体の平面図と一部の立面図が遺されている。平面図は、鉛筆で描かれた一〇〇分の一と二〇〇分の一のがある。「新座敷」が描かれているので大正や昭和の初めの頃のものと思われる。それを見ると、別座敷の北東側の道路沿いに建物（「北倉」という）があり、主屋東側の米蔵の南側の並びにも「小屋」「倉」と、畳間や四畳間がある建物があった。現在、「新宅《しんたく》」と呼ばれている藤岡昭彦の家がある付近である。

　昭彦によると、「新宅」とは、藤岡家（「本家」と呼ばれる）から江戸時代に分かれた分家で、「北角」の西側に現在もあり昭彦の兄弟らがいまも住んでいる。この場所はかつて、役行者ゆかりの金剛山に参詣する登山者向けの旅館「たまや」（地元出身の西久保智美によると、近内町や住川町には昔こうした旅館が何軒かあった）があり、新宅は、それが移転したあとに分家として建てられ、薬種商の権利の一部を分けてもらったという。

　八〇歳になる昭彦もここで生まれ、約四〇年前に米蔵の南側に住宅を新築した。子ども頃の記憶では、新宅には醤油蔵があり、昭彦宅付近にあった建物には、男衆部屋や女

衆部屋があり、本家のために作業を手伝うことで小作料の代わりにしていた人もいたという。

修復前の主屋

また、「北倉」はかなり以前から壊れており、一九九八年九月の台風七号の時にはすでに無かったという。

修復前の内蔵

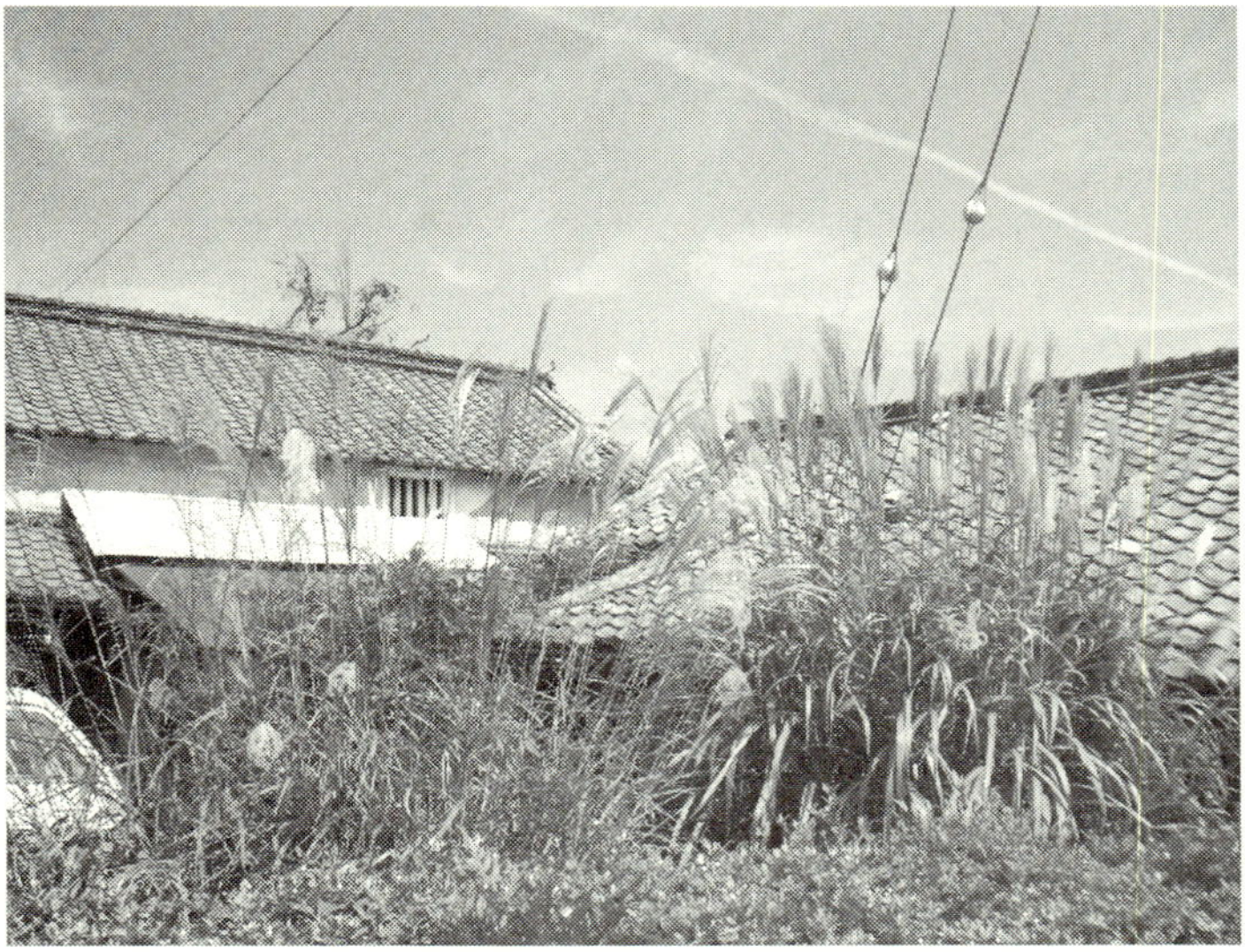

取り壊される前の納屋（左）と連子倉

主屋玄関前から見た納屋と連子倉

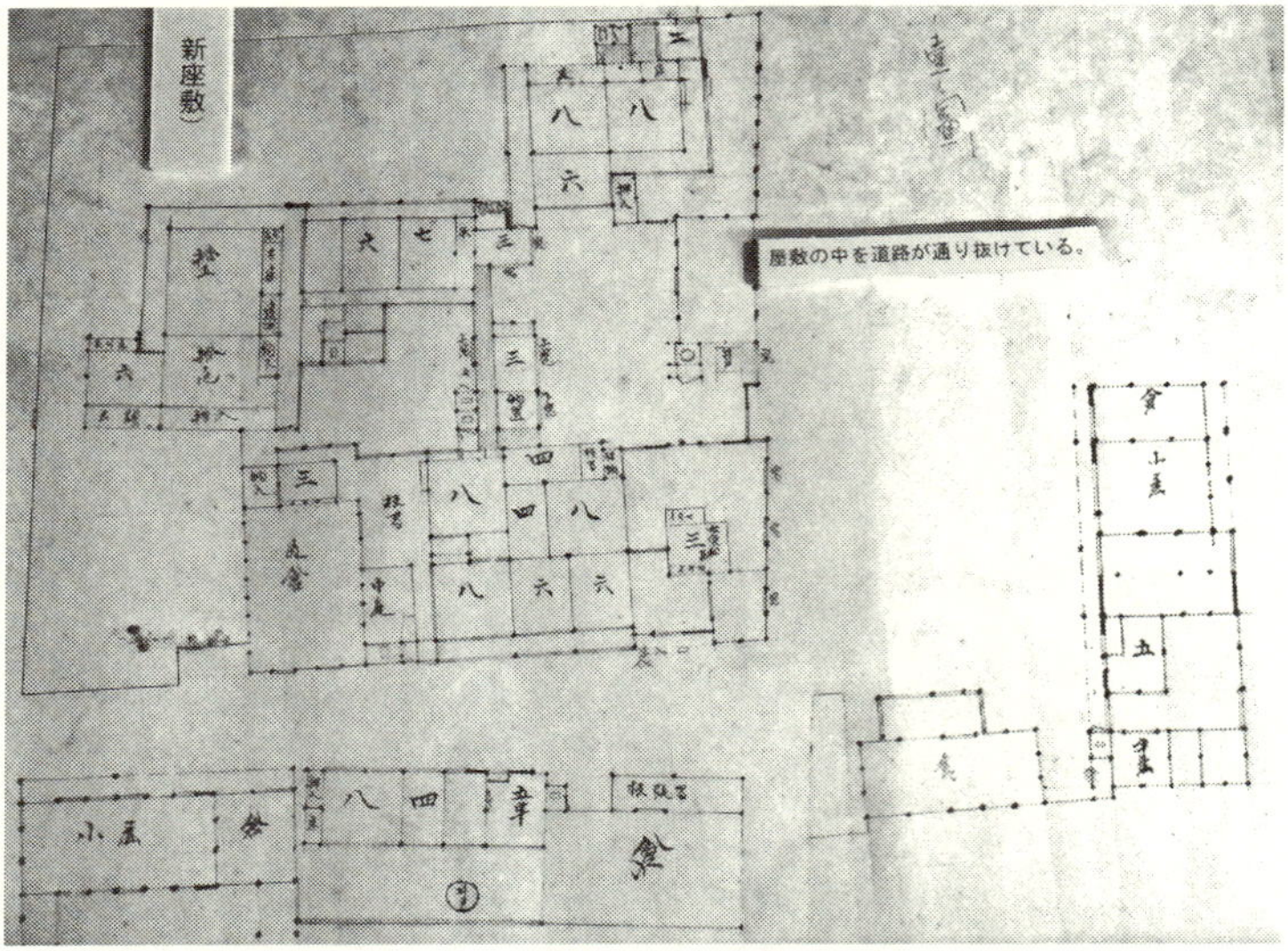

藤岡家住宅に遺されていた200分の1の平面図。納屋や連子倉（右下）の他に、米蔵南側にも建物（左下）があった

第二章　修復前の主屋に残る生活の痕

修復工事に入る前の主屋（母屋）内部の写真が「うちの館」に保存されている。藤岡長和は一九六六年三月に死去し、その後は妻のうた代の独り住まいであった。そのうた代も一九七八年六月七日に死去すると、藤岡家住宅は空き家になり、北側の納屋（現駐車場）で三輪そうめんの包装の仕事をしていた村井祥寶（故人）が管理していた。しかし、うた代が死去した後もほとんど手を付けていなかったらしい。四〇年近く前に時間が止まったタイムカプセルのような存在である。写真には、膨大な量の品々やそれを収める長持などの収納具が写っている。今回の修復工事は単純に復元するのではなく、昔の意匠を取り入れながら、活用を意識してかなり大きな改変も行われている。

これらの写真は二〇〇六年に撮影されているが、うた代が亡くなるまでの生活の様子が垣間見えるものであり、修復工事に改変前の状態がわかるものになっている。文化財としての位置づけや間取りの詳細は第四章で述べるが、空き家になる前の「昭和の藤岡家」を写真からトレースして

みたい。（図面は七八、七九頁）

藤岡宇太郎（以下「藤岡」と略す）によると、うた代は「西戸口」と呼ばれる中庭に面した西側四畳ほどの部屋を居間として使っていた。北側には茶箪笥が据えられ、そこに大きなラジオがはめ込まれていた。扇面が二つ入った額がさりげなく掲げられているが、これは、歌人与謝野晶子の自筆のものらしい。

西戸口については、「障子戸の内側は入らせてもらえない場所だった」という話が伝わっている。その話が戦後のことなのか戦前期なのか、もっと昔のことなのかは不明だが、藤岡家の家業経営とかかわりが深いと思われる。「うちのの館通信第二号」（二〇〇八年一一月一一日発行）の「リレーエッセイいんたびゅー」で、理事の中谷健が「藤岡様のご協力で出来たグランドゴルフ場」について述べた際に、「藤岡長和様は、戦後進駐軍による農地解放政策が実施されるや、自家用消費米を生産出来得る邸宅に隣接した二枚の水田一三アール程度を残し、地域集落の水田の大部分を占めていた小作地を凡て開放し、農業者の経営安定を望まれた」と証言している。主屋東側には米蔵があるなど地主経営をしていたこと、林業も営み、古くは薬を商っていたとされている。家業経営のための帳簿を保管したり、収支を計算したりする「帳場」のような場所だったと見られている。

西戸口の北側の茶箪笥を見る

中庭側の窓ガラスは、「おたふく窓」という、小さめのガラスで周囲を囲み、中央は大きめのガラスを配した大正から昭和初期に流行った意匠である。現在、西戸口では別のガラス戸に取り替えられている。石油ストーブのわきにあるテーブルは掘り炬燵になっていた。今は土間となり中庭への出入り口になっている付近は、改造して床を座敷のレベルに上げた炊事場で、今日でいう「台所」であった。

西戸口の東側の八畳間は本来の「ダイドコロ（台所）」であり、ここから西戸口の方向を見たのが次の写真である。右端には、四〇～五〇年前と思われる流し台や冷蔵庫がみえる。おたふく窓の向こうの中庭には、タイル張りの流し場が見える。現代風台所の北側には脱衣所と浴室もあった。浴室は現在の金剛登山者用の休憩所付近にあったが、入浴前後に外気にさらされるのを防ぐため、現代生活に合わせて母屋内側の土間に移したのであろう。

ナンド（納戸）と呼ばれる部屋からダイドコロ方向を撮影した写真（次頁右）で、小さくて見難いが、土間との間のガラス戸の向こうには障子あるいは白壁で囲まれた女中部屋が見える。のれんの奥には浴室の脱衣所の入り口があり長いカーテンで仕切られている。

目立つのは、ロウカ（廊下）と呼ばれる中間的な部屋の「差し鴨居」に架かる藤岡家の家紋「五瓜《ごか》に唐花」が入った提灯入れの箱である。藤岡玉骨（長和）の一九四六年作の俳句には「定紋の盆提灯も古りにけり」がある。

提灯入れの箱を鴨居に設えた棚などに設置する習慣は、

ダイドコロから西戸口方向を見る。
右側は現代風の台所に改造されている

高取町や大和平野の中央部（田原本町）の古民家などにも見られる。提灯は家の諸行事や地域の祭礼で使われるものと思われ、神棚のわきに置かれている例もある。

ブツマ（仏間）の南は縁側になっていて、坪庭に面している。その東側に大と小の便所がある。修復前の小便器は白い陶器製の現代風のものであった。修復中に藤岡家内で発見されたものか、昔風の小便器に取り換えられている（今は「使用不可」である）。

内蔵の前には「トリツキ」という部屋がある。今は内蔵やかつての化粧部屋、炭小屋を改造した厨房と他の部屋との出入りのためのスペースとして広々としているが、写真（次頁上）では、ここが物置のようになっていた様子がわかる。中庭に面してガラス窓が連なっており、室内には、何竿もの箪笥が置かれている。現在も「トリツキ」には箱階段が残っているが、母屋の「つし二階」に登るためのものである。

「つし二階」には大量の家財道具や古文書などが遺されているが、今回は紹介しない。これらはすべて写真に撮られ、実物も保存されている。

縁側の先にあるトイレ

差し鴨居に吊るされた提灯入れ

内蔵は現在、「トリツキ」に面した室内部分も「なまこ壁」になっている。修復前はそうではなかったらしい。内蔵の壁や扉の前には箪笥が置かれていてよく見えないが、白壁かやや赤みがある無地の壁であったようだ。

トリツキの西側のガラス窓付近

箪笥の右側の柱時計は現在、ダイドコロの差し鴨居に吊るされているが、米国セス・トーマス社が日本の慶応年間に製造した最古級のものである。その右は化粧部屋への入り口（写真右）である。

内蔵の入り口付近。右奥は化粧部屋

第三章　修復の方針とその従事者

「できるだけ元の状態を保つ」

藤岡は二〇〇六年二月一一、一二日に五條市新町の田中修司「NPO法人うちのの館」理事長の自宅でNPO法人の理事らと話し合い、修復工事の費用は藤岡家が負担し、工事を担う業者の選定や、今後の建物の管理運営はNPO法人がする、といったことで合意し、覚書を交わした（第二部参照）。ただ、修復の方針にはその前から、藤岡からの強い意向があった。藤岡が二〇〇五年七月一〇日に田中に宛てた手紙には、『田中様皆様のお知恵を是非お借りしたい』としたうえで、『私の考え』として、修繕の順序を①土台、柱、屋根、壁などの構造的なもの②次に外観③最後に内装とし、修繕方法等は①できるだけ元の状態を保つ、うその作り物などを加えない②できるだけ記録を残したい。できれば、建築の勉強をしている若手の研究者か、学生さんに調査してもらえるとよい③若い職人さんの練習の場になると良い、とあった。

最も重要と考えたのが「できるだけ元の状態を保つ、うその作り物などを加えない」であった。「若い研究者が建物の調査を行い、修復工事を記録する」「若い職人の練習の場にする」という要望は結局、工事期間中には実現しなかったが、「できるだけ元の状態に」は、老朽化が酷くて取り壊しも視野に入っていた「渡廊下」や「別座敷」が保存され、現に活用されている点を考えるとその要望は実現したと言えるだろう。

修復工事の開始約半年後の同年八月一八日、藤岡は五條市を訪れ、すでに工事を始めている棟梁の柴田正輝と、設計アドバイザーを担った大阪の一級建築士、平井憲一の間で考え方にズレがあり、修復の方針が定まらない状態であることを聞いた。藤岡は、宿泊中のホテルで文章を綴り、翌日、「うちのの館」のスタッフや修復従事者に、次のような文書を配った。

「私がこのようなことを思い立った発端は、世の中古い物がどんどん取り壊されていく中、先祖から受け継いだこの家を、できるだけあるがままの形で残したいということです。私がこの家が他の家と違っていると思っているのは、昭和の高度成長期に人が住んでおらずほとんど家を改造していないため、それ以前の雰囲気が多く残っているということです。あるがままといっても、家は生き物で年代とともに形を変えていると思います。こんなことができるかは判りませんが、屋敷のすべての建物がそろった明治の終わりの頃を再現できたら良いなと思っています。

また古さを強調するあまり、元々この家になかった、さもありそうな物を付け加えることは絶対にしてほしくありません。

これまで保存ということを強調しましたが、しかし本プロジェクトのもう一つの眼目は、ただ保存するだけでなく家を活用することです。このための造作や設備の追加あるいは改造は必要になってくると思います。また、安全性、耐久性、あるいは場合によっては保健上の問題も考慮する必要があると思います。そしてなによりコストの問題が大きくのしかかってくると思います。

保存と活用、要はこれらのバランスをどうとるかということと思います。私の感覚ではこの家の場合、古い家の雰囲気を楽しむために人が来るように思います。『古い家を利用したレストランで食事をとる』という感じより、『古い家で食事をとる』といった感じでしょうか」

工事は二〇〇六年三月から三年三ヵ月

修復工事は登録有形文化財の登録とほぼ同じ二〇〇六年三月初旬に始まった。二〇〇八年一一月一一日の開館後も続き、米蔵や連子倉の腐朽していた屋根裏の工事が完了したのは二〇〇九年六月と実に三年三ヵ月を要している。工事を総指揮したのは、五條市岡町の大工棟梁の柴田正輝。それに大工の怒田幸男、戎徳夫（故人）、山田友則（戎が工事途中で病気となり交代で工事に参加）、建具職人の尾崎庸一、瓦屋根葺き職人の和田秀則、左官の有本泰造らがチームを組んだ。

柴田は、田中らの天誅組保存会の活動に協力し、二〇〇三年九月に「長屋門」（五條市新町三丁目、天誅組の変で焼失した五條代官所の再建時に建てられたもの。変で焼失した代官所は現在の五條市役所にあった）の前で開催された「天誅組一四〇年祭」のイベントの舞台の造作をボランティアで引き受けた縁があった。二六歳で独立し、就寝前に建築の本を読み漁るという勉強熱心な棟梁である。「自分から営業活動は一切しない。地域のつながりで入ってくる仕事をこなすだけ」と言う昔気質の職人である。二〇〇四年四月にNPO法人うちのの館からの要請で藤岡家住宅を見分したが、屋根にシートがかかった同住宅を「見ただけで恐ろしく感じた」と言う。それだけでなく当時は病気も抱えていたため「引き受ける自信が無かった」と述懐する。それでも、田中の説得で引き受けることになったが、田中は柴田に「百年持たせてくれ」と注文を付けただけで、見積もりを要求したり工期を区切ったりは一切しなかったという。

平井は「古民家再生ネットワーク」代表であり、古民家を現代生活に合うように再生し改造する仕事を得意とする。同時に、奈良市にある吉野葛店「天極堂奈良本店」（一九九六年）などの新築の設計も手掛けている。平井には、田中の長男が経営する料理店を設計した縁で田中から声がかかった。柴田が修復工事を始めた約半年後の二〇〇六年九月であった。藤岡は平井に「記録」を期待し、平井も工事中や工事が行われる前の個所の写真を撮りまくったが、その頃には屋根を中心とする主屋の修復がかなり進行しており、原風景を写した写真記録を遺すという点では十分とは言えない結果となっている。

「復元」中心に考える柴田に対して、平井は「復元だけでは、次代につながらない。今風に蘇生させる」という設計思想の持ち主である。「古い家はその場に居るだけなら快適だが、実際に暮らすとなると住みにくい。冷暖房完備、水洗トイレの生活に慣れた人では住めない」と言う。それも事実であり、多くの古民家が空き家になっている原因の一つである。田中が平井に期待したのは、トイレや冷暖房などの設備の改良や、管理運営のためにも必要な、飲食・喫茶コーナーなど事業収入につながる改造であった。藤岡の「復元重視」の希望もあって、修復工事は棟梁柴田の主導で行われたが、平井の仕事も、「インキョ（隠居）」と呼ばれていた「離座敷」を、照明などの空間演出に工夫を凝らした「茶房」（レストラン・喫茶）に生まれ変らせるなど同住宅の魅力を引き出している。

第四章　建物の原状と特色

修復工事の過程を書く前にまず、修復前の建物の原状や特色を把握しておく必要がある。最初に調査した近倉建設の平面図、県教委文化財保存課の調査、修復工事を担った柴田や平井の観察、「うちのの館」関係者の証言、藤岡家住宅に遺されていた大正期あるいは昭和初期と見られる「見取り図」（以後「昔の見取り図」と称す）を総合すると同時に、多少の「復元的考察」も加えたい。筆者（神野）は、ヘリテージマネージャーの一種である「京都市文化財マネージャー（建造物）」に登録（二〇一三年九月三日、登録番号第一三―二二号）してはいるものの、建築や建築史を専門とする者ではない。江戸期の内蔵や主屋などから登録有形文化財ではない「連子倉」も含めると建物が八棟もあり、建築史的に調査すべき課題が多岐にわたる藤岡家住宅の全体像を考察するのは、専門家であっても手間や時間がかかる仕事である。建物ごとの特色を「素人なりに」まとめることで、専門家諸氏及び、藤岡家をよく知る親類や地域住民の指摘や批判を喚起し、今後それらを再び集約しより充実した記録を後世に遺せるようにするのが本稿の目的である。

【主屋】―起《むく》りのある町家風建物

内蔵（一七九七年）に次ぐ古い建物であるが、前身の主屋の建物がどんなものかや、建て替えのいきさつなど全く不明である。間口は七間、奥行き五間、平入り厨子（つし）二階建て。高屋根と下屋根の間は白い漆喰を軒裏まで塗り込んだ大壁造りで、東面の厨子二階の部分の玄関上には虫籠窓が一つ、居室上には木格子窓が二つある。

県教委の調査では、入母屋造りで「起《むく》り」のある高い瓦葺き屋根の四周に瓦葺の下屋を廻らせた「町家風」の建物とする。金剛山転法輪寺への参詣道沿いにある商家という位置づけである。全体構造は、北側の土間の東正面に玄関があり、南には土間よりやや面積の広い居室部がある。江戸期の農家建築の典型とされる「田の字」は四間取りだが、ここは二列に「食い違い」のある「六間取り」を基本としている。正面側は、ミセ（店、六畳）、ナカノマ（中の間、六畳）、ブツマ（仏間、八畳）が並び中庭につながる。

中庭東側には便所があり、濡れ縁から広縁を経てブツマやトリツキ（取り付き、一〇畳分余の板の間）につながる。背面側は、ダイドコロ（台所、八畳）、ロウカ（廊下、四畳）、ナンド（納戸、八畳）と並び、ナンドの南にあるトリツキから内蔵に出入りできる。ダイドコロとロウカの西にはニシトグチ（西戸口）という四畳に棚付きの部屋があり、中庭に面している。

土間は、中央部に三畳に板の間が付いた「女中部屋」があり、その北側の現在事務室になっているスペースはミソベヤ（味噌部屋）と呼ばれていた。一方、女中部屋の後ろ側（背面側）には床板を張った現代風の台所、浴室、脱衣所があった。家人用の湯殿は、主屋土間の西側の吹きさらしの土間にあったが、主屋の土間に浴室を移したようである。

吹放ちの土間の屋根の下には、湯殿のほか、井戸や北側道路に出入りできる北門があった。主屋土間との間には、出入り口の跡（板戸が今もある）が現在の物販コーナーの壁に残っている。現在の金剛登山者のための休憩所になっている場所には昔、北倉（土蔵）があったが、一九九八年九月二二日の台風七号当時にはすでに滅失していた（藤岡

別座敷の屋根から撮影した、起りのついた主屋の屋根

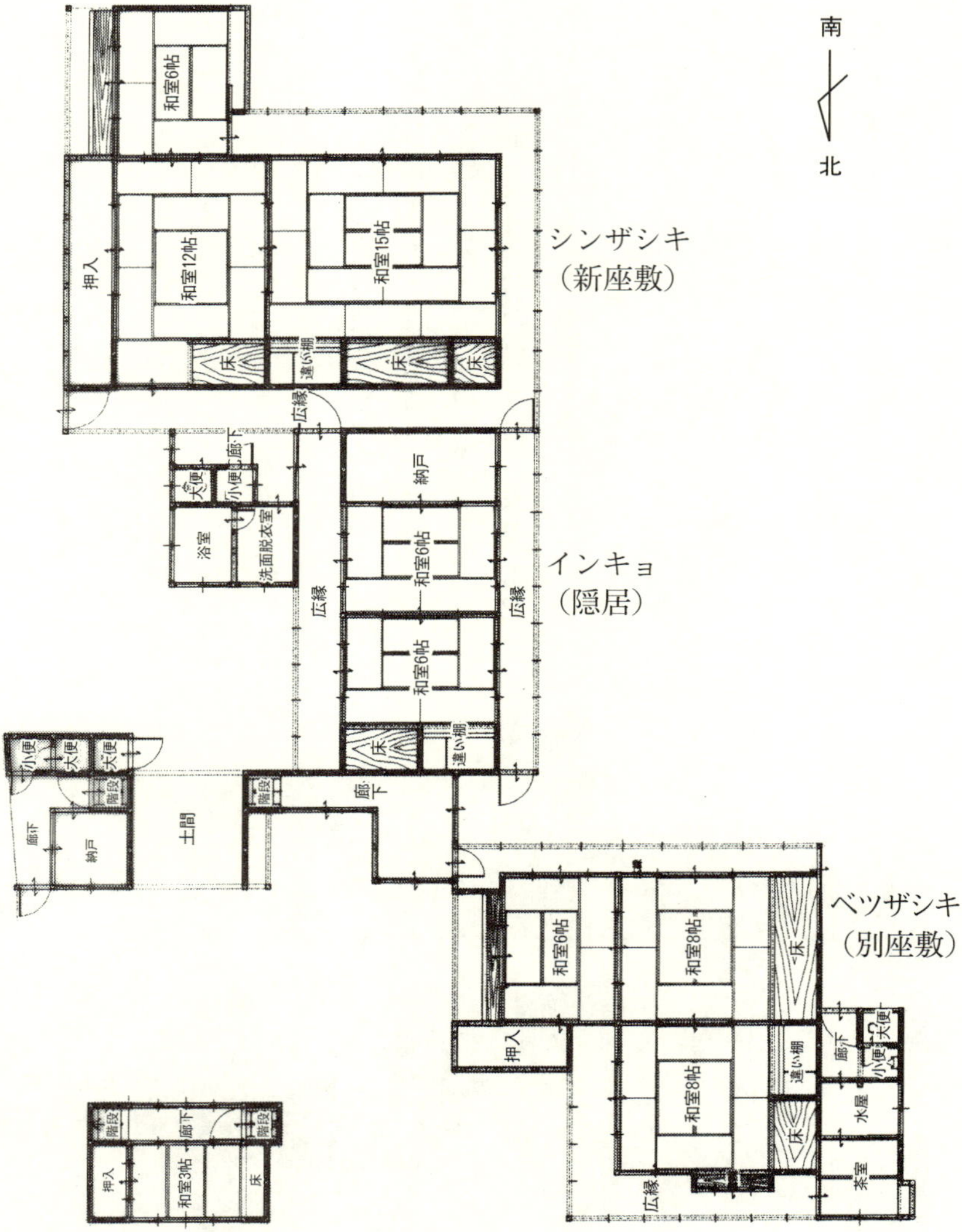

修復前の新座敷・離座敷・別座敷・渡廊下の平面図

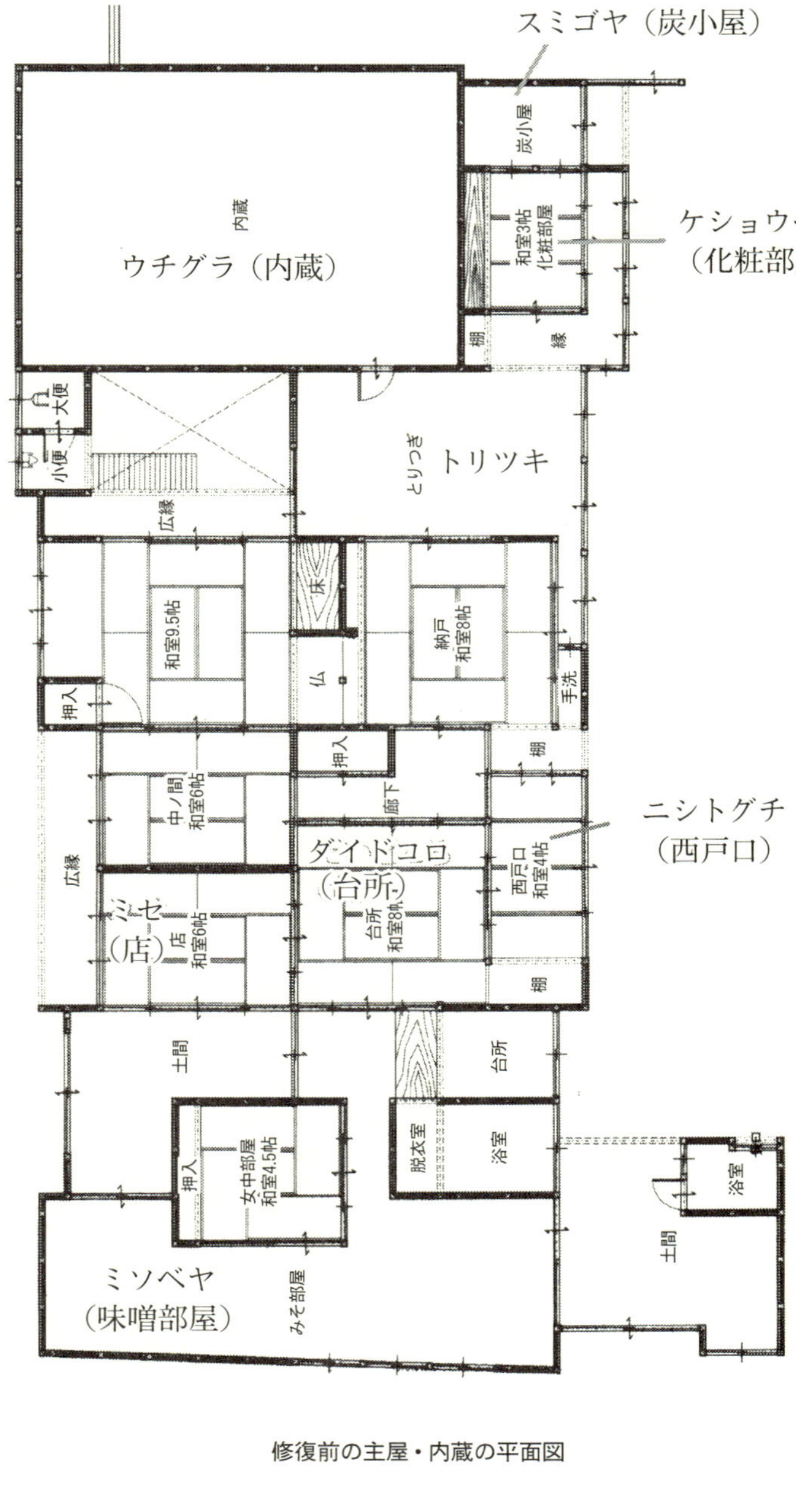

修復前の主屋・内蔵の平面図

昭彦の証言)。

つし二階は、土壁で南北二部屋に分けられ、それぞれが土間の天井と、トリツキの上部の計二か所から荷物の出し入れができる。つし二階には大量の道具類や古文書、さらに、幅広だが歪んでいる杉板材が大量に残してあった。トリツキから箱階段でナンドの上部に開いた開口部から入れるようになっている。

内蔵から二〇一三年に発見された「昔の見取り図」は、一〇〇分の一と二〇〇分の一の平面図が二枚あり、「一〇〇分の一」を見ると、土間西側の壁沿いに七口あるカマド(竈)が描かれ、かつてはこの付近に釜場と炊事場があったとみられる。カマドの煙は上方の煙返しのある吹きぬけを通って「煙出し」に導かれる構造のようである。ミソベヤも玄関の北側付近は「漬物部屋」とされている。

【内蔵】— 一八世紀末の建造

内蔵は、一七八九年から四年間、宇智郡近内村の庄屋を務めた藤岡知奇長兵衛(一七四七〜一八一二年)が一七九七(寛政九)年に建造した藤岡家住宅で最も古い建物であり、起りの付いた本瓦葺、切妻屋根、二階建て土蔵造りである。棟木下端の祈祷札に建設年とともに「知奇五一歳謹言」と書かれ、地元の「宇智郡誌」で偉人とされた長兵衛のこととわかる。長兵衛は、朝日新聞奈良版(一九七五年一〇月三〇日付)の「大和の顔四三」でも、現在の五條市域(旧市と旧西吉野村)を主に「新四国八八カ所めぐり」を始めた(宇智郡誌から引用)人物として紹介されている。

新聞の紙面には「村人がききんに見舞われるたびに長兵衛は気前よく米倉を開放し難民を救った。こうして社会活動に私財を惜しまなかった半面、豪農でありながら生活はつつしましかった。近内町で今も続く藤岡家の家訓は『質素・倹約』。長兵衛から七代目の故藤岡長和氏の妻、うた代さん(八九)は『あきびんから釘一本まで、大切に保存し、お金は公共のために使うよう、代々教えられてきました。……』」とある。その後の主屋の建て替えや別座敷の建設を行った子孫も含め、相当な経済力の裏付けがあったと言えるだろう。

建物について、県教委調査は「北面蔵前に重厚な扉構えを設け、蔵前より一段床をあげて石段二級を設ける。東面道路に面して一・二階とも各二口の窓をあけ、漆喰で装飾する。西面は『化粧部屋』と称する三畳間と廊下・炭部屋を設けて片流れの庇をつけているため、二階の北方上部に小さな窓が設けられているに過ぎないが、窓枠は漆喰で装飾する……」などと述べているが、土蔵にとって防火は最も重要である。

　修復工事を実際に行った棟梁の柴田は「内蔵の梁は腐っていて効力はほとんどなかった」と言う。屋根は土蔵によく見られる二重構造になっている。上部の本瓦葺き屋根は、竹の野地板の上に乗った土に瓦を吸いつかせていた。その下には通風用の空間があり、その下は、母屋《もや》（屋根に使う横材）や棟木の上に板（母屋板）を張りその上に厚さ一五センチほどの土が載っていた。その土には金鎚で叩きしめたような痕跡があり、修復工事も、削岩機で硬く叩き締めた土を割るようにして進められた。壁の部分も軒先の垂木まで土で塗り固め、全体を土で作った箱のようになってい

内蔵の外観

蔵の上部には鯉の鏝絵

た。柴田は「江戸時代の職人たちが固めた土の堅固さが倒壊から守ったのではないか（一九四六年の南海地震の影響と思われる地盤の亀裂が内蔵の下から発見されている）」と証言する。

もう一つの特色は、東面道路に面する側の軒桁下に左右一対の鯉の鏝絵《こてえ》がデザインされていることである。鯉の目玉にはガラス玉がはめ込まれ、左官職人の腕の良さが際立つ。鯉のデザインは「水」にちなんで防火を意識したものであり、薬医門の屋根にも躍動する鯉をかたどった瓦が左右一対で配置されているほか、他の鬼瓦にも「水」という文字をデザインしたものが一部で使われている。

【別座敷】―最も格が高い栂普請

現在「貴賓の間」と呼ばれているように、藤岡家住宅の建物では最も格が高い。敷地の北西隅の少し高い位置にあり、屋根に起《むく》りのある入母屋造り瓦葺の本格的な書院造りである。小屋組は和小屋である。建物東面に式台のある「玄関の間（控えの間）」（六畳）があり、正面奥の敷居が一段高いところに「下の間（南室）」（八畳）と「上の間（北室）」（八畳）が並ぶ。南北東面に広縁がめぐらされ、その北西隅の奥に茶室・水屋・厠が付く。入母屋造りの屋根が付属する茶室などは明治期に増築されたとみられるが、玄関の南東隅にあった角屋（離座敷に付属）とともに「山本作治郎の仕事」の項で後述する。

「別座敷」の柱や鴨居、長押《なげし》は全部ツガ（栂、トガとも言う）で作られた、いわゆる「栂《とが》普請」である。柴田によると、江戸時代は桧普請が禁じられ、財力を蓄えた町人たちは禁

別座敷の正面玄関

製品ではない、天然木の栂を使ったという。柱の四面とも年輪が平行した柾目《まさめ》になるように製材した「四方柾」の柱もある。一方、敷居より下の縁框《かまち》、玄関の式台、縁の板、雨戸が入る下の敷居まですべて桜が用いられている。

別座敷の「上の間」の違い棚、床の間、書院

間取りをみると、座敷から突き出した式台玄関は幅が二間、その上の屋根は「起り破風《むくりはふ》」という堂々たる構えである。式台と「玄関の間」は、舞良戸《まいらど》（細い横桟を狭い間隔で板に取付けた戸）と内側の障子で仕切られている。「玄関の間」は、公式の来客と送迎のあいさつを交わす間である。「下の間」の正面奥には二間幅の床の間がある。「上の間」は正面左手に幅一間の違い棚、その右手幅一間には床の間があり、棚と床の間の仕切り壁の下部には「狆潜《ちんくぐ》り」いう開口部があり、床の間の右手北面には「付書院」が設えられている。柴田は、「上の間」は格が高く「下の間」は宿泊用だったと見る。

両部屋の境にある欄間は、藤岡家の家紋「五瓜《ごか》に唐花」などが屋久杉の板に透かし彫りにされている。屋久杉の板はウズラの羽毛に似た複雑な文様があり、「上の間」の天井板にも用いられている。欄間の屋久杉の板を縁取る軸は、黒い縞模様入りの黒柿で、銘木中の銘木である。毎日新聞記者の栗栖健は二〇一三年九月一日付奈良版連載「木の文明と水源一五」で、黒柿は渋柿の老木が黒変したもので緻密で堅い。「自然に黒くなった木は何百本に一本。堅

別座敷の欄間。家紋をあしらった屋久杉の板を縁どるのは縞模様入りの黒柿

縞模様も鮮やかな屋久杉の天井

別座敷の床下にある［武者返し］

別座敷下の間の幅二間もある「床の間」

く扱いにくい木」という木工職人の言を掲載している。

襖《ふすま》絵も一級品である。「玄関の間」の襖には、江戸後期の円山派の画家が描いたとみられる二頭の虎の図（一三九頁参照）があり、その裏の「下の間」の東面と北面は百裏作の琵琶湖の風景画、ほかに松葉の金箔を張った襖もある。建具職人の尾崎庸一は「貴賓の間（別座敷）の襖の張り込み直しをしていても、下地から違います。下張りの状態で工程が多い。手間をかけてあるということです」（NPO法人うちのの館発行「登録有形文化財　藤岡家住宅」、二〇一〇年四月）と証言する。

さらに床下にも「格」を感じさせる「武者返し」という設えがある。床下に侵入した敵が賓客の会話を盗み聞きしたり暗殺に及んだりできないようにするため、床下に石垣を作り入り込めないようにしたもの。湿気を呼ばないように「すり鉢状」になっている。

江戸時代のハイテクも

平井憲一が、「江戸時代のハイテク」として注目する技法がある。平井が調査中に発見したもので、別座敷の南・東・北の三面を囲む広縁の縁桁を「化粧桁」にする一方、下屋の屋根を構造的に支える「下屋桁」は外から見えないよう「助桁」として天井裏に入れる。助桁は「梃《てこ》の原理」で桔木《はねぎ》が支え、その桔木《はねぎ》の先端は小屋組に造られた「天秤梁」が支える仕組みである。別座敷の建物三面の広縁はいずれも、柱の間隔が広く、重い下屋の瓦屋根を支えるには太い下屋桁が必要になるが、外から見えるものは化粧垂木や細めの丸太を用いた化粧桁にして、見栄えをよくするというわけである。二重になった野地板の勾配に差をつける「勾配もどし」という手法を使い、助桁の下の見えない軒裏に野垂木を収め上に野地板を張る「袋野地」にすれば、こうした仕組みは外からは見えなくなる。

別座敷は、幕末の嘉永六（一八五三）年になぜ建設されたのか、謎が多い。藤岡の母多恵は「どこかから移築されたと聞いている」という。苗字帯刀の士分を得るため、幕府に二五〇両を献納し、幕府の役人を招き接待する場所として建設したという説もある。戦国時代でもないのにわざわざ「武者返し」をつくるなどは、役人たちへのアピールかもしれない。それよりも江戸後期に贅を尽くした建物を造るだけの経済力はどこからきているのかも問題である。藤岡家は、豪農であると同時に薬種商、両替商、質屋、染物商も営んでいたといわれる。「番傘屋でかなり儲けた」という話も伝わっている。金剛山麓の豊かな農村地帯だった近内の地でそれがどう育まれてきたのかは、地域史の研究に委ねる必要があるだろう。

別座敷の小屋組の中に、縦に入る丸太の桔木を天秤梁（横の丸太）が支える

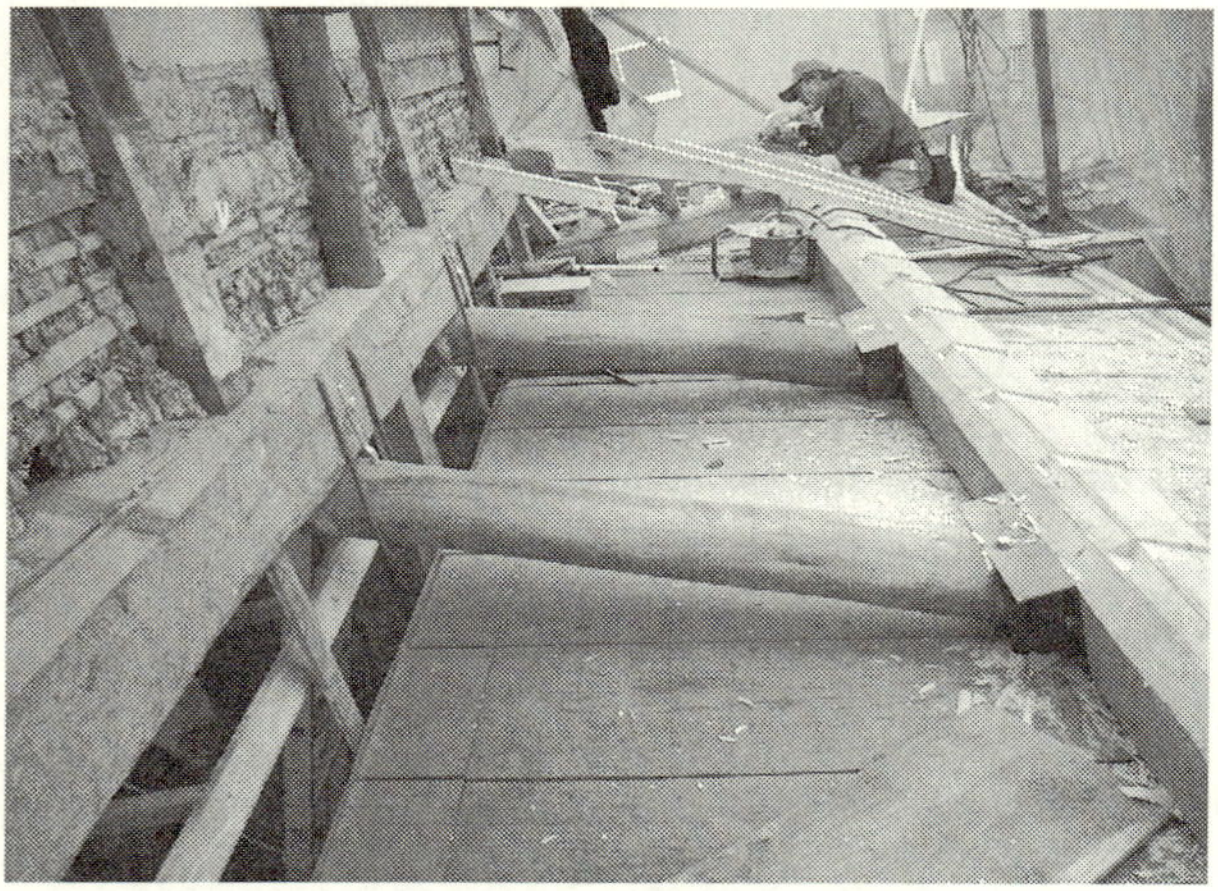
別座敷の広縁の上部に設えられた助桁（右）と桔木（中央）

【離座敷】――隠居部屋だった？

現在は「茶房」として食事や喫茶に使われているが、藤岡家ではインキョ（隠居）と呼んでいた。当主が静かに余生を送る場所とも考えられる。敷地の中央に建つ建物で、南側は新座敷と接続し、その接続部の東側に便所と浴室（客人用と思われる）が設置されている。北側は廊下を隔てて渡廊下・別座敷と接続されている。南から納戸（四畳大の板の間）、六畳間、六畳間の座敷と南北に三室並んでおり、いちばん北の座敷の北面に床の間と違い棚がある。この部屋の天井は竿縁であるが、なぜか竿縁の方向が床の間と直角になる「床差し」（ふつう忌み嫌われるやり方）になっている。六畳間の境には松と橋をモチーフとした透かし彫りの欄間がある。また、三室の西東両側には広縁が設けられ、北西端に庭に下りられる出入り口があった。

棟札などは発見されていないが、「別座敷との連続性から同時期の可能性がある」（県教委調査）と見られている。その後、明治期後半になると、北側に「若さんの部屋」と呼ばれる子供の勉強部屋を伴う「渡廊下」と別座敷への出入り口となる「角屋」、南側に現在「大広間」と呼ばれる

離座敷を西側の庭から望見

離座敷と新座敷の境界付近のトイレ。現況はトイレだが、元は浴室もあった。なぜか屋根の破風が二重である

ようになった広い「新座敷」がそれぞれ増築されている。東側の便所や浴室は非常に時期が新しく、新座敷の建造時などに増設された可能性があり、新座敷側から入る構造になっている。この便所・浴室部の屋根は破風が二重で、東へ建物を継ぎ足したような造りである。元は、ここに離座敷の玄関があり、新座敷の建築時に増築し、新座敷用の便所と客人用の浴室を設けたことが考えられる。

柴田は「離座敷の両側に廊下（広縁）があるのは、客と女中（使用人の女性たち）が顔を合わせないですむように考えたものだろう。一九一二（明治四五）年に新座敷を建てたときの、棟梁の弟子の落書きが垂木に残っており、新座敷につながる廊下もこの時に継ぎ足された。同時に補強工事が行われた跡もある。欄間の透かし彫りは近江八景の『瀬田の唐橋』『竹生島』だろう」と述べている。

【山本作治郎の仕事】―明治期の数寄屋大工の技

柴田は、「若さんの部屋」がある渡廊下、別座敷との接続部の角屋（修復工事で撤去）、別座敷の北西側にある茶室・水屋・厠は、「建築手法が同じであり、瀟洒《しょうしゃ》な造りは、一人の数寄屋大工の仕事と推測される。五條の大工ではできないため、八木（現橿原市）から呼んだのであろう」と推測している。

渡廊下は、主屋と離座敷の中間を繋ぐ木造二階建て桟瓦葺きの小ぶりの建物で、東面は切妻造り、西面は入母屋造りで唐破風である。主屋に近い東部分は一階に納戸と階段室、室外から入る便所が付いている。西半分の一階部分は「吹放ち（ピロティ）」で中庭の南北を行き来できるようになっている。そこには、粉を突くための臼が埋め込まれており、農作業場としても使われていた。

主屋から階段を上がると二階北側に「若さんの部屋」と称する三畳間の書斎と納戸がある。三畳間の西面には床の間があり、天井に天然木の竿縁が用いられ、軒には「扇垂木」がみられるなど凝った造りである。棟木の下端に打ち付けられた棟札には「上棟　明治二九年六月上旬吉日　奈良県高市郡八木町　大工　山本作治郎」と記されており、一八九六年に建てられたことがわかる。藤岡長和は一八八八年五月一三日生まれで、上棟時は八歳。「若さん」とは長和に間違いなく、机も残されており勉強部屋に使われたのであろう。

垂木はふつう軒先方向に平行に伸び、建物の隅では隅木から葉脈状に伸びるが、「扇垂木」は、隅の軒先に向かって放射状になったものである。鎌倉時代に宋より入った禅

渡廊下の２階部分「若さんの部屋」の外観（現況）。藤岡長和（玉骨）が幼いころに勉強部屋として建てられた

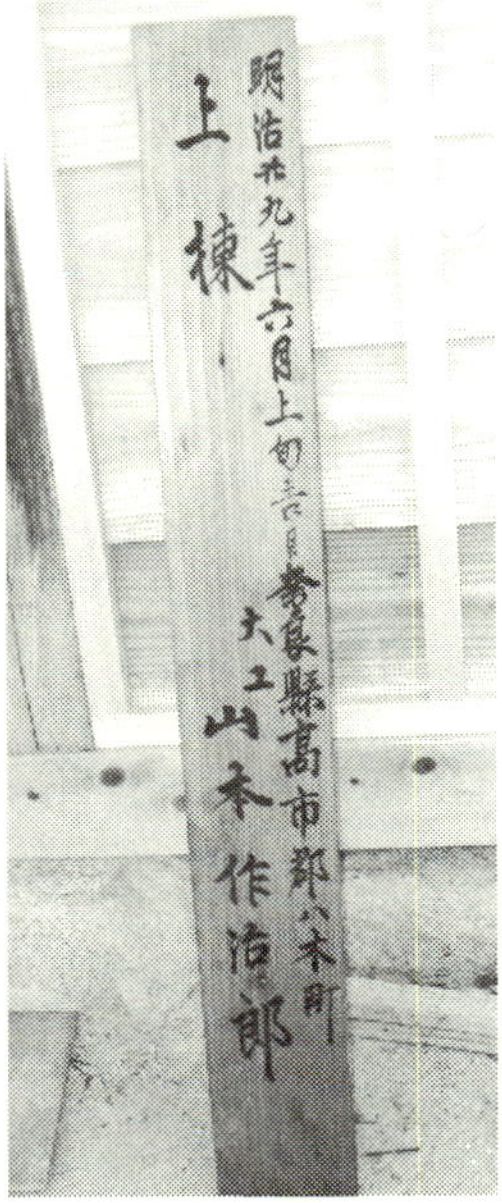

山本作治郎の棟札

宗様（唐様）技法で、藤岡家の扇垂木では、末（軒先）に行くほど細くなっている。柴田は「扇垂木は手掛けたのも見たのも初めて。傷んでいたが、細い垂木の一部が残っており、それを模して復元した」としている。

平井憲一の評価は「この建物は『藤岡家』の建築群の中でも小規模であるが瀟洒で数寄である」「階段を上がって横繁障子を開けると新座敷の寄棟瓦屋根が見える。書斎は三畳に床の間・押入れがあるだけで北側には小粋な腰窓障子（外部は雨戸の代わりにガラス戸があり二重になっている）があり、書斎としては直射日光が入らず精神外集中できる。天井も低いが数寄（風流さ）を感じるヒューマン・スケールの小空間に仕上がっている」

渡廊下2階の軒に見える「扇垂木」

撤去された「角屋」と茶室の飾り便所

南側の通路を経て階段を下ると、離座敷に入る廊下があり、左に折れると離座敷東面の広縁に、直進すると二畳の角屋があり、そこから一段上がると別座敷の南側の広縁に出る。角屋は腐朽がひどく、樹齢約二五〇年と推定される「長兵衛梅」の根元付近に建物がかかり梅の木を傷めるおそれがあるため、今回の修復工事で解体撤去されたが、東面に「吉野窓」と呼ばれる丸窓があり、北面は障子戸である。天井には六角断面の名栗仕上げ（釿《ちょうな》で木材の表面を斫《はつ》り凹凸を付けたもの）の竿縁を使用し、唐破風の屋根という洒落たつくり。別座敷に入る前の「待合」（茶事に招かれた客が席入り前に待ち合わせる場所）と思われるが、「離座敷の正式の玄関であった」（県教委調査「特徴評価等」）という見方もある。

　長和の父長二郎は、同年まで北宇智村の村長を務めるなどさまざまな公職につき、吉野銀行（南都銀行の前身の一つ）や南和鉄道会社（今のJR和歌山線の一部）の創立に参加し、スイッチバック式の北宇智駅の設置にもかかわったことが『北宇智村史』に記載されている（松岡ひでたか著「藤岡玉骨片影」九㌻、二〇一〇年NPO法人うちのの館刊）。

江戸時代からの経済力はこの時代でも維持されていたと言

「長兵衛梅」という名前は藤岡家住宅の保存活用事業が始まった以後に名づけられたものである

別座敷の広縁側から見た「角屋」の内部。吉野窓は東側にあった

「角屋」は、老朽化が激しいのと長兵衛梅（左端）の根を傷めるおそれがあるため撤去された

別座敷の北西隅にある茶室の入り口とつくばい

えるだろう。これについては、第二部の最後にある「幕末の押し込み強盗」でも触れる。

最後は別座敷北西隅の茶室である。茶室は二畳で西面に床の間、北面に躙《にじ》り口を設け、茶室の南は一畳半の水屋、さらにその南に廊下と陶器製の男性用小便器、木製和式の大便器という厠（便所）が設置されている。実は、この便所には使用された形跡が無い。床下に便壺が無い。排せつ物の痕跡もなく、「飾り便所だった」（柴田）可能性もあるという。柴田によると、「お客さんを茶席に呼んだときに、

「飾り便所」だった？

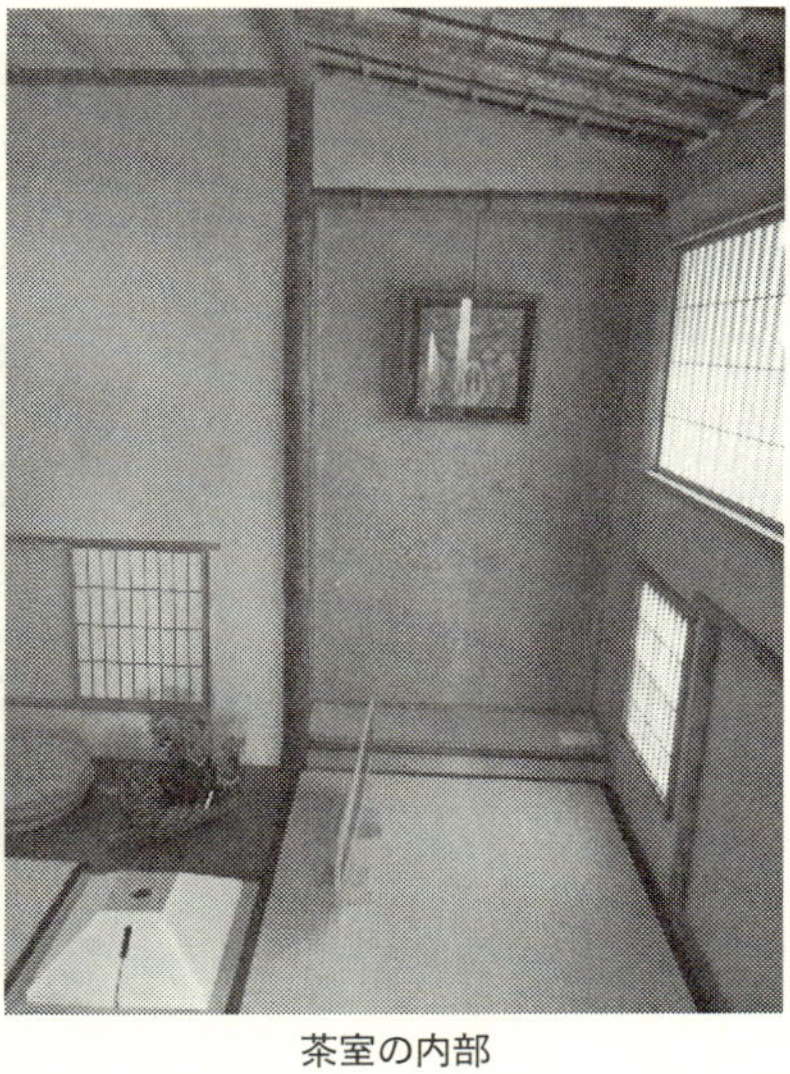

茶室の内部

掛け軸とか道具とかもさることながら、『ここは厠ですよ』と見てもらう作法もあるらしい」。茶室・水屋・厠の部分は竹を多用していた。二畳の小間は「茶室として、これ以上狭くできない、という最小の広さ」である。茶室なども「山本作治郎による」としたのは「茶室も渡廊下も扇垂木を使っているから」が理由である。

【新座敷、薬医門】

外側にガラス戸、内に雨戸

新座敷は、離座敷の南に接し、主屋の「トリツキ」から渡り板を通って広縁を経て主屋との行き来ができる。棟札や御幣が残っていることから一九一二（明治四五）年に建築され、冠婚葬祭や地域の講などの行事や寄合などに使ったり、大勢の客を迎えたりできる建物である。主体部から直角に折れて玄関部がある寄棟造りである。薬医門から通じる東側の玄関を入ると六畳間とその正面奥に床の間がある。その右手の襖を開けると、主体部南面の広縁に出る。玄関部の北側には、東西に続き間の一一畳と一五畳の座敷があり、南西北の三面に広縁がめぐらされている。とくに南と西の広縁は回り縁で、外側に灯籠、祠、石塔、鑓水、石橋などを配した本格的な日本庭園が広がっている。

主体部は、東の一一畳間の東面に奥行き半間の押入れ、北面右手は引違の明障子が入っており北の広縁を経て主屋に行くことができる。北面左手は、地板と畳面が同じ高さ

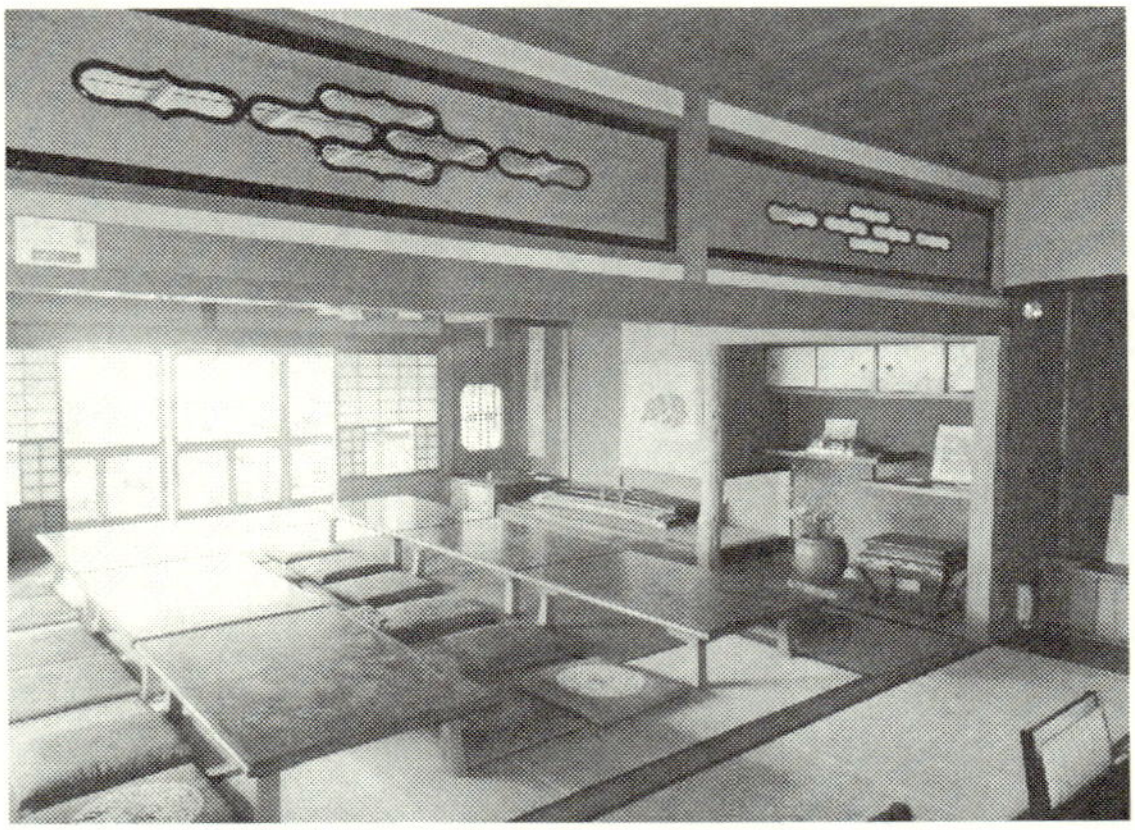

新座敷の大広間。斬新なデザインの欄間が目立つ

の「踏込床」が一間幅で設けられている。西の一五畳は、北面右手に幅一間の違い棚、左手に幅一間半の床の間があり、その西隅は半間四方の地袋（袋戸棚）や、障子の入った飾り窓があるなど、様々な「室礼《しつらい》」が楽しめる堂々たる「座敷飾り」の空間である。座敷の天井は、別座敷「上の

新座敷の玄関構え

畳の中央に線が見える中継ぎ表

雨戸の外側にガラス戸という珍しい構造

間」と同じ屋久杉、欄間は桐を使った斬新なデザインである。また広縁の床板には松が使われている。

建具類も全体的に高度なものが用いられている。南と西の回り縁は雨戸が内側でガラス戸が外側という構造となっており、現代と逆の取付け方である。ガラス戸は、大サイズの板ガラスが上段に一つ、下段に二つはめこまれているが、表面が少し波を打っている。建築当初のものかは不明だが、今はあまり製造されていない透明度が高い板ガラスである。畳表も「中継ぎ表」という耐久性に優れた伝統的な編み方のものが使われている。イグサを畳の中央付近で交差させて織り込み、イグサも真ん中付近の良質な部分しか使わない高級品である。目を凝らすと畳中央に縦に帯状の線が見えてくるのが特徴である。寺院や名家の茶室に使われることが多いが、丈夫なものである。藤岡家住宅では、開館以来の頻繁に人が出入りするようになり多少、汚れや擦り切れが目立つが、少なくとも三〇年以上前に設えられたものがそのまま使われている。

屋根の上に鯉を象る瓦

一方、薬医門は新座敷の正門として内蔵南隣に建てられた総欅《けやき》造りである。建築年代は不明だが、新座敷と一連

総欅造りの薬医門。右側は内蔵

屋根瓦に鯉が乗っている

の建物と思われるという。県教委調査の特徴・評価等は「親柱は大丸面をとった角柱で、面取角柱の控柱に通した頭貫を冠木上に架けて正面に持ち出し、親柱の挿肘木に皿斗をのせて受ける。頭貫鼻は肘木状に造り、斗肘木で軒桁を受けている。正面のみS字状の軒支輪を設けている。内部には格天井を張り、軒は二軒繁垂木とし、妻は撥束架構とする」と素人には著しくわかりにくいが、修復時の写真をみると、軒下に肘木があり、上下二重になった垂木が狭い間隔で並ぶ。天井は格式の高い格天井《ごうてんじょう》とし、切妻は三味線の撥《ばち》のように先が広がっている、屋根の上には鯉を象った瓦が乗っているなど、かなり凝ったつくりである。薬医門には、一九一四（大正三）年五月吉日に近内の大工、亀田新吾が建築したとする棟札が残っている。

新座敷の前身の建物があったかどうかは不明であるが、薬医門の近くの庭には薬草が残っており、薬種商を営んでいた藤岡家が何らかの医療を行っていたという説もある。なお西側の庭の祠《ほこら》は、生駒市の吉清稲荷を本社とする「お稲荷さん」で、一九一三（大正二）年の三月一四日付の祝詞《のりと》が奉納されている。長和がうた代と結婚した年であるが、藤岡は「新座敷の完成を祝う祝詞ではないか」と話している。

【米蔵・その他】―上等な米を入れた

登録有形文化財はこのほか、米蔵、築地塀、土塀の三件がある。

米蔵は主屋から道路を挟んで東側に建つ。西側正面に奥行き幅一間の庇が取り付けられ、その南端は便所（現在は撤去）があり、庇の下の北側三分の二は低い転ばし床が張られている。正面中央に出入り口があり、北面に一カ所、東面に二ヵ所窓が開いている。内部は一室である。県教委調査は「道路に面して年貢米などの収納に便利な場所にあり、上級農家の暮らしぶりが伺える」としているが、鬼瓦の箆《へら》書には明治二五（一八九二）年と書かれている。

藤岡宇太郎によると「米蔵には上等な米を入れるのに対し、主屋の北東側の『れんじ倉』には上等でない米を入れた」そうである。米蔵は建物としても上等に造られており、NPO法人うちのの館関係者は「他所から預かった米を保管する場所だったため保管に適した蔵をつくったのではないか」と推定している。

しかし、新座敷建設後の大正期か昭和初めと思われる「見取り図」では、米蔵の南側に八畳と四畳、押入れや床の間、井戸などがある住宅とみられる建物、さらにその南には「倉」や「小屋」が描きこまれている。しかし、これらの建物は現存せず、現在は、「新宅」と呼ばれる、江戸時代に分かれた藤岡家分家筋の藤岡昭彦の家が建っている。

築地塀は、東面にある薬医門から南面を経て西面の別座敷の茶室近くまでの敷地外周を囲んでいる。東面と南面東

修復前の米蔵。右隣に見えるのは藤岡昭彦宅

端二・三五メートルは基礎が切石二基積で、浅葱色のモルタル塗り、それ以外は、自然石の乱石積みを猫石（基礎の石）とし、内面は漆喰仕上げ、外面は中塗り仕上げとしている。東面の南北両隅で棟高を変えて妻を見せ、袖付螻羽《けらば》瓦や鬼瓦で飾っている。南面ほぼ中央にくぐり戸が設けられている。

建築年代は、今の屋敷構えがほぼ整備された江戸時代末期と考えられ、薬医門建設時に東面の築地塀（浅葱色の塀のあたり）を修理したと県教委調査は述べている。

土塀は、敷地の北面七間と折れ曲がって西面北端二間に築かれていた。県教委調査によれば、土塀の北面東端は主屋に連続する大和塀（板を交互に重ねて打ち付けた大和張りの板塀）に、西面南端は築地塀や別座敷の茶室に、それぞれ接続している。自然石の乱石積の石垣の上に土台を据えて柱を建て、各柱に控柱を北面では内側に、西面では外側に付けている。柱の頭の部分には棟木を取り付けて繰形つきの腕木を差し通して軒桁を受けている。桟瓦葺きの屋根の隅で軒高を変えて妻を見せ、袖付螻羽瓦と鬼瓦で飾っている。真壁造りで壁は浅葱色の砂壁仕上げで、腰は縦板で覆われている。別座敷の建設時に一緒に整備された（江戸末期）と考えられている。このほか、前述したように、北側道路の反対側には連子倉があり、修復工事で解体された納屋があった。

第五章　どこをどう改変したのか？

修復完了後の藤岡家住宅は「元々この姿で建っていたように見える」（柴田）が、今回の修復工事で幾多の改変が行われている。元々、個人の住居だったものから、展示、見学、茶会、句会、食事といった多数の市民が利用する公共的施設に用途を変更し、バリアフリー・トイレなど現代生活にマッチした設備の新設を行った、地震や火災など防災上の必要性による改良、著しい老朽化のために復元が困難だったなどが改変の理由である。

「博物館的保存」と一線を画す

藤岡家住宅は、ＮＰＯ法人うちのの館という純粋な民間団体が「保存と利用」をバランスよく実践する目的で管理運営している「郷土の文化財」である。国宝や重要文化財のようにあくまで昔の姿を追求する「博物館的保存」とは一線を画している。それでも、「どこをどう改変したのか」は記録として明らかにする必要がある。

修復開始前と対比した改変個所については、前述の「原状と特色」などで一部触れてきた。腐朽した部材の取り替えといった修復工事に伴うものについては「修復工事」で詳述するとして、ここでは、建物の解体や取り壊し、新設・増築、間取りや外観の大幅な変更を明示したい。しかし、改変した時の記録や写真がない個所も多く、「目撃者」の証言などをもとに概略を記述したい。修復工事に伴う主な改変個所は次の通り。

【主屋・内蔵・渡廊下】―バリアフリートイレを設置

主屋の北半分近くを占める土間部では、その中にある女中部屋、現代風台所、（浴室・脱衣所）、ミソベヤを修復工事によって撤去し、事務所とロビーを新設した。またロビーの一角に物販コーナーを設けた。ミソベヤ付近を事務所とし、玄関側に受付台を設けた。女中部屋は壁や柱の一部を取り払い、事務所の出入り口とロビーの一部とした。それ以外の土間部や現代風台所（や浴室等）はロビーとし、西側の中庭への出入り口を設けた。西北隣の、井戸のある吹放ちの土間との間にあった出入り口は、物販コーナーの展示用の壁にした。

北倉のあとに新築された金剛登山者用の休憩所

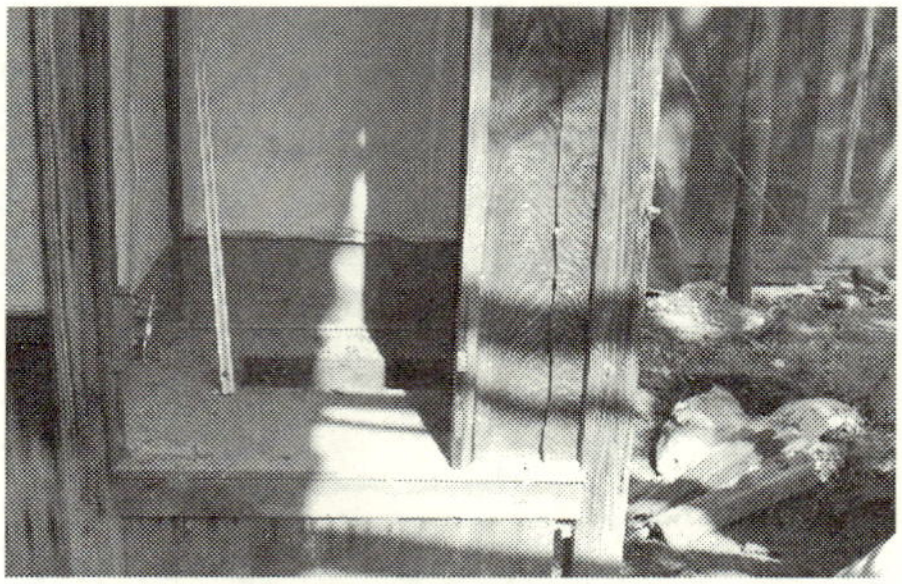
かつてあった外便所

バリアフリー化など改修した後の外トイレ

　内蔵西側の化粧部屋や炭小屋は、厨房や配膳室に改装し、通用口が設けてある。通用口には新座敷への渡し板が架けられ、そこから木戸を経て薬医門前の庭に出られるようになっている。吹放ちの土間にあった家人用の元浴室は撤去し、その西にかつてあった北倉の跡に金剛山への登山者用の休憩所を新築した。新築物件は、切妻屋根で、ブロック積み腰壁のあるものである。主屋北面や内蔵の板張りの外壁も板の張り方などが変更されている。

　主屋に付属する渡廊下一階の便所（室内用と屋外用の両方があった）と廊下は撤去し、南方向に増築する形で屋外用の男女別・バリアフリーのトイレを新設した。

【別座敷・離座敷・新座敷】― 老朽化激しい角屋を撤去

　別座敷は、茶会などに使う「貴賓の間」、離座敷は食事や喫茶に使う「茶房」、新座敷は歌会・句会・落語会など多人数のイベントに使う「大広間」と機能が大幅に変わった。とくに離座敷は、六畳の二間はテーブルを入れて茶房「梅が枝」の客間となった。納戸をキッチンとし、客間に面する板戸には、高山正宣画「長兵衛梅」が描かれている。

　外観上大きく変化したのが、渡廊下から離座敷、別座敷に入る廊下と角屋である。角屋は老朽化が著しい上、柱や基礎が樹齢二五〇年の「長兵衛梅」（この名称は最近名付けられたものである）の根に影響を与える可能性があるため撤去した。その代わり、廊下を西に延長し、西端には戸を設けて軒下への出入り口とした。軒下には渡り板が敷かれており、左折すると広縁を経て「茶房」「大広間」に行くこ

別座敷の広縁から離座敷に入る渡し板

渡廊下の北側に付け替えられた吉野窓

とができる。右折して一段上ると、「貴賓の間」の広縁に出るなど主屋から各座敷に向かうアクセス路として整備された。

別座敷（貴賓の間）の玄関南脇には、角屋から別座敷の広縁へと上がる階段と出入り口があったが、改修工事はその出入り口を塞ぎ、角屋を取り壊した。別座敷への出入り口は腰板が付いた外壁に改修した。茶室も従来は竹を使った仕様だったのをさび丸太を使って趣を変えている。畳四分の一ほどの前板を入れたり、電気を熱源とする炉に替え、多人数の茶席に対応するため、「上の間」に新たに炉を切ってある。

角屋の東面にあった円形の吉野窓は、北面に向きを変えて新たに作られたものである。藤岡家には、一一人きょうだいの長和の世代が子どもの頃、毛氈を敷いて桃の節句（ひなまつり）の行事をした記憶が伝えられており、そうした「思い出」を尊重したという。

新座敷に付属する便所や浴室は、浴室を無くす代わりに、男女別の室内トイレと屋外から使えるトイレに改装した。

全体を白く塗り替えた築地塀（南東側から）

修復前の築地塀（南側）

【その他】

築地塀は、薬医門付近の東面と南面の一部は、大部分の南面や西面とは土壁の色が違っていたが、今回の修復工事で全面的に塗り替えられ、すべて白い漆喰仕上げになった。また、もとは土塀だった西面北隅の二間も築地塀に変わった。この方が「風《ふう》が良い」という柴田の判断による。また、石垣に接していて腰板が傷みやすいというもの理由である。

修復され、「築地塀」に変わっている（右端）

修復前の別座敷と土塀（源氏塀、左側の白壁部分）

県教委調査では「土塀」とされているが、柴田は、「源氏塀」あるいは「柵板塀」とするのが適当であり、土塀は「築地塀」自体もそれである、という見解である

主屋や別座敷から道路を挟んで北側にあった納屋は取り壊され、来客用の駐車場になっている。一方、納屋の南東側の連子倉は修復され、北側に倉庫を増築した。

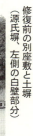

【技法の変更】

外見とは別に、技法自体を変更したものもある。例えば、瓦葺屋根の変更である。野地板の上に土を載せ、その上に瓦を載せる「土葺き」を土を使わずに桟に引っ掛けるように瓦を葺く「桟瓦葺き」に、建物の壁も、一部を除いて、竹小舞に荒縄を絡めて土を塗る旧来の手法をとらず、金網などを使って下地をつくる「ラスモルタル塗り」を採用している。詳しくは、第三部の「修復工事」で詳しく述べることとする。

第六章　幕末の「押込み強盗事件」から見えるもの

今は「貴賓の間」と呼ばれる「別座敷」は、藤岡家住宅で最も格の高い建物で、天井裏の祈祷札から嘉永六（一八五三）年の建築である。代々庄屋を務め窮民の救済にも熱心な上に、こうした建物を建てた藤岡家は、幕末期にも相当な経済力があったと推測したが、藤岡宇太郎は「経済力が付いたのは明治期の長二郎（一八五四年生まれ）のとき。幕末期は使用人もいなかった」と言う。幕末に藤岡家に押し入った強盗の話の中に、「母屋（主屋）に住む家族五人と、離座敷に泊まっていた植木職人しか登場しないから」がその根拠という。

「強盗の話」は、藤岡玉骨（長和）が昭和二三（一九四八）年四月刊「散歩文学　古川柳」に寄せた随筆「木造りと押込み」と、その妻うた代《おもと》が、昭和四五（一九七〇）年一一月刊の俳句同人誌「万年青」に書いた「金剛山麓便り」に出てくる。藤岡家の言い伝え（伝承）であり、どこまで正確かはわからないが、幕末の藤岡家住宅を垣間見ることができる。

離座敷に植木屋が寝泊まり

その事件は、幕末の社会不安の時代であった。藤岡家では毎年、お盆が過ぎると新庄（現在の葛城市付近）から植木屋（この地方では「木造り」と言う）が数人の若者を連れて来て、「隠居と呼ばれている裏の離屋の二間」（離座敷）に二〇日余り泊まり、藤岡家やその分家、医者宅、菩提寺の松などの庭木の手入れをして帰るのが通例になってい

「有り金そっくりだせ！」（イラスト：K.J）

た。

　ある夜のこと、親方（うた代によれば、名前は吉村寅太郎。「吉村」は明治維新後、天誅組総裁にあやかって付けた名字という）が小用に起きて中庭に出ると厠の右手の納屋あたりに人の気配がした。「誰や」と声をかけて進むと暗い方へ後ずさりする二、三人の人影が見える。そこは鶏小屋になっていて上の横木に数本の鍬が架けていたので、親方はその中の一本を手に取って「誰や」と追い詰めていく（うた代によると、唐鍬を振って渡り合った）と、先頭の男が何も言わずに刀で親方の右腕に切りつけた。親方は不意を突かれて「隠居」に逃げ込んだが、強盗団は土足で「隠居」に入り込み、「騒ぐとこれだぞ」と刀を差しのべて、植木屋の若者たちを紐などで数珠つなぎに柱に縛り、母屋に向かった。

　母屋では、賊三人が、西戸口（土間の南側）の雨戸をガリガリという音をたてながらこじ開け、音で目を覚ました伯父夫妻（玉骨の伯父は当時二四、五歳）が寝ていた「中の間」に入り、畳に刀を突きたて、「有り金そっくりだせ」とすごんだ。「奥の間」に寝ていた親たち（玉骨の祖父母）も起きてきて肩を並べてガタガタと震えていたという。伯父は金箱を差し出したが、お金はあまり入っておらず、強盗団は内蔵を開けるよう命令。前年に嫁に来たばかりの伯母は蔵の扉を開けてから「中の間」に戻って震えていた。

新座敷付近に納屋があった

そんな物音に気付いた八〇歳になる耳の遠い大祖母タイが「納戸」から起きてきて、家族らは「押込み（強盗）が来た」と耳打ちしたが、大祖母は「そうか、誰も怪我をしなくてよかった。押込みか、わしゃもう寝るわ」と寝所に

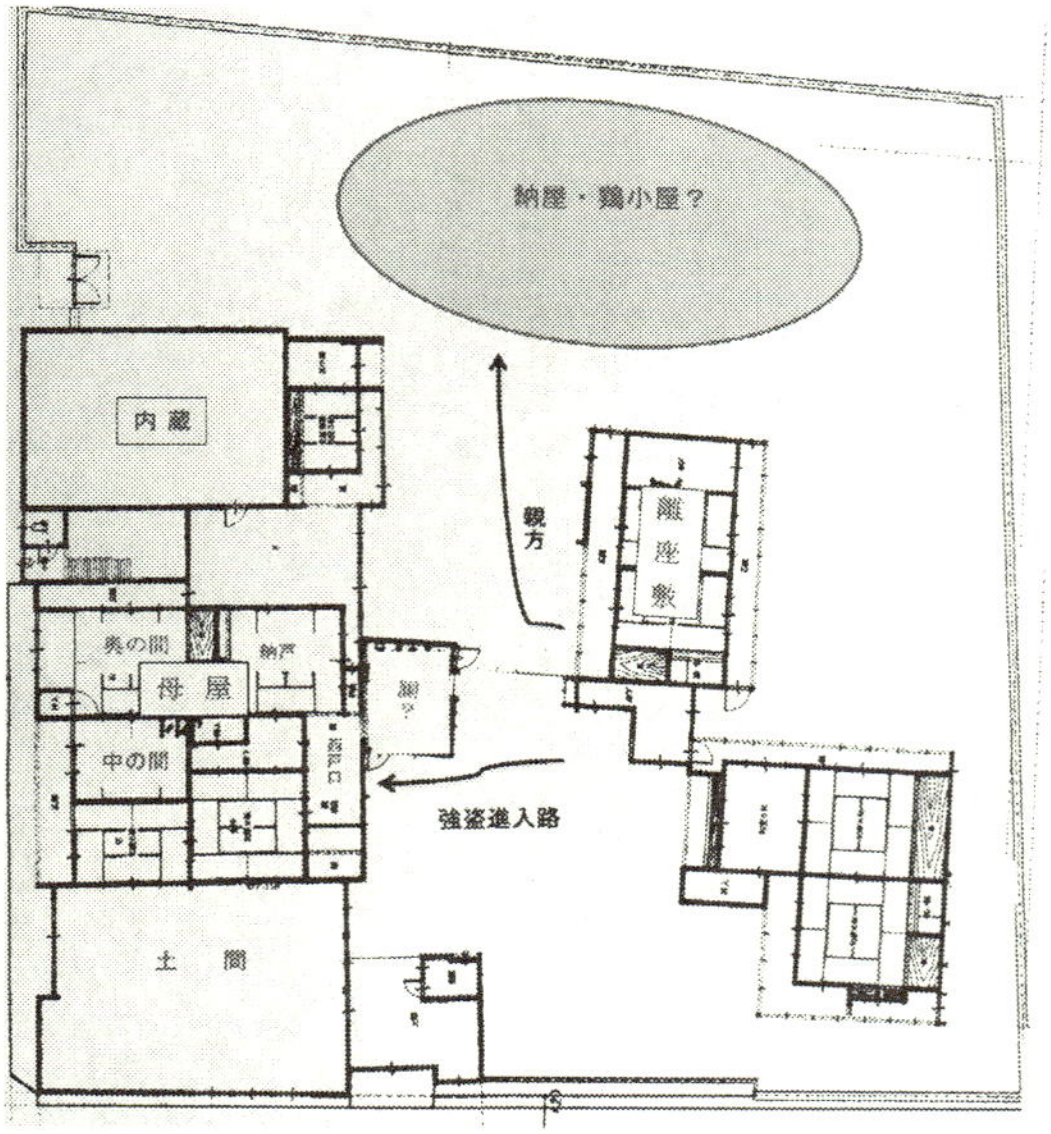

幕末押込み強盗事件見取り図

帰っていった。強盗団は内蔵から手に手に葛籠《つづら》を持って出てきて、頭目は藤岡家がいちばん大切にしていた刀を腰に差して出て行った。

翌朝、五條代官所に届け出たが、何の捜査も行われず、二、三日後にも紀州境（和歌山県境）に近い犬飼家（妻うたの実家）に同じ手口の押込み強盗が入り、藤岡家で盗んだ刀を置いていった。刀は証拠品として五條代官所が持ち去ったが、幕府の瓦解の影響で行方不明になった。

いささか長い引用となったが、当時の藤岡家住宅の様子がある程度推測できる。母屋に住んでいた家族は三世代五人。それぞれ「中の間」「奥の間（仏間）」「納戸（奥の間の西側の部屋）」で寝ていた。玉骨の父親の長二郎は、伯父に嗣子がないため準養子として藤岡家を継いだが、宇太郎が所蔵する明治初期の戸籍によると、「伯父」とは長一郎で、慶応三（一八六七）年に結婚したとある。事件はその翌年とされており、慶応四（一八六八）年の夏か秋か、あるいはその年の九月八日に明治に改元しているため、明治元年かもしれない。大政奉還は慶応三年一〇月、慶応四年一月に鳥羽伏見の戦い、四月一一日が江戸城無血開城であ

るから、五條代官所はもはや、事件を捜査するどころではなかったのだろう。

賊の侵入口は「台所」西側の「西戸口」である。一方、植木職人が泊まった「隠居」（離座敷）は建築年が江戸末期と見られているが、この強盗の話から、幕末には確実に建っていたことがわかる。推測するに、玉骨の曽祖父母の隠居部屋として建てたが、まもなく曽祖父が死去。大祖母（曽祖母）は母屋に移って三世代同居となったため、空いている離座敷を植木屋の宿所に提供した、ということだったかもしれない。

「住宅」の性格が明治期に変化

「渡廊下」（若さんの部屋）や「新座敷」、それに「米蔵」は事件当時はまだ無かった。植木屋の親方が小便に向かった中庭の厠（便所）は、修復前も今と同じ主屋（母屋）の西側にあり、当時も同じだったとすれば、その右手にあった「納屋」「鶏小屋」は、「新座敷」付近にあったということになる。明治末一九一二年築の「新座敷」の前身はこれまで不明だったが、江戸末期築造の築地塀・土塀に囲まれた敷地内（「本家」と呼ばれていた）は当時、薬種商を営む一方で納屋も鶏小屋もある農家らしい姿であったと推定できる。

藤岡長二郎

むろん、「本家」から道路を挟んだ外側に別の納屋や米蔵があったとみられるから、薬種商による収益に加え、小作農を抱える大百姓（地主）としての経済力を具えていたと考えられる。

しかし、明治時代になり、村長や、銀行、鉄道といった実業家として活躍した長二郎の時代になると、藤岡家住宅の「本家」の敷地は、農家という職住近接の場から、茶室や新座敷、西側の庭園などを具えた「実業家の屋敷」となり、多くの人が出入りする「社交の場」に性格が変わり、そのため土間を改造して女中部屋を設けるなどしたのではないか、とも考えられるだろう。

第四部　修復工事

神野　武美
西久保智美

「百年持つ建物にしてくれ」

藤岡家住宅の修復工事は、台風で壊れた主屋の屋根の補修を最優先に行ったため、主屋の工事では、部材の交換などの工事が難しくなるといった制約を受けることになった。通常行われる、屋根瓦を下して屋根を軽くし、一部の壁を取り去って柱ばかりにしてから復元に取りかかる、という半解体修理の方法が取れないからである。その結果、重い屋根をそのままにして梁を取り替えるという難工事を抱えることになった。

一方、とくに傷み方が酷かった別座敷や渡廊下は当初、取り壊しの方向だった。ところが、工事関係者の多くが、その風格や意匠を凝らした造りに魅せられ、保存再生に方向転換した経緯がある。もし、これらが失われていたら藤岡家住宅の文化的な価値は損なわれ、これほど注目を浴びることはなかったであろう。

約三年に及ぶ工事は、設計図をきっちり描き、工期や工事費の見積もりも決めて取りかかったわけではなかった。「NPO法人うちのの館」の関係者と工事人たちが、工事を行う一部屋ごとに話し合い、試行錯誤を繰り返しながら工事を進める、ある意味では〝行き当たりばったり〟といっても過言ではない。理事長の田中修司が棟梁の柴田正輝に注文したのは「百年持つ建物にしてくれ」だけであった。工期を区切ったり、完成を急がせたりすることは一切なかった。

修復工事はもともと、外観は良くても工事を始めると内部は予想以上に傷んでいたり、予想もしなかった文化的価値の高い個所が見つかったりして、新築工事のように計画通り進めることは難しいものである。今回、柴田ら工事人にとって、時間の制約を受けずに丁寧に修復に取り組めたことが成果につながったといえる。

第一章　工事の概要

一級建築士、平井憲一作成の資料を基にした、各棟の修復工事の概要は次の通りである。

【主屋】

屋根瓦の葺替え、煙出しの造作、外壁・軒裏の漆喰塗替え、外壁板張り、ミソベヤ（味噌部屋）を事務所に模様替え、物販スペースの設置及び牛梁（牛木）の入替え、ナンド（納戸）・ナカノマ（中の間）の造作工事及び建具等の修復を行った。

【別座敷】

木造骨組みの状態まで解体し、梁の補強、建物の水平・垂直の建直し、小屋組・下屋下地のやり替え、屋根瓦の葺替え、茶室廻りの造作、縁側の造作、左官工事等を行った。

【離座敷（インキョ）】

一部既存の壁は残しつつ木造骨組みの状態まで解体し、梁の補強、建物の水平・垂直直し、小屋組・下屋下地のやり替え、屋根瓦の葺替え、左官工事等を行った（茶房への模様替え等は後述する）。

【新座敷】

屋根瓦の葺替え、座敷壁の上塗りと建具類の微調整などを行った。

【内蔵】

酷く傷んでいた柱の補修及び新たに柱を半間間隔で設け、棟の下の地棟の取替え・補強、一、二階の床の張替え、屋根瓦の葺替え、外壁腰は板張り、軒裏外壁は白漆喰塗り仕上げで妻壁上部には防火を願う鯉の鏝絵を描き直した。一階は民具の展示スペースと収蔵庫にし、上がりやすい階段に架け替えて、二階は貴重な資料の展示スペースとした。

【渡廊下・書斎（若さんの部屋）】

軒下が全部腐っていて二階上屋を残しつつ二階床梁・床組、建物の水平・垂直の建て直し、小屋組・下屋下地のやり替え、屋根瓦の葺替え、左官工事等を行った。

第二章　工事の流れ

工事の流れは以下のようである。主屋の屋根瓦の葺替えを最初に行い、次に、主屋の北東端に事務所をつくるなど、主屋の土間廻りを改修した。その次に、主屋の座敷の床板を外して根太など基礎部分の補修をした。さらに渡廊下の下にトイレを設置し、土蔵跡に休憩所を新築した。

この後は、渡廊下・書斎を改修し、内蔵、薬医門、別座敷（貴賓の間）、離座敷（茶房）、新座敷（大広間）と進み、二〇〇八年一一月一一日の「藤岡家住宅」開館後も、米

主屋玄関付近のレベル調整

主屋の西戸口付近のレベル調整

蔵・連子倉などの工事が行われたが、工事の開始時期についての正確な記録は無い。

ここで触れておかなければならないのは地盤の調整工事である。別座敷の工事に入ると、その玄関付近が建物西側と比べて約六センチ下がっていることに柴田が気付いた。主屋などもレーザー式水準器で測ると、内蔵はそのままで、主屋は西北の長兵衛梅の方向に最大七・五センチ下がっていた。内蔵から数えると約二〇〇年、最も新しい新座敷でも約一〇〇年。その間に起きた地震や雨による浸食などで、藤岡家住宅のある金剛山麓一帯の地盤が、この年月の間に緩やかに傾いていったのかもしれない。

こうした微妙な傾きを残したままでも修復工事を行うことは可能だったが、柴田は「後に仕事を残さない」と決断した。主屋では、重い屋根瓦を載せたままで無理にジャッキアップすると建物全体に無理がかかるため、最終的には、主屋玄関付近で四センチ、事務所付近で三センチのジャッキアップにとどめた。また、別座敷はレベルを六センチ引き上げた。ジャッキアップ後は、基礎の石を上げてその隙間をコンクリートで固めてレベルを調整した。柴田は「時間も費用もかかったが、建具も合うなど今となっては正解だった」と話す。

第三章　柴田棟梁の講演

修復工事中の雰囲気がわかる記録として、柴田正輝棟梁が二〇〇七年八月一九日に市立五條文化博物館の夏期講座で行った講演があり、その抄録をここに掲載する。

パネルを使いこれまでの経過を報告したいと思います。拙いですがよろしくお願いします。皆さんの中には「真・行・草」をご存知の方は手を挙げて頂きたい。華道や茶道をたしなんでいる方は知っていると思うんです。私も建築の世界に入り、いろんな本を読んでいたら、「真・行・草」という言葉がよく使われている。よく考えてみると、それらは全部、永い時間をかけて出来てきたと思います。

「真」とは何かと言えば、格式ばった所です。次は少し柔らかい「行」、もう一つ柔らかいのが「草」の世界です。それはお茶の世界でも言われ、建築でも「真・行・草」でいろんなものが決まってくると思います。それを私の技術で活かせるかどうかは別ですが、藤岡家住宅にも「真・行・草」があると思います。

最初、こういうこと（文化財建造物としての保存）になるとは思わなかったから、写真も撮っていません。母屋（主屋）はえらい雨漏りで荒れていたので、修復工事の最初の頃は先ず屋根を葺こうということで、写真もほとんどありませんでした。河﨑眞龙彌さん（故人、当時NPO法人うちのの館理事）が荒れる（台風被害）何年か前に撮った写真を見せていただきました。一五、六年前の写真だと思います（写真A）。

これが台風で荒れた屋根でテント張りになった道路側の写真です（写真B）。文化財ということですが、（県教委と相談して）傷んだ垂木などは「全部替えて良い」という話

写真A

写真B

写真C

写真D

でしたが、「家の中や天井の雰囲気も全部変わってしまいますよ」という風に、責任を（県教委に）おっ被せるようにして、野地板などの工事を進めました（写真C）。それがよかったのかどうか私にもよくわかりません。

（主屋の）「煙出し」は台風で吹っ飛んでしまい、原型が無かったのです。たまたま、ここを手掛ける前の仕事が「煙出し」のある家の工事でしたのでそこを研究のために訪ねて行って形を決めました。これもよかったのかどうか、皆さんに気に入ってもらえるのかどうかもわかりません。私にとって「煙出し」の造作もこれが初めで最後でしょう。おそらく今後の新しい棟梁でこんな仕事をする人はいないと思います（写真D）。「煙出し」をこの辺ではよく「うだつ」と言いますが、それは建物の脇に付いているものです。

左官屋さんが、このように（写真E＝母屋の外観）昔通りに土を練り上げて仕上げてくれました。昔の「起」とか、破風の控とか、私にとってはいまだにこれがテーマになっています。古いこうした家は、家の丈（高さ）、大きさといいものすごくバランス良くできていると思いました。

このように屋根の形が「ばちっている」（三味線の撥のようにすこし三角形に近い形に変形している）ので、瓦屋根が葺きにくいのですが、昔の大工は屋敷の形に合わせて家を建てている。このため仕事が全部しにくいのですが、瓦屋さんと話し合ってフォローし合いながら、瓦を等割にしてくれと頼んだこともありました。

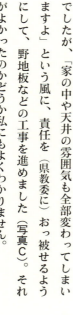

ガラス瓦も入れました。家の中は鼻をつまれてもわからないくらい真っ暗でした。そこでガラス瓦を天窓代わりに入れさせてもらいました。そこ付近は事務所になるので、明かりを採ることで事務もできるというわけです。

　米蔵の外に吊ってあるのは、土間の上に渡されていた以前の牛梁（牛木）です（現在は休憩所の軒付近に吊ってある）（写真F）。虫が食って芯だけ残っていました。二人がかりで切って降ろして一日がかり、ここに吊るのは夕方になり、とぼとぼに疲れました。梁はここ（主屋の土間）に百年以上おった方ですやろ、粗末にするわけにいけしません。ここに居てみなさんに見ていただくことが後世のために良いのではないかと。と言うのは、今は、新しいやり方の家ばかりになって、昔はこういうのやったんやなあ、と感じて頂けるために残しておけばと思いました。

写真E

写真F

　これが知事さん（藤岡長和）がおられた書斎（渡廊下「若さんの部屋」）で、軒下は全部腐っていました（写真G）。最初は「これ（渡廊下）こぶってまえ（壊してしまえ）」という話もありましたが、私はここに残したかった。と言うのは、横臼という粉搗き臼があり、そこに蓑が懸っている光景がとても印象的だったからです。上（渡廊下）を残し下だけ変える（納戸と内便所と外便所だったのを増築してバリアフリー・トイレに改修）は難工事でした。

　事務所の外側は杉板を張りました（写真H）。これはうちの開発商品です。杉板を研ぎだして約二〇年前から使っています。自然に触れられるというので大流行になりました。ワシが先駆けと思っています。

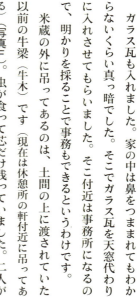

写真G

写真H

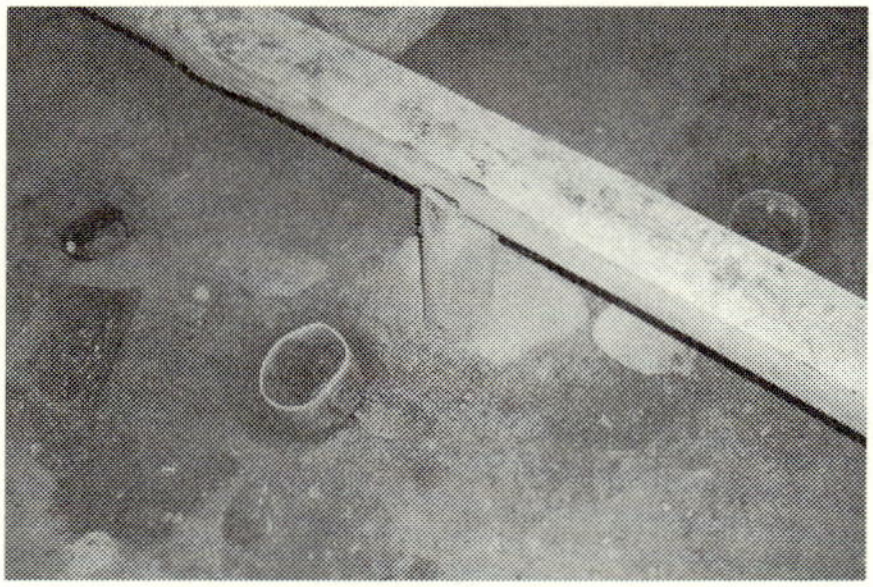
写真I―1

写真I―2

（主屋玄関わきの座敷）を歩くとポッコンポッコン音がしました。何でだろうと床をめくったら、柄杓の柄の無いものをこの部分に集中していくつも埋めてあった。土器や茶碗も出てきた。何かのおまじないかと思う（写真Ｉ）。仏壇の下には明治二九年に改修した時に張った板の下に古い板が出てきました。今替えておかないと今後の修理の時に邪魔になると思い、全部取り替えました。

床下の礎石には防虫剤をかけてすべて防虫処理をしましたが、柱の下にある礎石はすべて昔通りそのまま収めました（それをコンクリートで固めて補強した）。石の上の柱は全部、下の方に穴が開いている。そこに、（「根がらみ貫」の）ほぞを入れて補強し、しっかりと礎石の上に置きました。ほぞは全部入れておかないと空洞ができて弱い（写真Ｊ）。

主屋の「つし二階」の鴨居もズブズブに腐っていまし

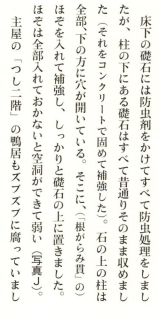

写真J

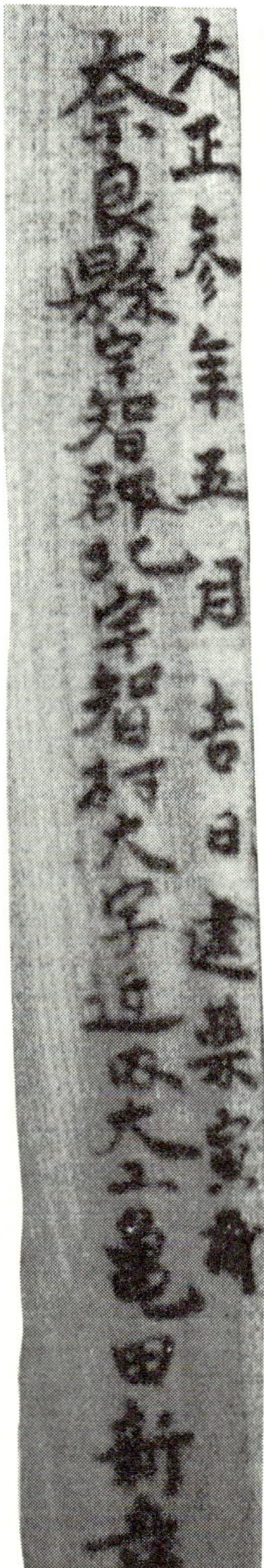

写真K

た。上からの雨漏りが原因でしたが、鴨居を入れ替えるため、こうしようか、ああしようかと、工夫の仕方をいくつもシミュレーションしました。

内蔵の西側には小さな窓がかつてあり、夏になるとその前の庭に西瓜がころころとあったそうです。西瓜が無くなると夏が終わりだそうです。その反対の光庭が見える側を「はめ殺し（のガラスを入れる）」という話もありましたが、私は「風が通るのが自然じゃないか」と思って引き戸にしました。

薬医門は、亀田新吾という地元の大工が建て、大正三年五月に棟上げをしています。屋根の解体をして棟札が出てきました（写真K）。これは寺社建築にみられる「真」の仕事です。格天井という「真」の天井であり格式の高い家はこれを使う。普通の大工が建てるものと格が違うのです。ここも南側の柱の下の居石《すえいし》が一五ミリほど下がっていました。これも修正しましたが、大正三年という古い時代なのに、地盤にはコンクリートをたくさん使っていました。

人は一生に三度家を建てると言います。「真・行・草」に従ったら自分の感性に合った家に入ることができると思う。若いときは、書院造りの様な「真」の家に入りたい。年を取ったら「草」の家が似合う。数寄屋造りとか言いますが、最初は素人が茶の湯などのために楽しみながら造ったと思う。しかし、江戸時代に入るとお金を持った商人たちが「俺も茶室を建てたい」と思うようになり、数寄屋大工と呼ばれる大工に頼んで技術的にも素晴らしいものができるようになったのでしょう。

柴田が棟梁として、老朽化した建物としての藤岡家住宅、歴史文化遺産としての同住宅と、どう格闘したのかを講演録から感じてもらえただろうか。

第四章　朽ちた材との闘い

神に祈った「牛木」の入替え

主屋の最大の難所は、土間中央の東西約六メートルの梁の取り替えであった。牛木、牛梁、あるいは、カマドの真上付近にあることからカマノゾキとも言われている直径が三〇センチ

芯の赤身だけが残り、白太はズブズブ

交換された後のツガの牛木

くらいもある太い梁である。柴田の講演録にあるように、現在その梁は金剛登山者用の休憩所の天井から吊り下げられて展示されている。それを見ると、「赤身」と呼ばれる芯の部分（心材）こそ傷みは少ないが、その周囲の「白太」と呼ばれる軟らかい部分（辺材）はシロアリに食われてズブズブで、叩くとポンポンと音がするくらいで、本来の位置より約一〇センチも下がっていた。柴田は「オンマツ（雄松）でんな」と言う。オンマツとはクロマツなどをいい、大きく立派になるが、白太が多く赤身が少なくシロアリが付き易い。それに対してメンマツ（雌松）はアカマツなどをいい、赤身や油分が多く虫が付きにくく湿気に強い。

柴田は、取り替えるのかどうか、当初は迷ったという。建物を支える重要な部材であり、重みもかかっており、樹脂を注入して固めて強度を高める方法もあったが、莫大な費用がかかる。柴田が、県教委文化財保存課に相談すると「替えたらいい」という返事があり、取り替えることにしたという。交換する木材も「ちょうどいい木がない」と手間取ったが、結局、耐久性があり水に強いツガ（栂、トガともいう）を使うことになった。

交換作業は簡単ではなかった。主屋の修復工事は一九九八年九月の台風七号の被害復旧を優先したため、すでに屋根瓦は交換済みであった。屋根瓦を降ろして骨組みだけにしたり、クレーンで交換する梁を吊り上げたりといった、やりやすい方法が採れない。思案して、交換する梁はつっかえ棒を立てながら、少しずつ寄せて行く方法を採った。古い梁を外して新しい梁を入れる際は極めて不安定な状態になるため、柴田は「地震来るな」と祈ったという。交換する牛木をいよいよ主屋の小屋組に据え付けようという時は、梁と柱などがうまく組み合うのか心配していたところ、大工の怒田幸男が「夕べ白蛇の夢を見た」と言う。「白蛇は縁起もんやから、そら悪いことはないで。そやけど、三輪さん（大神神社＝日本書紀にも伝えられた、蛇の姿の大物主神を祀っている）にお参りしよう」と、大工と左官の四人が土曜日の昼間に大神神社に参拝し、お祓いを受けると、梁は滑り込むように所定の位置にはまったという。

柴田は「やっぱり神さんの力や」と思う半面、「長年の勘が生きている」とも感じるが、その場で思案を重ねて産み出される臨機応変の知恵を発揮したとも言える。

例えば、牛木を支える土間西側の柱である。柱の上部は、牛木を貫きその上の軒桁に達する「長ほぞ」になっている。新築や解体修理であれば、まず柱を立て、上からほぞ穴の開いた牛木（牛梁）、軒桁の順に木槌で叩いて、はめ込むことが可能である。ところが、藤岡家住宅の主屋の修復工事では、牛木や軒桁は動かすことができない。そこで、ひと工夫が必要であった。長ほぞの長さ分だけ地面を掘り下げ、そこから柱を押し上げて、長ほぞを牛木や軒桁に収め、その後で地面を埋めるという方法をとったのである。柴田は「そんなやり方はだれも教えてくれない。自分たちで考えた方法だ」と言う。

内蔵の天井付近は太い梁や桁で補強

内蔵は建物全体がフワフワ

空き家になって約三〇年の年月は、至る所で木材を腐らせ、部材の取り替えを余儀なくさせていた。とくに、今は展示室になっている内蔵は中を歩くと建物全体がフワフワした感じで揺れ、柴田も「よう立っているな」と感じていた。蔵はもともと、家財などを火事から守る場所である。

内蔵の内階段付近。奥には副え柱が見える

内蔵の壁の内側に副え柱のための基礎を造る

第二部でも述べたが、厚い土壁とともに、天井部分には母屋板の上に厚さ約一五チセンの土が載っていては金鎚で叩き締めたような跡があるなど、ちょうど土の箱のような造りだった。修復工事でその土を削岩機で割って取ると、二トントラック一台分の土が出てきた。松の梁はシロアリに食われておりほとんど支える力がなく、こうした堅い土の力でもっている感じだったという。

外側の板壁は松材で、やはり白太の部分が腐り、外から水が浸み込みそれが柱に及んで多くはシロアリの被害を受けていた。

そこで、天井部分は太い梁や桁を入れて補強し、土壁部分は、シロアリの被害を受けた柱を取り外すと土壁自体が崩れる可能性があるため、壁の内側に土台をつくり副え柱を何本も入れて補強するようにした。板壁は赤身で虫が付きにくい杉板に替えている。

劣化の酷《ひど》さは別座敷、渡廊下、主屋西面の庇なども同様であった。別座敷は床の間西側の桁が腐って下がり、茶室も水屋、厠とともに傷んでいた。藤岡によると、母の多恵（多恵の母は長和の妹の高橋英子。長久とは、いとこ同士の結

激しい劣化。別座敷の床の間は雨水が流れた痕がくっきり（左上）、天井は破れ（右上）、数寄屋風の「角屋」の柱は今にも崩れそう（左下）、「若さんの部屋」の階下もこんな危なっかしい状態だった（右下）

木の蓋は、新しい床柱の切り口とぴったりと合った

婚）には、子どもの頃に藤岡家に来たとき、「茶室は危険だから入らないように」と注意された記憶があるという。八〇年くらい前にすでに劣化していたということになる。別座敷の南側広縁のサクラ材でできていた床板も、北海道からカバザクラの材を取り寄せて取り替えた。渡廊下の「若さんの部屋」の階下の部分も根元から腐った柱も多く、多くの部材を入れ替え、構造を頑丈なものにした。下の方の床柱（松材）も腐っていたが、柴田は「値段の高いものをわざわざ買う必要もない」と考えて、九〇㌢ほどの長さの床柱を買い、据え付けたところ、丸い柱の上辺に元々あった木の蓋と形や大きさがぴったり合った。木の蓋の寸法を測ってから買いに行ったわけではなく、柴田が「この家のご先祖さんが導いてくれた」と感じた一瞬であった。

新座敷は比較的劣化は少なかったが、松材を床にした廊

「若さんの部屋」の床下は太い材で（上）、階下には新しい柱を入れ、竹小舞の入った土壁で強化している（下）

いったん束石をはずし（上）コンクリートで基礎を固め、その上に太めの材で束や根太をしっかり構築し、床を強固にした（下）

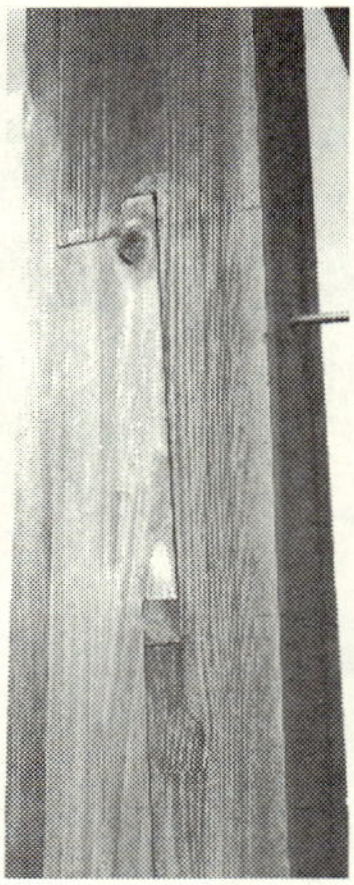

隅木に施された「宮島継ぎ」（斜めの線、左）、柱中央の「金輪継ぎ」（中）、根継ぎに使われた「金輪継ぎ」（右）

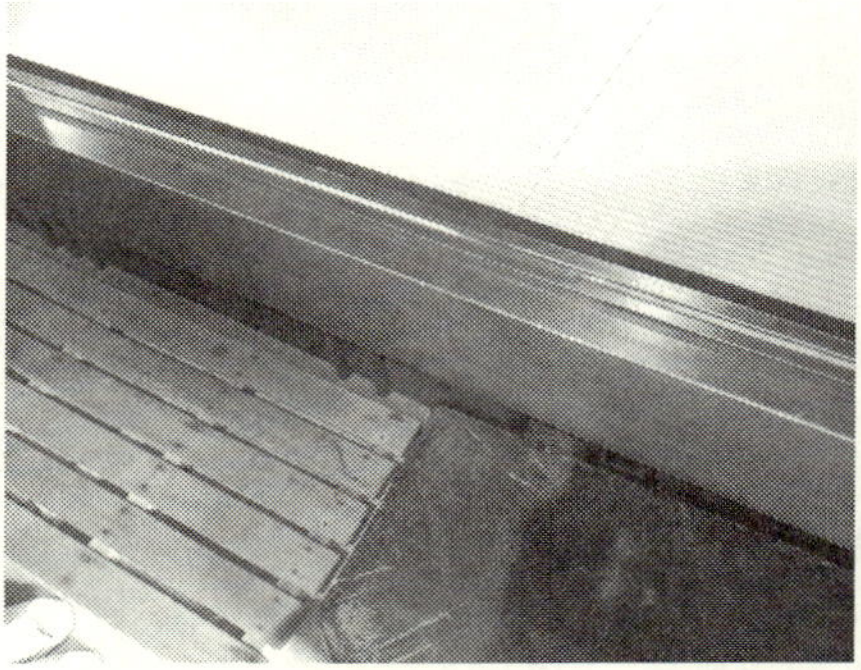

土間から台所への上り框（左上）、左右２つの材を中央で組み合わせ（右上）、裏側をボルトで繋ぐ（右下）

下（広縁）の隅のほうが腐っていたので取り替えている。

礎石の上の柱は、根元付近で腐っていることが多い。主屋では、床板をいったん剥し、礎石をコンクリートで固めてから、傷んだ柱を取り替えたり根継ぎをしたり、床板を支える横材の「根太」「大引」を頑丈なものに取り換えた。柴田は「ここは外から見えないが、最後は『強さ』がものをいう。こういう場所こそ大切にしないといけない」と話す。

軒や庇、それを支える垂木の劣化も著しかった。柴田らは、柱や垂木などの全部を取り替えなくても腐った部分を切り落とし、その部分を新しい材に入れ替えるという「金輪継ぎ」「宮島継ぎ」といった技法も駆使した。「金輪継ぎ」とは、木を鑿などで削って組み合わせ、堅い木を使った「込み栓」などで補強する継手であり、「宮島継ぎ」とは、木と木を食い違わせることで組み合わせ、せん断面には「車知」という楔状の堅木を打ち込んで補強する継手である。柴田は「口だけ（指揮するだけ）の大工ではないところを見せよう」と、自ら鑿を取って、別座敷の東面の隅木（軒の角部分）をこの方法で修復している。また、柴田は、杉材の赤身を多用する。節の無い白太の方が見栄えが良い場合があるが、木の中心付近から採れる心材の赤身は節があったり虫喰い痕があったりしているが、頑丈で油気があり、腐りにくいなどの特徴があるからである。とくに屋根の下にある垂木は、雨風が当たりやすいことから、こうした耐久性のある赤身にこだわっているのである。

主屋の土間からの座敷に上がる敷居の下の「台敷き」（上り框）も、虫が食ってボロボロで取り替える必要があった。ところが、屋根の葺替えを先行させた主屋の修復では、柱を動かすことができない。台敷きは両側の柱にほぞで繋がっているため、そのままでは、抜き出すことも新しい台敷きを入れることもできなかった。そこで考え付いたのが、新しい台敷きを中央で切って二つに分け、それぞれを左右の柱にほぞで繋ぎ、中央で組み合わせるように繋いだ。繋いだ痕は表面的には縦に一本線が見えるくらいで目立たないが、隠れている裏側にボルトを入れて繋いでいるという構造である。

残されていた材木は全部使った

柱、梁、天井板などありとあらゆる個所を新しい材に交換する必要に迫られたが、藤岡家住宅には、米蔵や主屋のつし二階に大量の材木が保管されていた。米蔵の中をいっぱいにしていたのは内装用の造作材で比較的新しいものだった。つし二階には、江戸時代に木挽き職人が挽いた切れ端のような材木があった。柴田は「本当の端材を除いて全部使った。江戸時代のものは切れ端のようなものでも、良いところ選り抜いて使った」と話す。

傷んでいる様に見える材木も、クリーニングしたり、木目を研ぎ出したりして再利用し、建物から外した部材を他の個所で再利用する「使い回し」も行うなどして材木の節約を図った。例えば、別座敷の「上の間」は、ウズラの羽毛に似た複雑な文様のある「屋久杉」あるいは「薩摩杉」の天井板が張られているが、それをいったん外して木目を研ぎ出して元に戻した。「下の間」の天井板も外した後、米蔵にあった造作材の杉板の良い部分に入れ替えた。だが、「下の間」にあった天井板でも、傷みが少なく修復できる部分は、同じ別座敷の廊下（広縁）や庇の化粧板に再利用したという。

茶室と厠に近い廊下の天井も元々、キリ（桐）材だったが、つし二階に保管されていた桐材を使った。雨漏りのせいで一部が腐っていた廊下（広縁）も、北海道から取り寄せたサクラ材だけでなく、保管されていた造作材を使って修復した。長押用の材木は挽き割って細工して雨戸に使った。内蔵の表の外壁も米蔵にあった杉板で全部を張り替えた。新築部分の休憩所の腰板も残されていたクスノキ材を使う。主屋東側の木柵も米蔵の材木を防虫・防腐加工して使った。屋根を造るための野地板や瓦を引っ掛ける桟も保管材であった。

藤岡宇太郎によると、米蔵に材木を保管したのは父親の長久という。曽祖父の長二郎は、藤岡家ではもっとも経営の才覚があり銀行や鉄道などで財を成した人物で、旧西吉野村（現五條市西吉野町）などに広く山林を所有していた。官僚になった長男の長和に代わって、林業経営については孫の長久に期待したという。このため、長久はもっぱら林業経営に力を注ぎ、所有林などから産出された一部の木材を五條市の実家（藤岡家住宅）の米蔵などにストックしていた。ＮＰＯ法人「大和社中」を立ち上げるなどまちづくり運動のリーダーである山本陽一は酒造業とともに奈良県森林組合連合会長を務める林業家でもあるが、「林業家は自分の家の建て替えなどのために材木をストックすることはよくある」と話している。このため、長久自身は、藤岡家住宅の再生・保存には反対だったが、宇太郎にはその材木を使うことを許したのである。

第五章　時代に合うものに蘇生

離座敷は現代風な装いに

最も現代風に装いを変えたのが離座敷である。「隠居」と呼ばれていた住空間を食事や喫茶を楽しめる茶房「梅が枝」につくり変え、一級建築士平井憲一がいちばんデザインの才を発揮した個所である。平井は「竿縁天井で床の間や床脇のある簡素なこざしき（小座敷）を趣の違う和空間に蘇生させた」と言う。平井は、古い建物を復元させるというよりも現代という時代に合ったものに生き返らせる「蘇生」を目標としている。

平井のコンセプトは、「平成レトロをキーワードに畳の部屋にあえて椅子・テーブルを配し、レーザーカットの高度な技術を用いて月桂樹を象った照明の折り重なる葉と葉の間から光りがこぼれ、磯の松原を象った既設欄間にも照明があたり垂れ壁に影絵が現れ異空間を感じさせる。又、配膳室（納戸）の壁には、『長兵衛梅』をモチーフにしたダイナミックでモダンな壁画、仕切の四枚引違い戸にも梅を高山正宣氏に描いて頂き、こざしき取合いの襖（既設襖の上貼《うわばり》を貼替えるために捲《まく》ったら、古い書き付や手紙・大福帳を貼った下貼が出てきて、時代を感じさせるものなので上貼を貼らずそのままにした）などの時代を感じるものと、アート的なミスマッチを融合させることで、古いけれども新しいと感じてもらうようにした」である。

天井から吊るされた洒落た形の照明の光がランプシェードや欄間を通して天井や小壁に、影絵を映し出している。六畳と六畳の間の襖はあえて「上張り」をしなかった。修復のため襖の上張りを剥すと、江戸時代の日常生活が記録されている紙が出てきた。庄屋の藤岡家は、江戸時代の戸

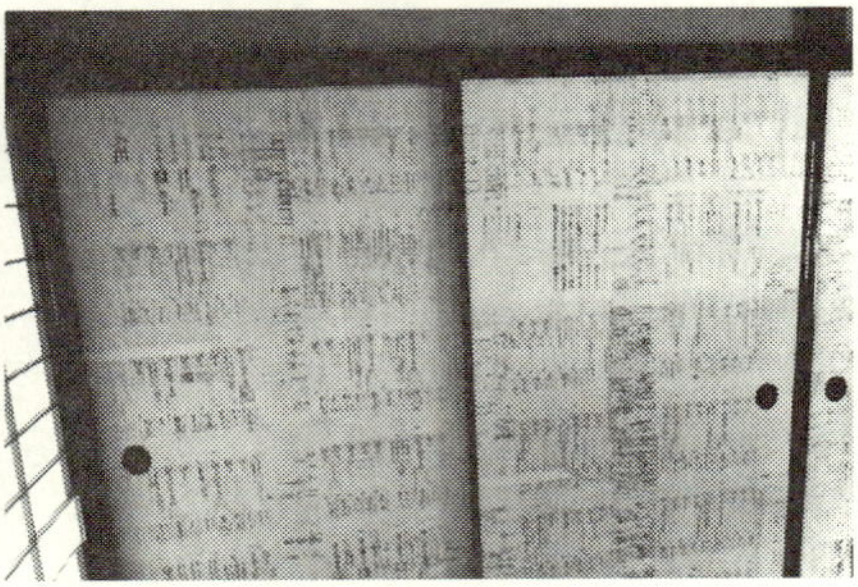

屋根瓦も野地板も外した離座敷の修復工事（左上）、長兵衛梅をモチーフにした壁画のある茶房（右上）、照明のシェードや欄間から漏れる光が影絵をつくる（左下）、江戸時代の「下張り」をあえて遺した襖（右下）

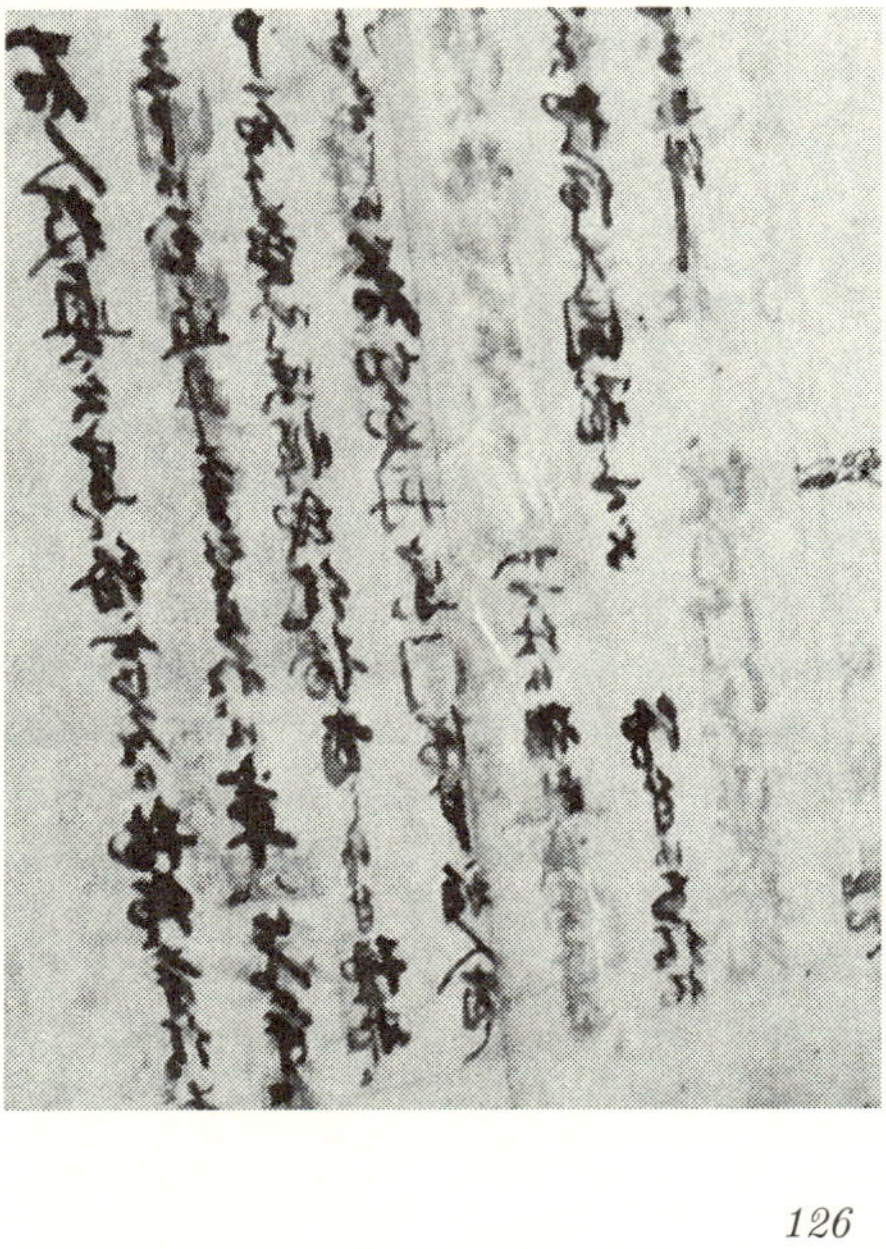

文字が裏返しの襖の下張り。中央付近には「切支丹」の文字も

籍ともいえる「宗門改帳《しゅうもんあらためちょう》」を管理しており、不要になった紙を裏返しにして襖の下張りに再利用していたのである。

土葺きを桟瓦葺きに

柴田がもっともこだわったのが屋根を「土葺き」から「桟瓦葺き」に替えることだった。藤岡家住宅の修復直前の段階では、すべての建物が土葺きだった。柴田によると、野地板の上の土に瓦を吸い付かせてもたせるのが土葺きで、桟瓦葺きは、野地板の横方向に細い材（瓦桟）を打ち付けてそこに瓦を引っ掛けて固定する方法である。桟瓦は安永（一七七二〜一七八一）年のころに発明されたが、本格的に使われ始めたのは一九二三（大正一二）年九月の関東大震災以後である。関東大震災では土葺きの建物が多く倒壊して多くの死者が出たうえ、台風でも土葺きの瓦は強風でよく飛ばされたという。関東大震災の以後は、桟瓦葺きが広がっていった。

一九九五年一月の阪神・淡路大震災でも、淡路島では土葺きの瓦屋根の家が倒壊し、天井から落ちてきた大量の土で窒息したという例を聞いたことがある。桟瓦葺きにすれば屋根が軽くなり、建物の重心が下がって耐震性も増すと考えられる。その一方で火災の延焼を食い止めるのはやはり土葺きという見方もあるようだ。内蔵は土葺きでという話も一時あったが、費用の面からも桟瓦葺きになったという。

修復前の内蔵の屋根（上）、野地板に桟を取り付け、銅線で固定する桟瓦葺きに改修した（下）

トイレの位置

現在は外から使えるトイレは、渡廊下の下にあるバリアフリー化したトイレや、新座敷のトイレの一つが外から使えるようになっている。水洗化したり広さを広げたりしているが、基本的には元からあった位置である。ただ、当初の計画では、外のトイレを現在の金剛山の登山者用休憩所に置く予定だった。しかし、近所の住民から「家相が悪い」と指摘があった。言われてみれば、休憩所のすぐそばには井戸がある。衛生上からも「井戸と厠は離す」はかつて常識であった。トイレが水洗化された現代では不要な心配かもしれないが、昔の人たちの考え方を尊重し、トイレ部分を増築して今の位置にしたという。

第六章　職人たちの仕事

御先祖が憑いている

藤岡家住宅の修復工事が終わりに近づき、建物がすっかり若返った感じになった頃、筆者（神野）は柴田に「最からこんな風に建っていたみたい。どこを直したのかさっぱりわかりませんなあ」と感想を述べると、柴田は、うれしそうな顔をして「（藤岡家住宅は）あんたら（棟梁や職人）の世話になんかなっていないみたいな顔をしてるでっしゃろ。でもいろいろ変えてますんや」と返した記憶がある。最近だが、「ここのご先祖が、私ら（職人たち）に憑《つ》いてくれていると思ったことが何度もあった。私に自然と指示して導いてくれた」とも述べている。

具体的には、主屋の「牛木」がきっちりはまったこと。「若さんの部屋」（書斎）の腐った床柱の替わりを探し、それを据え付けたところ、その切り口が元々使われていた木の蓋とぴったり合ったこと。また、内蔵の外壁にある鯉二匹が躍動する鏝絵のことであろう。二匹の鯉の目玉にはガラス玉が入っていたが、片方の鯉はそれが脱落していた。柴田や左官の有本泰造らが、ガラス瓶を割って作ろうと眼鏡屋で探したりしたがうまくいかない。そんな中、地元のアートカキという看板業者が「作ったる」と言ってぴったりのものを探し出してくれたという。

平井は「様式を持った建築には普遍性とともに生命力が

ある」と分析するが、小さなことでも問題に突き当たると悩み、工夫に工夫を重ねて解決していった職人たちが、古い建物に新しい命を吹き込み、その生命力を呼び覚ましたのではないだろうか。

　第四部の冒頭で、「修復工事は行き当たりばったり」と述べたが、柴田は「広大な屋敷と建物やけど、一点だけを見つめて仕事をします。悪い所、悪い所を見て、その部分で思案しました」（『登録有形文化財　藤岡家住宅』藤岡家住宅をよみがえらせた大工さんたち、一〇ページ〈聞き手・川村優理〉、二〇一〇年四月、NPO法人うちのの館発行）と話している。

襖を修復中の建具職人、尾崎庸一

　柴田棟梁の下で修復工事を担った大工怒田幸男は「特別なことをしているわけではなく、毎日、毎日、家を元へ戻さなあかんと思っていました。親方（柴田）の趣旨は何が本来の形かを探し続けるということです。自分はそれに従いました。家全体を元に戻すのにどこに補助するかを、いつも考えていました。元に戻しただけです。親方の趣旨、意志が大事です。けれど一つのことをするまでに、意見はしっかり言います。意見を出し合って最良の策を探していくのですから」（同）とその過程を証言している。

　建具職人の尾崎庸一は、藤岡家の米蔵に残されている材料を使い建具を作ったという。「材料を活かして、ある物を利用して修復します。材料の選り分けは棟梁（柴田）がしてくれますが、大事にする心があって、だからこの家は温かいです」と言う。その仕事は緻密であった。尾崎は細

白壁が美しい主屋（上）、壁を塗る左官職人の有本泰造（下）

かいことでもすべてノートに記録し、ノートは三冊になったという。尾崎が指摘するのは、江戸や明治のころの職人の仕事の奥深さである。「貴賓の間（別座敷）の襖の張り込み直しをしていても、下地から違います。下張りの状態で、工程が多い。手間を掛けているということです」（同、一一ページ）

左官の有本泰造も「設計士さん（平井）が来て『どこか

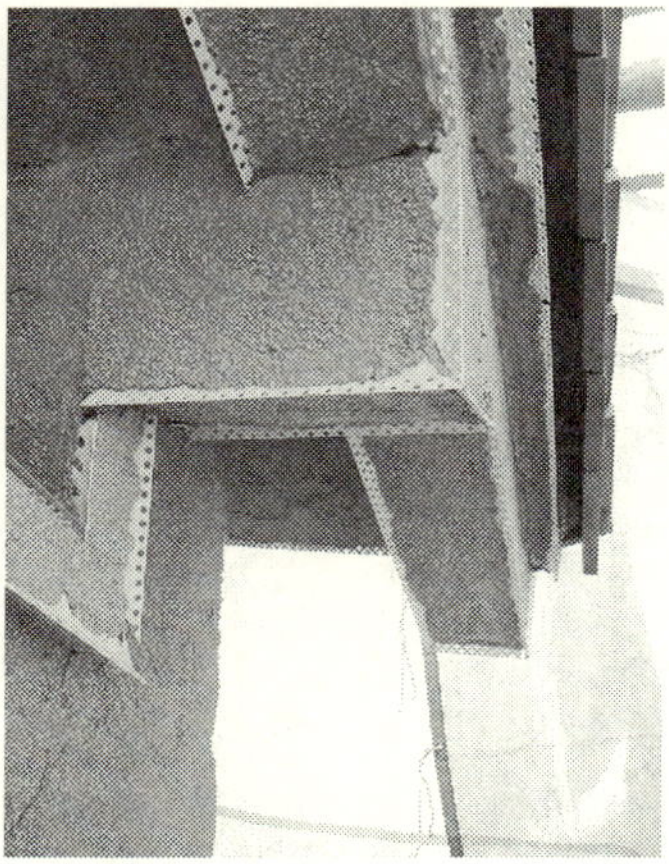
昔ながらの竹小舞を編んでつくる土壁造り（左）と近代的なラスモルタル塗り（右）を併用している

らライトを照らしてもムラがない』と感心してくれましたが、下地がええ（もともとの仕事が良い）のです。下地がよければ仕上がりがよいです」（同、一二一ページ）。とは言っても有本の仕事も丁寧さでひけをとらない。どの壁も最低五回は塗る。土壁は一二、三回重ね塗りする。いっぺんに塗ると剥離するので少し塗っては乾かしをくり返したという。修復工事の完了から五年も経ったのに、藤岡家住宅の主屋や内蔵などの白壁の美しさは変わらない。「有本さんの仕事がよかったからだ」と称賛する声が多い。

　とはいえ、近代的な手法も取り入れている。竹小舞を編んで「掻き縄」で巻き固めたものに土を塗って下地をつくるという方法で土壁を造ったのは、渡廊下の階下の部分だけで、内蔵の外壁など、土壁をやり替えたところの多くは近代的なラスモルタル塗りである。

　板の上にフェルトを張り、その上にラスと呼ばれる金網を張る。そこにサンドモルタルを塗って下地にする。しかし、「中塗り」や「上塗り」は昔と同じ方法である。フノリと砂を混ぜた「砂灰」という中塗りをして、その上に白い漆喰を塗るというわけである。この方が工期を短縮できるし、見た目も昔と変わらないという。

　柴田は、修復工事が終わったころに「昔と同じように見えるけどいろいろ変えている」と言っていた意味が分かったような気がする。指定文化財のような「昔そのままに」という博物館的な文化財保存ではなく、「保存と活用」という「登録文化財ならでは」の遺し方といっても過言ではないと思われる。

　本書の筆者の一人西久保智美が奈良日日新聞記者当時に、職人たちにインタビューした記事がある。修復がほぼ終わった時期のものであるが、職人たちの心根がよくわかるので以下のように、ほぼそのまま再録する。年齢や年月日などは掲載当時のままである。

奈良日日新聞二〇〇九年（平成二一年）六月二一日付

職人～道一筋の鼓動に迫る～第九回

　伝統工芸から各地域に残る文化、芸術に携わる職人の仕事場を訪ね、職への思いを紹介するシリーズの第九回は、国の登録有形文化財「藤岡家住宅」（五條市近内町）の修復に取り組んだ五人。棟梁の柴田正輝さん（六四）を筆頭に、大工の怒田幸男さん（六〇）、左官工の有本泰造さん（六七）、瓦屋根葺きの和田秀則さん（五三）、建具職人の尾崎庸一さん（四四）は、江戸期以降の各時代の伝統的な建築技術が残る藤岡家の再生に、それぞれの立場でずいぶん思案したという。柴田さんは「昔の職人は、道具も何もなかった時代。至るところに職人の技が光る。時間的な面からも、壊して建て替えるほうが、どれほど楽なことだったか」と笑う。それでも「後悔のない仕事がしたかった」と。三年以上かけて、よみがえった藤岡家への思いを五人に語ってもらった。

――修復に約三年、昨年一一月の開館以降も行ってきた外蔵（連子蔵）などの周辺工事もようやく終わります。

柴田　ここまで、ようできたと感無量です。今の時代、新しい物は建てられても、昔の物を活かした修復をさせてもらえたことは一生に一度の大仕事でした。職人さんたちには「後悔のない仕事をしたい」と無理を言いましたが。

怒田　親方とは兄弟弟子だったので、気心知れた仲でしたが、あんまりにも難題を簡単に言うから、よう論（議論）をしてました。「後悔のない仕事」は分かるけれど、すべてが完ぺきにできるわけでない。昔の物をどこまで残そうという限度については、よう話し合いました。

――とくに、議論した現場は。

怒田　おみやげを売る物販の上の梁（土間の牛木）については、かなり議論しました。親方が梁を入れ替えると言ったら、それに沿って仕事をしていくのですが、梁を入れ替える前に白蛇の夢を見て、こりゃ、大変だと。

柴田　みんなで大神神社に参拝してきてから、梁を納めました。ここが一番、思案しました。ずいぶん虫食いもありましたので、そのまま置いておくべきか入れ替えるべきか。うちのの館の田中修司理事長から「一〇〇年は持たせてほしい」と言われ、入れ替えを決心したのです。今思えば、ここまでせえへんでよかったという仕事は一つもなかった。

怒田　期限が切られた仕事だったら、何一つできなかったと思う。

――それぞれの思いが修復に息づいていますね。昔の職人の技を感じた所はありましたか。

有本　母屋の上にある「もっこう窓」は、本当にすごい。まねて同じように塗ったけれど、上塗りの薄さは驚くほど。修復で壁をはがして塗り直しましたが、〇・五ミリほどの厚さに塗っていて、めくるのがもったいなかった。道具のない時代、ここまでの仕事をした職人の技術の高さを、仕事を通じて感じました。

尾崎　障子や襖、傷んでいる所の取り替えや、緩んでいる所の締め直しなどをさせてもらいました。傷んだ物を分解し、再び組み直すことで、機械がなかったころの職人のすごさを感じました。貴賓の間（別座敷）の虎の図の襖も破れた状態でしたが、襖絵の裏打ちを二回して、下地もふちも昔のまま。いい勉強をさせてもらいました。

――修復されたとは気づかないほどですね。

尾崎　そう見えないようにするのが修復。障子一つも、縦と横の桟で傷んでいるところだけを替えています。「手間暇がかかっていますね」と言われても、その手間が建具職人の仕事だと思います。

――藤岡家は見事な瓦葺きの家ですが、何枚ほどの瓦が使われているのでしょうか。

和田　地瓦だけで三〇〇〇枚、小さいのも入れると、二万枚ではきかないでしょう。平成九年の台風で屋根が飛んでビニールシートがかぶせられていましたが、地元産のいぶし瓦が使われていました。

――一棟一棟、完成間近になって初めて屋根を葺くわけですが、どんな思いでしたか。

和田　屋根を葺くにも規格がありますが、大工さんによっては「それぐらいで葺いとけよ」という人が多い中、柴田さんは「半端なく葺いとけよ」と細々と携帯に電話をくれました。きちんと瓦を納められたことが本当によかったです。一枚、一枚、音を鳴らして確認してから、雨を漏らさないように気をつけました。三年かけて一つずつ出来上がっていくのを見るのが、うれしかったです。

――皆さんがいろいろと思案してきた仕事がようやく完成間近です。

有本　こんなん言ったら恥ずかしいけれど、自分で自分を褒めてあげたい。五〇年、左官の仕事やってきたけれど、本当に集大成で記念に残る。あの世に持っていかなあかんほど。

柴田　あの世に持って行かれたら困るけれど…（笑）。壁塗りは補強や下塗りなど、一度で済まないから、有本さんは大変だった。

有本　補強した後、下地、中塗り二回、上塗り二回と、ここの壁の五倍の量を塗った。手で触ってもらっても凹凸のないように仕上げました。この家が何百年残ってきたように、このままずっと残っていってほしい。

柴田　修復するというのは、思案するのに時間をかけること。判断というのは人任せにできない。怒田さんとも本音で付き合えるから、安心して任せられた。

怒田　朝行って帰ってきたら、全然違うことになってたこともあったなぁ。でも偽りのない意見交換をしてこれた。

柴田　先日、香芝から来た古民家巡りの好きな人に「この家には魂がこもっている」と言われた時、本当にうれしかった。やったもんにしか分からないけれど、職人冥利に尽きる。そりゃ三年もやってたら魂もこもると思うけれど、それぞれの職人さんが本当にいい仕事をしてくれたからこそ、完成することができた。藤岡家とともに、次の世代に職人の思いも伝わっていってくれたらと願います。

第五部　藤岡家住宅の展示について

うちのの館 館長　川村 優理

建物の保存修理がほぼ終わり、二〇〇八年一一月一一日に開館した登録有形文化財「藤岡家住宅」はそれを活用する段階に入った。学芸員の川村優理（現うちのの館館長）は、同住宅内に遺された膨大な量の収蔵品を調査し、それらを一般公開する企画を担う。第五部では、川村自ら開館以降の活動ぶりを報告する。一方、NPO法人うちのの館理事長の田中修司は毎日のように出勤して来訪者をガイドし、館内レストランでは自ら調理し、季節に合わせたレシピも考案している。この二人の中心人物を支えるのが、ボランティア「家守倶楽部」やスタッフらである。第六部では、藤岡家住宅に懸ける思いを語ってもらった。

第一章　展示は藤岡家住宅の調査報告です

登録有形文化財「藤岡家住宅」は、二〇〇八（平成二〇）年一一月一一日に開館して以来、三ヵ月に一度のペースで展示室（内蔵）などの展示替えをしています。特別の場合を除き、すべて藤岡家所蔵の資料です。「展示」は、調査報告でもあります。資料から、この地域の歴史や、地域が歴史の中で担ってきた意味について、私たちが考えるヒントが発せられていることを願っています。

藤岡家は、金剛山の奈良県側、古代から宇智野と呼ばれていた場所にあり、NPO法人うちのの館の名称の起源です。私は個人的に「宇智野大野プロジェクト」という構想をもっています。それは発掘調査によって整理されてきた周辺考古学の資料と、藤岡家などに残されている地域の伝承や歴史、文学資料、美術資料などといった多方面の資料を重ね合わせて、宇智野という歴史的空間を立体的に立ち上げてみようという考えです。

世界遺産の吉野、熊野、高野の三つの「野」を結ぶもう一つの「野」である宇智野。さてこの場所は、どういった土地であったのでしょうか？　謎は深まります。

「おもてなし」と学術がクロスオーバー

一方で、展示は藤岡家住宅を訪れて下さるお客様の「おもてなし」の一つでもあります。

お茶事は、毎回が一期一会。お客様を新鮮な心でお出迎えしたいという心が、いかにさりげなく用意されているかが大切だと聞きますが、展示も、まさにそのような気持ちで作ります。ご来館のお客様が、そこで新しい資料と出会って、驚いたり、感動してくれたりすることが、私の一番の慶びです。

この「おもてなし」の心と、学術的な調査研究がクロスオーバーしたところに、藤岡家住宅の地域への取り組みは始まります。藤岡家には、当初この建物を五條市に寄附しようと考えていた当主の藤岡宇太郎さんの心や、お母様の藤岡多恵さんのお気持ちがあり、そこを管理運営しようという田中理事長のがんばりがあり、大事にしてくれるお客様があり、所蔵品があり、理事会やボランティアの方や行政機関、マスメディア、各種の団体などからの応援が集まってきます。それら全てがうちの館の活動を支えてくれています。

修復の職人さんたちに助けられる

今、この場所に居る人や物が、時間を経て「時代」を作っていきます。

私は二〇〇七（平成一九）年一月から、学芸員として勤務することになりました。まだ修復の工事の最中でしたから、資料の整理と発見を最初に手助けしてくれたのは、柴田正輝棟梁をリーダーとする修復工事の職人さんたちでした。

朝、出勤すると、机の上に何点かの古文書類や古い道具類が置いてあります。仕事中の大工の怒田幸男さんに尋ねますと「それは離れ座敷の壁紙の下にあった」とか「米蔵にあった」などと教えてくれます。

今は金剛登山者用休憩所前にある大甕

左官の有本泰造さんは米蔵の修理をしている時に、床下に大きな甕が埋もれていることを見つけました。微妙な土の圧力のバランスで壊れないでいるけれど、地中から出したとたんに破損してはいけないというので、考古学の前坂尚志さん（現五條市教育委員会文化財課保存係長）にお願いし、柴田棟梁や職員や工事の人たちだけでなく、たまたまそこに来ていた新聞社の方などにも手伝ってもらい、やっと土の中から引き出すことができました。完全な形で外に出せたときは、赤ちゃんが生まれたときのように嬉しくて、写真を撮りました。

甕は備前焼です。桃山甕という形で、江戸時代初期のものでした。米蔵は一八九二（明治二五）年の建築ですが、現在の建物が建つ前に、江戸時代の初めの建物があったのだろうと考えられる状態で埋められていました。藤岡家は関ヶ原の戦い（一六〇〇年）の落ち武者であると『北宇智村史』にあり、その記述を裏付ける一つの手がかりと言えるかもしれません。

瓦葺き職人の和田秀則さんは、使われていた古い瓦を保管し、母屋の鬼瓦には天保三年の瓦職人の名前が記されているのを見つけてくれました。鬼瓦には丸に大の文字が飾られ、「大坂屋」という藤岡家の屋号を示すものでした。

修復がどんどん進み、資料の整理も追いつかなくなっていきましたが、怒田さんが「いろいろ出てくるから全部取ってあるけど、まずどんな資料が要る？」と尋ねてくれたので、「大坂屋と書いた文字があれば助かります」と、即座に答えたことがありました。

『五條市史』に藤岡家の屋号は大坂屋で「かさや」とも呼ばれていたと記されていますが、実際の資料はなかなか出てきませんでした。

大坂屋長兵衛という名前の入った大福帳は「あかねや一件」と小さい紙が貼られた細い箱の中から、不思議な手紙などとともに発見されました。

手紙には「半七　かきおき」と書かれています。茜屋半七は五條新町に生まれた人ですが、一六九五（元禄八）年に三勝という女性と心中し、その話が人形浄瑠璃や歌舞伎の演目「艶容女舞衣《はですがたおんなまいぎぬ》」となって有名になりました。その半七の書き置きというので手が震えてしまいましたが、最後まで読むと、それは写しであることが分かりました。私は「艶容女舞衣」に想を得て創作された和菓子「まいぎぬ」（菓子商・きく川製）の口上を書いたので、そのご縁で手にすることになったのかとも思いました。

こうした毎日があり、学芸員として藤岡家にやってきた当初はどこか暗く冷たく感じた家の雰囲気がしだいに和らいでいきました。

三匹目の虎はどこに？

最初に見た「絵」は、貴賓の間（別座敷）の襖に描かれていた二匹の虎でした。ひどく破損していた襖を建具職人の尾崎庸一さんが修理しますと、素晴しい虎の図が現われました。たしか玉骨の俳句に虎の絵を詠んだ句がありました。

―　大衝立虎渓三笑花吹雪　　玉骨　―
（おおついたて　こけいさんしょう　はなふぶき）

虎渓三笑ならあと一匹の虎がいるはずです。「尾崎さん、虎は二匹だけですか？どこかにもう一匹いませんでしたか？」と、思わず尋ねました。

三匹目どころか、作者の名前も落款もありません。きっと名のある作者の筆使いで、虎たちが、こちらをじろりと見ているように思います。ふと三匹目の虎もどこかでこち

別座敷の襖に描かれた虎二匹

らを見ているのではないかと思いました。ボランティアで藤岡家住宅の運営に参加しておられる大阪府在住の貴瀬昌義さんが「虎の目を見て歩くと目がこちらにじろりと付いてきます」と、解説を書いてくれました。見る者をぐいと巻き込み、江戸末期の絵画はそこに甦りました。

少しずつ正体を現す文化財

修復が終わり襖に虎が戻ってきたのをきっかけに、たくさんの美術資料が発見されました。虎と同じように、作者の名前や印が無いものも多い一方、藤岡玉骨との交流のあった明治から昭和にかけての文人たちの作品も次々に登場しました。

「まず堂本印象の蟷螂《かまきり》の絵を、堂本印象記念館の館長さんに見てもらおう」と言ってくれたのは俳句の顧問をしてくれている五條市在住の俳人、上辻蒼人さんです。「島田君という私の友人で、とても優秀な人や」

当時立命館大学教授と堂本印象記念館の館長を兼任しておられた島田康寛氏が、美術資料の鑑定に入ってくれることになりました。島田先生には堂本印象だけではなく、佐

百丈が描いた琵琶湖八勝景

野五風、登内微笑、菅楯彦、北野恒富、橋本関雪、近藤浩一路、岡本一平などの作品も見ていただきました。奈良県の文化財保存課や、文化庁の方なども来てくれました。

貴賓の間を取り囲む襖絵「琵琶湖八勝景」を描いた「百丈」は、鑑定の人たちも知らないという画家でしたが、内海寧子さんという若い研究者（なにわ大阪文化遺産学研究センター）が「百丈の名前が、五條の代官であった竹垣直道の日記に出ていました」と、教えてくれました。

竹垣は八代目五條代官を勤めた後、大坂代官となり、谷町の官舎や、川浚えの風景を百丈に描かせています。その絵は大阪歴史博物館にありました。

資料は、少しずつ、その正体を現わしてくれました。

「うちのの館通信」を発行

ＮＰＯ法人うちのの館の設立は、二〇〇四（平成一六）年一二月一五日でした。

設立当時に努力してくれた理事のメンバーや、行政担当者、藤岡宇太郎さんの存在を五條市に紹介してくれた山本陽一さんはじめ、市内外の有識者の方々、ボランティアグループ家守倶楽部のメンバー、会員に登録してくれた人など関係各方面の方たちに藤岡家住宅・ＮＰＯ法人うちのの館の活動状況を随時お知らせしたいというのが、基本の姿勢です。うちのの館通信は、平成二六年の一月号で第三五号となりました。隔月刊の手作りで、毎号およそ三〇〇部を発行し、お届けしています。

うちのの館通信の目玉記事は「リレーエッセイ（インタビュー）」です。修復の工事に関わった人や、イベントの出演者、講師や理事、家守倶楽部の方などにうちのの館をめぐるエッセイを執筆していただいています。みなさんが各々の視点から書いておられるので、続けて読んでもらえばマルチスクリーンのようにうちのの館を写していると思います。

今後どのような執筆者が登場するか、どうぞお楽しみに。

ほぼ三ヵ月ごとに展示替え

展示は、資料を組み立てて、毎回丁寧に作りますが、ある一定の人数の観客をお迎えするとパワーが少し弱ってく

内蔵１階の民俗資料の数々

るかなという感じがする時期があります。それが藤岡家の場合、およそ三ヵ月です。ちょうど各座敷の掛軸や調度品なども季節毎に替えますので、一～三月を「春の展示」、四～六月を「夏の展示」、七～九月を「秋の展示」、一〇～一二月を「冬の展示」と位置づけて、全館を模様替えすることにしています。お客様やイベントに合わせて一部を変えることもあります。

展示室一階部分は、民俗資料の場所です。三〇年の間無住の状態でしたので、新しい物が入ってきたり、古い物を棄てたりということがありませんでしたから、ちょうどタイムカプセルの状態で、懐かしい日用品などが残されていました。田中理事長のアイデアで昔を思い出してもらう物を並べています。子どもさんには「昔の暮らし」を思い描いてもらう場所です。一階奥に畳を敷いて、ちゃぶ台を置いたのも田中理事長です。お客様が大抵「ついこの間まで家にあったわ」と微笑まれて、会話がはずむ場所でもあります。

高齢者の「回想法」の場に

デイサービスのお年寄りたちが来られて、車椅子の方たちは二階に上るのはちょっと無理なのでこの場所を見ていくだけでもいいよと言ってくれることもあります。言葉を失いかけていたおばあちゃまが、道具の名前や使い方などを話して聞かせてくれると、古い道具や人形たちも喜んでいるように見えます。高齢者が過去の懐かしい思い出を語り合うことで自分を取り戻す「回想法」の一つの形と言えるでしょう。

どちらの博物館でも体験型のハンズオン展示という形式を用いることを考えていますが、これほどハンズオンが効果を発揮しているというのも、珍しい例ではないかと思います。

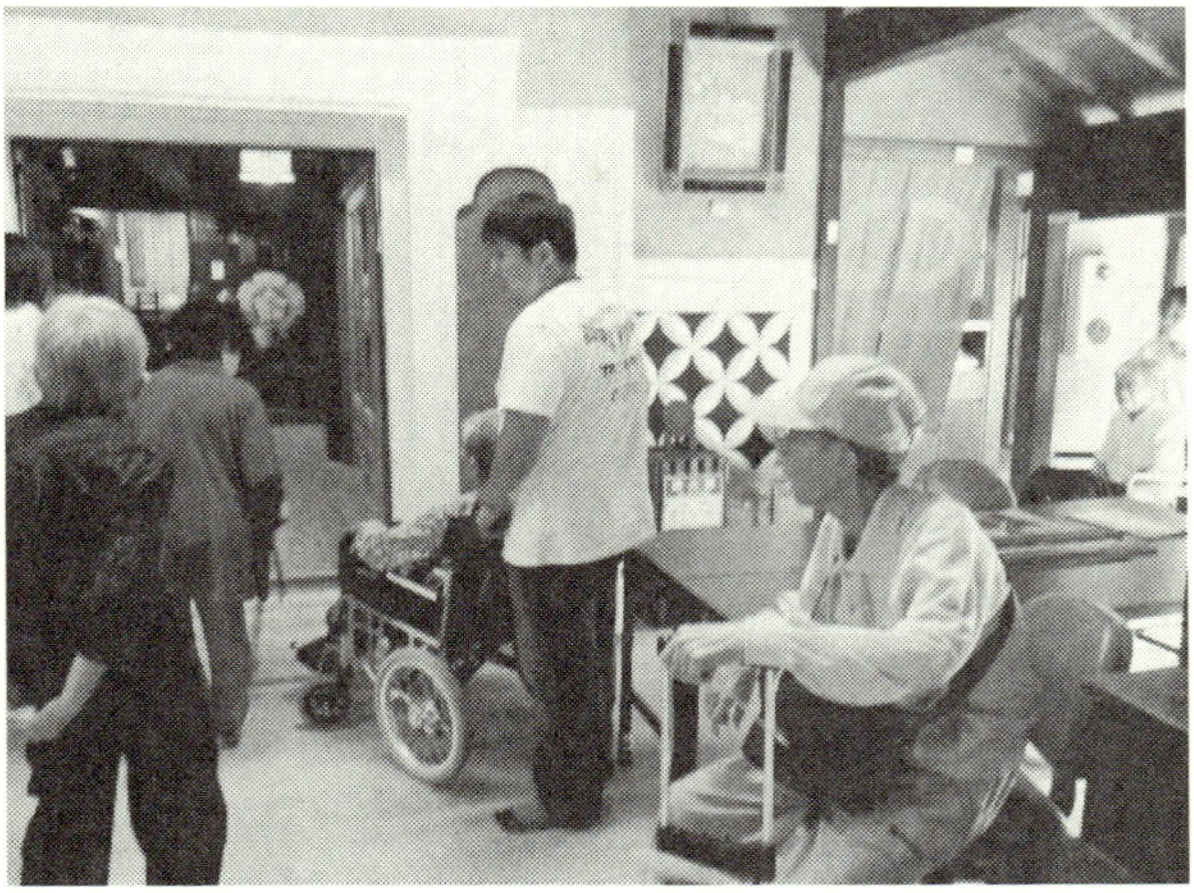
「トリツキ」に集まったデイサービスのお年寄りたち

展示室と座敷のほかに、母屋に、古い箪笥を利用した展示スペースを設けています。毎年二月半ばから四月三日まではひな人形、四月四日から六月五日まではこの場所に菖蒲の節句の人形を置き、そのほかの時期には季節替わりで、展示室とは別の企画展を工夫しています。この空間には、玄関を入って来られた方にまず驚いてもらえる物や、珍しいと興味を持ってくれる物を置きます。

収蔵品の花器を活かして生け花展示

藤岡家では大きな生け花も展示の一つです。所蔵品の中には素晴しい花器も数多いので、それらを生かすように、田中理事長が生けてくれています。盆栽や庭の植栽も理事長が管理してくれます。

開館当初、田中孝夫人は、イベントの時のスタッフのお弁当、お客様の履物の準備などまで、細やかに心配りをしてくれました。

開館（二〇〇八年一一月）の直前に藤岡宇太郎さん主催の藤岡家いとこ会が開かれたときは、藤岡多恵さんから事前に連絡をいただき、親戚の方が花を生けてくれました。

お向いに住んでおられる藤岡昭彦さんと奥さんの喜久子さんにお願いすると、土地の野の花なども混ぜてたくさんの花を用意して下さいました。そこへご近所に住んでおられる理事の中谷健さんが、どっさり柿が実ったままの大きな柿の木を一本、運んで来てくれました。家の軒よりも大きい柿の木です。当時事務局長だった川元憙釋さん（現五條市監査委員）とマネージャーの木下喜博さん（現事務局長）が二人掛かりで軒下に木を立て、下に水の入った皿を置きました。縄で柱にくくりつけると、ここにも生け花が完成しました。

地産地消の「うちのの里・ランチ」

藤岡家住宅の良い点は、各座敷が展示スペースでもあるということです。天井や欄間、書院、襖や障子などが展示資料になっています。離れ座敷の喫茶室では、一級建築士の平井憲一さんの提案で、江戸時代からあった杉の戸や壁面に日本画家の高山正宣さんが梅の絵を描き、それをライトアップしています。江戸時代からあった欄間の影絵が天井に映り易いように、照明も工夫されています。

うちのの里・ランチの料理例

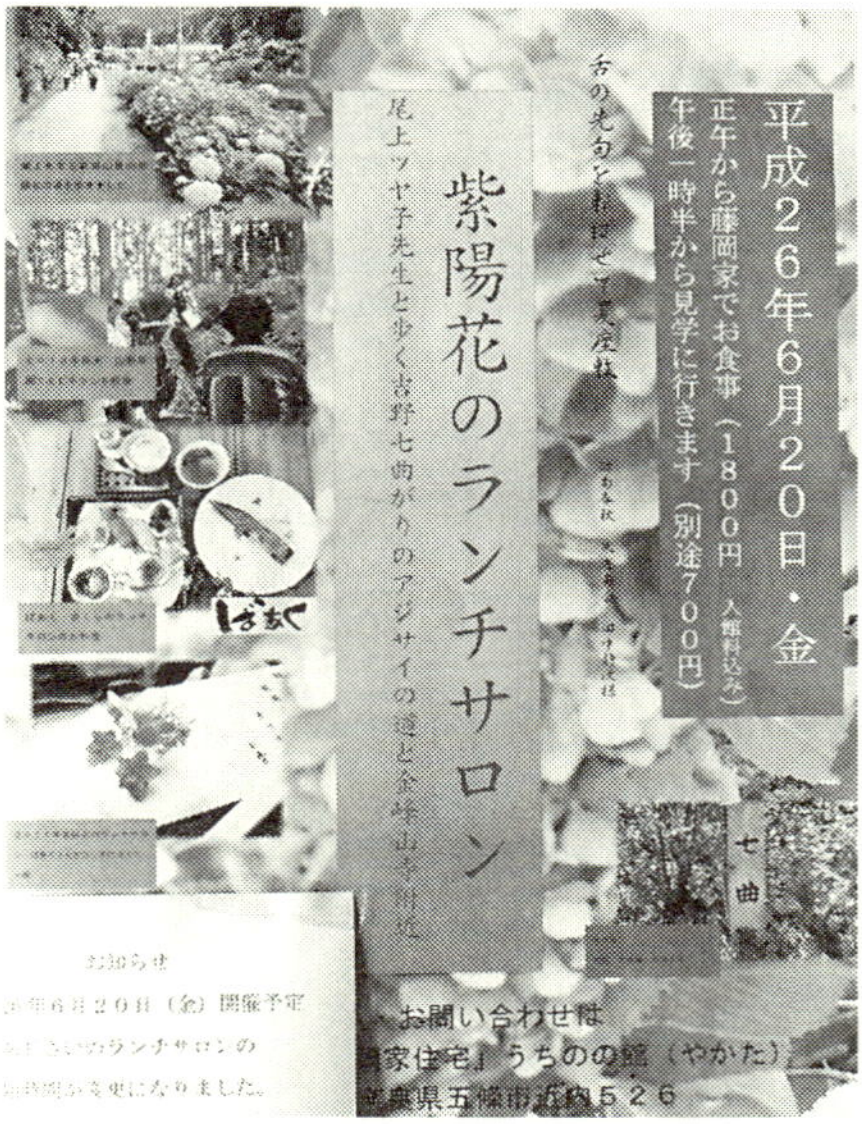

ランチサロンを紹介するポスター

座敷はそれぞれ建築年代が違いますので、建築様式も違いますが、どの部屋にも「分」に合った贅沢が工夫されているのが魅力です。内蔵と母屋の間の空間「トリツキ」、母屋西側の「納戸」「西戸口」など、現代の間取りの感覚ではとらえ切れない場所もあります。

　こういった空間でおいしいお食事を提供しようというので、田中理事長の工夫を凝らしたお料理「うちのの里・ランチ」を提供しています。地産地消、こだわりの一四～五品目がすべて手作りで内容は時節で、どんどん変わります。ご飯も、一月の小豆ご飯から始まり、豆ご飯、しめじご飯、大根飯、コーンご飯、生姜ご飯など、季節のあたたかいご飯を炊いておられます。

　金剛山からの風が吹き抜けていく夏には、郷土の料理「柿の葉すし」を昔の館で食べてみようというイベント「夏祭りを食べよう in 藤岡家住宅」が開催されます。柿の葉すし本舗たなかの社長田中郁子さん（田中理事長の長女）や専務の田中妙子さん（同孫）が工夫し、休憩所になっているスペースなども利用して、柿の葉すしが育った五條の風土を楽しむ食事会を開いてくれます。

　金剛山の伏見峠に続く道を上がったところにあるレストラン「ばあく」の出張ランチサロンも好評です。「ばあく」を切盛りする泉澤ちゑ子さん（村井祥寶さんの娘）のアイデアで、毎回、藤岡家に残されている俳句を一句取り上げ、そこから料理の献立を膨らませていきます。座敷の雰囲気を楽しみながら地元の食材のお料理を楽しんでいただけます。

　平成二六年一二月一二日の「うまいもんランチサロン」

は、藤岡家住宅オリジナルのお料理と、二胡のコンサート（出演　森井康文さん）になります。この回ではレストランよしの川社長の田中義人さん（田中理事長の長男）が、テレビで有名になった柿の出張料理をしてくれます。

森井さんを紹介してくれたのは、ブログ「どっぷり！奈良漬」で有名な鉄田憲男さん（南都銀行員）です。鉄田さんはならドットFMで同名のラジオ番組ももっておられて、奈良まほろばソムリエとしても大活躍ですが、藤岡家の活動を積極的にブログに掲載し、広く紹介してくれています。

家は、こうして人が動き、食べて、楽しむことで、また生き返っていくのだというのが、理事長の考えです。藤岡家所有者である藤岡宇太郎さんも、現代に活用されることを応援しておられるとのことでした。

おみやげ物コーナーも、展示スペースの一環と考えています。

出展者の方々にお任せしていますが、五條市内で有機野菜は果樹を栽培・加工・販売している農業生産法人・農悠舎王隠堂の柿や梅や生姜を使ったお菓子は、オレンジ色や赤といった色合いがいかにも温かく、暗い土間に灯りが灯されているようです。つい手を伸ばして、お土産になさる方が絶えません。創業一八六八（明治元）年の「藤田茶園」さんは、ほうじ茶の香りが好評です。

司書でもある梶谷和世さんが管理してくれているうちのの館発行の書籍や、藤岡家住宅関連の資料も魅力的です。今後、調査・研究が進み書籍の部分が更に充実してくれればと願っています。

「となりのトトロ」的な体験をしよう

展示室のスケジュールを尋ねられることがありますが、藤岡家の場合は、それほど先まで決まっているというわけではありません。

蔵の中を整理し、館内を片付けている間に、展示に値する資料が「次は私の番ですよ」と、登場する感じなのです。私は「あれがほしい」とか「あれが素晴しい」などと考えてから、収蔵庫や母屋の二階部分「厨子二階《つしにかい》」に入って行くのではなく、膨大な資料の海に釣り糸を垂れていますと、時の流れの底から、何かがひょいと顔を出してくれます。

若いお客様が外国の友だちを連れて来て「まるで『となりのトトロ』の家みたいですね」と言っておられました。スタジオジブリの制作した映画『となりのトトロ』（宮崎駿監督）は、昭和三〇年代前半（一九五〇年代後半）の田舎の古い家が舞台です。そこにやってきた子どもたちが、その家にずっと昔から住んでいる不思議なトトロやまっくろくろすけたちと出会いながら成長していく物語です。母屋の「厨子二階」には、まだ整理ができていない「長持」が並んでいますが、はしごを上って入っていくと、たしかに何かが居るような気がします。お客様にも梯子を上って厨子二階に入ってもらう「探検ツアー」が組めるように、もう少しがんばって中を整理しなくてはいけません。

「トトロ」体験の一つをやっと実行できたのは、二〇一三（平成二五）年八月一六日「ゆかた・デ・ナイト」の日でした。田中理事長は以前から、藤岡家の古い蚊帳を吊って子どもたちに昔の暮らしを体験してもらおうと言っておられたので、部屋を真っ暗にして蚊帳を吊り、そこで子どもたちに怪談を聞いてもらうことにしました。

藤岡家の古い蚊帳を吊って怪談話を聞く

怪談の朗読をお願いしたのは、五條市朗読サークルの宮内厚子さんです。宮内さんは白い着物を着て登場し、江戸時代の行灯の灯りの下で『雪女』を読んでくれました。本物の雪女が登場したようで、子どもたちは大喜びでした。

米蔵に住友林業ホームテックの展示場

道路をはさんだところにある米蔵は一八九二（明治

米蔵は住友林業ホームテックの展示場に。
椅子や机は「今昔の里」の吉村勇さんの寄付だ

二五）年建築。藤岡家の登録有形文化財のうちの一件です。ここは今、住友林業ホームテックさんが借りて、旧家の改修を提案しています。藤岡家の修復前の写真と修復後の写真を並べ、旧家の良さを生かしながら、水回りやバリアフリー、耐震構造の強化について考えておられる方に、その工法などがわかるようにパネルにしてあります。

米蔵には手作りの堂々とした椅子と机が置かれています。先人の暮らしを再現した庭園「今昔の里」（五條市大野新田町）を手作りした吉村勇さんが寄附してくれました。木目を生かした大作です。

藤岡家親戚から資料

こうして今では豊富な資料に囲まれ、整理に追われていますが、二〇〇四（平成一六）年に初めて藤岡家を訪れたときには、積み上げられた未整理の物たちに、まず圧倒されてしまいました。冷たく暗い時間の固まりが、透明のボールになってあちこちに浮かんでいるような気がします。下手に触れれば「お前は何者だ」と、誰かに叱りつけられそうでした。

修復前の部屋や資料の様子を写真に撮るのも、おそるおそるで、コートを着てカメラを持って修復前の部屋に入って行きますが、大慌てで写真を撮って出て来ますので、パソコンに入れて見ようとすれば、ぶれてしまっているという感じでした。

藤岡家の親戚の方々にもご協力をいただいています。石井義章さんは、藤岡玉骨の優秀な一一人兄弟の中でもとりわけ優秀であったと言われている長衛さんの息子さんです。長衛さんは播州の大庄屋石井家の養子になり、石井龍男の名前で歌を詠んでおられます。その師が与謝野鉄幹と晶子でした。石井さんからは、鉄幹、晶子と長衛さんらが写っている写真などの資料を提供してもらいました。

ゆかた・デ・ナイトで歌う奥田真祐美さん

藤岡長洋さんは、藤岡長和兄弟の四男、藤岡長正さんの長男で、富田林で藤岡医院を開業しておられます。長正さんから続く医師のお家で、長洋さんの息子さんの洋さんも、その息子さんも医業を継がれました。長洋さんは時々、藤岡家住宅に立ち寄って、中を見て行ってくれます。藤岡医院で診てもらっている方たちも、良く来られています。

河合美智子さんは、玉骨の妹梅田慶さんの次女です。色

藤岡玉骨片影

松岡ひでたか

紙や掛軸など、玉骨の作品を寄贈してくれました。

藤岡玉骨の二番目の姉、葛さんのお孫さんにあたる奥田真祐美さんは、プロのシャンソン歌手で、お弟子さんもたくさん育てておられます。毎年八月一六日のライトアップイベント「ゆかた・デ・ナイト」では、自作の「くすのきの歌」などを歌ってくれます。民俗学の柳田國男の縁者でもある俳人で評論家の松岡ひでたかさんが著された「玉骨片影」(二〇一〇年・NPO法人うちのの館発行=写真前頁下)にも奥田さんのことが書かれています。ストーリーテラーで、白百合女子大学児童文学科講師の藤井いづみさんは奥田さんのお姉さんです。藤岡家見学に来られたお客様が、藤井さんの長い間のファンで、藤岡家でお二人のジョイントコンサートを催してほしいと言っておられました。いつか実現できることを願っています。

近内にお住まいの藤岡正也さん、久仁子さんは音楽会やランチサロンやボランティア活動に参加し、奈良県のまちづくりコンシェルジュが発行した地図「近内」の作成や、それに伴うウォーキングのガイドなども引き受けてくれました。

パンフレット、ホームページの編集と発行

学芸員の仕事は、調査と研究だけではありません。開館前にパンフレットを製作するのも大変な仕事でした。資料が出揃っていないし、修復工事は完了していないし、開館までにパンフレットは無理かなと思っていたとき、当時朝日新聞の神野武美さんがアドバイスをくれました。

「何度でも作り変えればいいんです」

その言葉に背中を押され、パンフレット作りが始まりました。皆さんの意見を取り入れて何度もやり直し、結局最後はほとんどを削り取ったシンプルなものになりました。

パンフレット製作については当時うちのの館の理事であった故河﨑眞龙彌氏から、貴重な助言をいただきました。デザイナーである河﨑さん作製の「うちのの館」のロゴとマークはほっこりと優しく、当館の活動をいつも支えてくれています。また河﨑さんが短冊や色紙を丁寧にスキャンしてくれたおかげで、俳句の資料が、ずしりと充実したものになりました。

さらに年間のイベント案内も毎年作り替えています。

「なら探検ミュージアム」（吉岡印刷株式会社発行・奈良県PTA協議会協賛）という冊子で藤岡家の頁を設けてくれた吉岡印刷さんにお願いし、二〇一〇（平成二二）年から年間のイベントを作ることになりました。毎年およそ二万部を作成し、およそ五〇団体とうちのの館の会員の方に送付しています。ご来館のお客様にもお渡ししています。「なら探検ミュージアム」は隔月刊で、毎号五万部を刷り、奈良県下の小学校高学年の子どもさんとそのご家庭に配布されています。

「大和の国五條・浪漫チック異空間」（五條市まちづくり推進協議会発行・三ヶ月毎）では五條市のイベントを掲載して主に近畿圏に配布していますが、藤岡家住宅の展示やイベントを丁寧にとりあげてくれているのが嬉しいです。

パンフレットを置いてもらう場所に注目し、その活用対策を考えておられるのは、うちのの館会員で都市経済学を研究している竹田義則さんです。藤岡家住宅の関連施設だけではなく、各地の道の駅や観光案内所などに着目して、積極的にパンフレットを配布してくれています。

「藤岡家住宅」の公式ホームページは五條市在住のシステムエンジニア、山口昌紀さんにお願いしています。イベントや展示のアーカイブとしても、ホームページを利用できるようになっています。お時間があるとき、どうぞ「うちのの館」で検索して下さい。

うちのの館のトップページには赤いポストの写真があります。そのポストをクリックしてもらうと、私のページに行きます。「イベントポスター集」に、これまでの展示の記録が入っています。

マスコミ各社の協力と応援

各報道機関も、藤岡家住宅の展示やイベントをその都度紹介してくれています。三ヶ月に一度展示替えをする度に、神野さんと奈良新聞の竹内稔人さんがカメラを持って来てくれたときは本当に嬉しかったです。奈良新聞の木之下伸子さんは、開館前から藤岡家住宅とNPO法人うちのの館の取組をがっちりと取材し、記事にしてくれています。今も、次の一歩に続くような内容の記事を書いてくれるので、勉強になります。同じくカメラマンの藤井博信さんは、近内御霊神社など地域を含めての藤岡家の写真を撮ってくれます。

奈良新聞社の和田達生さんは奈良県の北部からお客様を五條へ案内する企画を毎年立ててくれます。毎日新聞の栗栖健さんは、藤岡家の木材を徹底して調べました。宇智野とは『万葉集』で最初に出てくる「野」であるというのは、栗栖さんの発想です。五月になれば朱鷺草を届けてくれるのも栗栖さんです。読売新聞の川本和義さんはいつも突然ひょいと現われ、おしゃべりをしながら記事をすくいとって行きます。奈良日日新聞で藤岡家の活動の連載を進めてくれたのは、元記者の西久保智美さんでした。月刊誌「ならら」編集長の鈴木元子さんは、特集号を編んでくれたことから「藤岡家の本」を作ってもらいました。

五條市の広報紙「広報五條」には、五條の北の入り口に位置する藤岡家住宅の視点から五條を定点観測する「うちのの館から」を毎月掲載しています。

藤岡家住宅でテレビドラマ制作も

NHKや奈良放送、BS朝日放送など、テレビやラジオでも藤岡家住宅を取り上げていただいています。藤岡家を舞台にしたNHKのドラマ「万葉ラブストーリー・春『春日影の庭』」(二〇〇九年五月二二日放送)も制作されました。俳優の石倉三郎さんが植木職人に扮して、中庭の羅漢槙の木を剪定しました。佐賀県のラジオ番組に生出演し「金剛山麓の現在のお天気は曇りです」などと放送したこともあ

NHK万葉ラブストーリー・春「春日影の庭」のメイキング中の一場面

りました。藤岡玉骨が佐賀県知事（官選）であったご縁で実現した放送です。

最初の有料入館者は阿波野青畝の長男

最初の有料入場者は阿波野青畝の長男健次さんだった

二〇〇八（平成二〇）年一一月一一日一一時一一分。大野新田の神楽の舞で、藤岡家住宅は開館しました。五條市立北宇智小学校の二名の児童代表により藤岡家住宅の碑の登録有形文化財の銘板の除幕が行われ、来賓の方々によるテープカット、五條市長よりの祝辞の後、琴和会の琴と尺八の演奏、奥田真祐美さんのシャンソン、修復に携わった方々への感謝状の贈呈が続いて、華やかなセレモニーとなりました。

開館した平成二〇年末までは、入館は無料でしたが、平成二一年一月八日より入館料（維持管理ご協力金）をお願いすることになりました。大人三〇〇円。小人（中学生まで）二〇〇円。二〇名様以上は二割引です。

「入館料をもらったら、きっとお客さんは来なくなるよ。」と言う方もいました。午前一〇時を過ぎた頃、最寄りのJR和歌山線北宇智駅からの坂道を男の人が上がってきます。

入館料を下さった最初のお客様は、奈良県が生んだ偉大な俳人、故・阿波野青畝《あわのせいほ》の長男、阿波野健次氏でした。神野さんが、写真を撮って記事にしてくれました。田中理事長と阿波野氏が、展示ケースを覗き込んでいる写真でした。

第二章　展示を年代順に紹介します

「藤岡家所蔵の俳句短冊」展

会期…二〇〇八（平成二〇）年一一月～三月（展示室二階）

開館の展示は藤岡家所蔵の俳句短冊が中心になりました。高濱虚子、河東碧梧桐など三八七枚の短冊のほか、虚子直筆の掛軸だけでも五本所蔵しています。

藤岡長和（俳号玉骨・以降玉骨と表記）は、奈良県出身者最初の官選知事です。佐賀県、和歌山県、熊本県の知事を経て一九四五（昭和二〇）年六月、五七歳のときに五條市近内の藤岡家に戻ってきました。その後、藤岡家では超一流の俳人たちが集う句会が開かれていたます。五條にそれだけの人たちが来ていたということは、藤岡家の資料が出てくるまで知られていなかった事実でした。

開館前の二〇〇八（平成二〇）年二月を記念し五條ロータリークラブが元会長で元県森林組合連合会長・栗山亮作氏の揮毫による玉骨の句碑を邸内に建立してくれました。

―涉り石渉りためらひ梅仰ぐ　玉骨―

玉骨は、辛く厳しい戦争の時代を乗り越えた人です。時代が戦争の方向に急速に動いていく一九三九（昭和一四）年、五一歳で熊本県知事の職を辞しています。

優秀であるが故に、時代のトップを歩いていた玉骨が、官僚から民間に下り、戦争という苦難の時節をどう生きたか。玉骨俳句は、研ぎ澄ました言葉に、自然の命への祈りを託します。

五條ロータリークラブは、藤岡玉骨が第一代会長であったことから、毎年藤岡家で「子ども俳句教室」も主催してくれ、二〇一四年で七回目になります。一生懸命俳句を詠むと、子どもたちは国語能力だけではなく、地域を見なおし、自然の小さな変化に目を凝らします。今は、地元の北宇智小学校六年生が対象ですが、いつかは五條市全体の小学校に参加を呼びかける形にできればと思います。

藤岡家のひな人形

会期…毎年二月～四月三日（全館）

藤岡家のひな人形は、江戸時代中期のものと言われています。装束の布の織の豪華さや、珊瑚《さんご》や瑪瑙《めのう》でできた冠の美しさは、類を見ないものでしょう。お内裏さまとおひなさまがそれぞれ一体ずつ黒漆の箱に収められていました。

もちろんひな段などは使われていない頃のものですから、理事長のアイデアで古い箪笥の再利用をして、柴田棟梁がひな段を工夫してくれました。そこに一八四八（嘉永元）年製の右大臣と左大臣や三人官女らを並べ、藤岡家のセットが出来上がります。色あせた桃の花は、いったいいつの時代のものでしょうか。丈がずいぶんと長いので、最新のフラワーアートのように斬新です。藤岡家のひなの軸は、厚く金が塗られ、桃ではなく梅が背景に描かれているのが特徴です。この軸では、女びなが向かって左、男びな

藤岡家の雛人形

収蔵品を整理する家守倶楽部の方々

座敷の掃除をする家守倶楽部メンバー

が向かって右側に描かれていますので、藤岡家のひな人形飾りはどれもその形式に合わせることになりました。

寄贈されたひな人形は六組あります。吉村一三子さんは水引で三組のおひな様を作って、毎年貸してくれます。このような大掛かりなおひな様飾りをしてくれるのは、藤岡家ボランティアグループ「家守倶楽部」の皆さんです。

「藤岡家住宅」の管理・運営を支える大きな力の一つにボランティア・家守倶楽部《やもりくらぶ》があります。人形を厨子二階から下し、各座敷にていねいに飾り付け、四月三日にはそれらを全部片付けて、武者人形と入れ替えます。

家守倶楽部は、開館前の二〇〇八（平成二〇）年九月から活動が始まりました。登録メンバーはたくさんいますが現在中心になって活躍してくれているのは、藤岡家住宅の最初のガイドとして活躍してくれた泉澤正視さん、藤岡家住宅の看板の文字を書いてくれた堀栄子さん、堀さんの紹介で入会しれくれた黒田邦子さん、田園の老人クラブの方々に藤岡家を紹介してくれている高田節子さん、最初に登録してくれた中朋子さん、可愛いお孫さんと一緒に来て下さる元園長先生の山田榮子さん、お友だちの福岡洋子さん、大淀町からの参加の塚本禧男さん、藤岡家住宅をどう運営するかという時の五條市の担当部長だった上山保見さん、ご親戚の藤岡久仁子さん、天誅組の縁で参加してくれた櫻本旨代さん、本田恵美子さん、岡喜美枝さん、芳田耕平さん、松下玲子さん、西尾弘江さん。竹内街道歴史資料館友の会の会員でもあり、主に大阪府とのパイプ役を担って下さっている貴瀬昌義さん。南都銀行OBの窪政和さん、松下光宏さん、岡本光司さん。柿渋染色家の河﨑純子さんらです。

上本トシヨさんは人形店で働いておられた経験を生かし、専門的なアドバイスをしてくれます。最近加わった一谷芳治さん、島田美一さん、新田政春さんは、暑い夏の盛りに、窪さんや松下さんと一緒になって庭を見違えるように奇麗にしてくれました。

皆さんの努力が実り、おひな様の季節には、中庭の長兵衛梅が見事です。柴田勝信さんが育てている盆梅も二〜三〇鉢貸してもらい、掛軸などもすべて梅とおひな様にします。おひな様の前では、紅箏会（大坂令紅代表）が、ボランティアで琴の演奏をしてくれます。

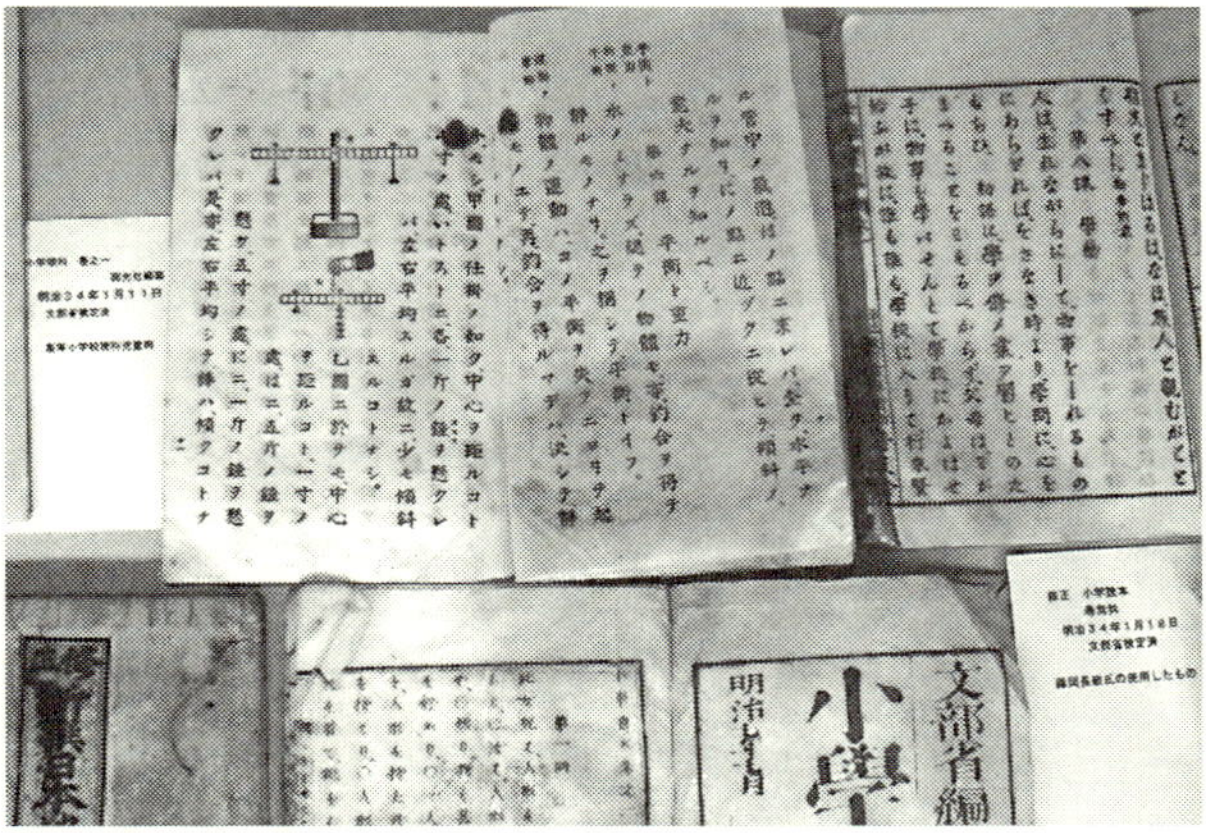
教科書展（Ⅰ）で展示された藤岡家に遺る教科書類

教科書展Ⅰ

会期…二〇〇九（平成二一）年四月〜六月（展示室二階）
「教科書展」を企画したのは、連子蔵の中に大量の教科書があったからです。教科書は「子どもに伝えたい最もたいせつな知識」を書いた書物ですから、それぞれの時代の価値の基準が分かります。もう一つ、教科書展から始めようと思った理由は、当主藤岡宇太郎さんのお姉さん藤堂長子さんのノートが、段ボール箱に何杯もあったからです。大学ノートに、化学の勉強をしておられていました。
民俗資料館長屋門で勤務なさっている岡喜美枝さんから寄贈された本棚に、そのノートを入れていきました。ノートの背表紙が並ぶと、そこに一つの時代が生まれました。実際に長子さんにお会いしたのは、ずっと後になりますが、それが藤岡家に対する私の第一印象になりました。

教科書展（Ｉ）では、江戸時代、商家が商人の教育のために使ったものと明治時代の子どもが使ったものを中心に展示しました。一八七三（明治六）年、学制が敷かれた時の記録などもありました。

江戸時代の商家が子どもや使用人にこれほど高い教育をしていたのかと、まずは驚きました。東京の教育が官吏の育成を目指したのなら、上方の教育は大きな商売人を目指しています。読み書きそろばんで済まされるようなものではありません。正しい手紙の書き方。観月の会の誘い方。請求書の書き方。俵の計算。小判の換算。土地面積の計りかた。商人の心の持ち用。人を敬うこと。文字。歴史。花の活け方。料理。使用人の使い方。養子をいかに大事にするか。これが経済の基本と言わんばかりの教養教育です。大阪商人の教養の豊かさを、改めて感じました。

明治時代の小学生の教科書は、今とくらべて格段に難しい内容でした。地理、歴史、化学、国語など、これだけのことを子どもたちが学んでいたからこそ、明治の人は頭が良いと言われるのかと思いました。

教科書展Ⅱ

会期…二〇〇九（平成二一）年七月～九月（展示室二階）

「教科書展Ⅱ」では大正～昭和の子女教育用の教科書や、与謝野晶子の書簡などを展示しました。大正時代のお嬢様教育の豊かさは想像以上で、晶子のような女性が育った土壌を垣間みることができます。

玉骨の愛娘瑠璃子さんは、内務官僚であった玉骨が赴任する先々に一緒について行きますから教科書もその都度変わります。ほとんど使っていない、女子用の物理や化学、英語の教科書は印刷の色も鮮やかです。

瑠璃子さんは、わずか二四歳で赤ん坊を残して亡くなってしまいました。その赤ちゃんが三宅淑子さんです。淑子さんも帰って来てお母様が使っておられた教科書を見てくれました。

連子蔵にあった小さい石膏像は、美しい女性のトルソーでした。放置されてあった間に、中に虫などが入っていました。奇麗に掃除しますと、理事の柴田知啓さんが、台を作ってくれました。

母屋に置いてある赤いチェックの椅子は、とても座り心地が良いのですが、それは淑子さんがご主人の赴任先のニューヨークでオーダーしたものだと分かりました。

玉骨夫人・藤岡うた代さんは与謝野晶子や、婦人運動家の平塚らいてう、市川房枝らとの結びつきが深く、地元では、幼稚園の設立に尽力して園長を務められ、小学校に毎年図書の購入費を寄附したり、五條市立図書館に藤岡家所蔵の書籍を寄贈したり、文化活動に多くの寄附をしたことでも有名です。市立図書館の藤岡文庫を尋ねますと、与謝野鉄幹の直筆のサインが入った本などもあります。

寄贈された南上加代子コレクション

会期…二〇〇九（平成二一）年一〇月～一二月（展示室二階・全館）

俳誌『ひいらぎ』同人である越智巌さんの紹介で、二〇〇九年六月、同誌の同人南上加代子さんがご主人の故南上北人さん（俳誌『かつらぎ』同人）と共に蒐集した俳句関係の所蔵品（掛け軸、屏風、色紙、短冊、書籍など）九十余点が寄贈されました。後藤夜半や阿波野青畝ら関西で活躍した俳人のものが中心です。

南上加代子さん、阿波野青畝の娘さん松井道子さんと、ご主人の松井義和さんも来館し、藤岡家で記念の句会が開かれました。

寄贈された資料には『かつらぎ』のバックナンバー一九四八（昭和二三）年から九二（平成四）年、『ホトトギス』のバックナンバー一九四八年から一九五四（昭和二九）年が含まれており、この期間に活動していた多くの俳人たちの句やエッセイ、選句の記録を捜すことができますので、俳句をめぐる文学資料としての厚さは、有数のものとなりました。

二〇〇九年一一月末、森田峠さんら五〇名の『かつらぎ』のメンバーが来られ、玉骨の墓碑に花を捧げた後、句会を開いてくれました。

所用があって、玉骨のお墓参りの時間に間に合わなかった私は、すでに句会が始まっている大広間の襖を思い切って開けてみました。一瞬、句会の緊張感がとがったように感じました。お邪魔してしまったと思いながらも、ご挨拶をし、藤岡家所蔵の短冊の中に峠さんの句があるというお話をしましたが、夜半の句を取り違えてそらんじてしまいました。部屋の空気は、たぶん、どうしようもなく暗くなったかと思いますが、一つだけ救いは、峠さんが笑いを噛み殺しておられるようだったことでした。

しばらくしてその日の句から選ばれた何句かが郵送で届き、中に峠さんの句もありました。

玄関に私が飾った小さなクリスマスツリーを詠んで下さっています。玉骨と会った頃の若き森田峠像が浮かぶような句でした。

―文化財住宅聖樹をも飾る　峠―

―綿虫の出つ入りつせる薬医門　峠―

温もりに、あの日、私が披露しようとして間違えた句をふと思い出しました。

―長男として春風の家にあり　峠―

俳人森田峠は、二〇一三（平成二五）年六月、肺炎で亡くなられたと聞きました。八七歳でした。

「萩原栄文の鬼」展

会期…二〇一〇（平成二二）年一月〜二月（米蔵）

五條市在住の画家萩原栄文さんの絵画の中で、特に重要無形民俗文化財「念仏寺陀々堂鬼走り」をテーマにした作品の展覧会を開いていただきました。

藤岡家住宅の母屋玄関にある「かりていもさん」

子ども鬼走りの面を製作している仏師・萩原正美さんの鬼面も展示されました。正美さんには、田中理事長が「撫でて拝むことのできる藤岡家住宅のシンボルを彫ってほしい」と依頼し「かりていもさん」が完成しました。「かりていもさん」とは、鬼子母神のこと。子どもを守る鬼です。今は藤岡家の玄関にずらりと並んで藤岡家を守ってくれています。角が金色の「かりていもさん」もいれば、旗を持っている「かりていもさん」もいます。

藤岡家の前の坂道を、小学校の子どもたちが通っていきますが、学校で何かいやなことがあったとき、気軽に「かりていもさん」を撫でて拝んでいけるようにと、玄関に置いています。

「鬼展」を機会にお客さまを「鬼走り見学」にご案内するようになりました。昼の鬼走りに一回。夜の鬼走りには三回行きました。毎回写真をたくさん撮りますが、境内で燃える火の圧倒的な美しさに感動するばかりです。自分の写真を使ったポスターの一枚に「聖火」とタイトルをつけました。五三〇年間続く伝統の炎は、五條という土地の誇りでもあります。

光明皇后没後一二五〇年・手鑑《てかがみ》と東大寺の資料

会期…二〇一〇（平成二二）年一月～三月（展示室一階）

藤岡家は東大寺二月堂食堂の二月堂机や二月堂と記された黒漆の花器、二月堂小観音図などを所蔵しています。東大寺に寄進した折に頂いたものではないかという見方が有力です。中庭には国分寺の礎石という石があり、こちらがこの家に届いた経緯は不明です。

藤岡家所蔵の名品「手鑑」は聖武天皇や光明皇后の筆から始まる二一二枚の名筆が集められています。「手鑑」とは文字のお手本という意味ですが、小筆の鑑定用の資料でもありました。たいへん面白い資料で、現在、都留文科大学名誉教授の久保木哲夫先生と、鶴見大学准教授久保木秀夫先生によって詳しい調査が進められています。

藤岡玉骨は、書も画も巧みな人です。「書体」「画風」を完成させるまで、かなりの練習を重ねた跡が残されています。藤岡家に残された書や絵画を整理していますと「文人」と呼ばれる人たちは、ただ文字が上手で絵がうまいだ

藤岡家所蔵の東大寺に関わる花器、漆器など

けでは足らなかったのかと感じます。俳句にも同じことが言え、優れた俳人は自分の「句風」を得ています。いかに巧みに句を作っても、それが人真似の句であったり、自身の表現としてこなれていなければ「句風」がありません。
　玉骨が手元に置いてあった「千字文」には玉骨の努力が見えます。藤岡家に、いったい何冊の「千字文」が残されているのか。まだまだ開いていない古文書類の箱がありません。

武者人形

会期…毎年四月〜六月（会場／全館）
　おひな様の後は武者人形を飾ります。田中理事長や家守倶楽部の人たちと厨子二階に上がってみると武者人形は長持の中にありました。高さ六〇センチの神功皇后が二体、武内宿禰が二体、武内宿禰が抱いている赤ちゃんは後の応神天皇です。加藤清正の人形もあります。
　一九二四（大正一三）年発行の「宇智郡史」を調べますと、宇智郡では菖蒲の節句に神功皇后、武内宿禰、応神天皇を飾るとあり、加藤清正についての記述はありません。
　加藤清正があるというので、二〇一三（平成二五）年五月二九日、熊本県から、永松光代さんら加藤清正を顕彰する一行二五名が藤岡家を訪れました。福島竹峰さんは、ニューヨークのカーネギーホールでも民謡を歌われたほどの名手ですが、藤岡家で民謡のコンサートをしてくれました。

加藤清正以外にも、黒田長政が描かれた武者幟《のぼり》があります。藤岡家には屋久杉天井のある間（貴賓の間＝別座敷）など、九州地方と結びつく物が多いようです。熊本県知事を辞めるときには、九州新聞が玉骨の送別のために特集記事を組み、その記事を玉骨が軸にしています。「熊本の思ひ出」という一連の絵画も貰《もら》っています。熊本県からのお客様に、こういった資料を見てもらいました。

母屋に飾られた藤岡家所蔵の武者人形

約九メートルの幟が二本、長持の中に入っていました。描かれているのは「平家物語」の義経弓流しの場でした。後に、同じ絵が一八三九（天保一〇）年近くの近内御霊神社の絵馬に奉納されていることが分かりました。

遣米使節団を報道したニューヨークの新聞

会期…二〇〇九（平成二一年）七月〜九月（展示室二階）

一八六〇（万延元）年、外国奉行新見正興を正使に遣米使節団が、ペリーが乗ってきた黒船・ポーハタン号に乗ってハワイ、サンフランシスコ、ワシントン、ニューヨークを訪問しました。それを報道した絵入り新聞の復刻版一九三〇（昭和五）年製作は全部で六枚。日本の一行が大歓迎を受けた様子が詳しく報道されています。不平等条約の改正のために大活躍し、アメリカで「タフ・ニゴーシエイター」と絶賛された外国奉行・小栗上野介忠順《おぐりこうずけのすけただまさ》の存在は特に印象的でした。この時、日の丸が初めて太平洋を渡っていますので、藤岡家にある古い日の丸の旗を展示しました。

小栗を顕彰する会の方からも、電話をいただきました。ポーハタン号の護衛をしたのが、咸臨丸です。勝海舟をリーダーにして、福澤諭吉やジョン万次郎がこれに乗船していました。「明治維新」という世界でも稀な無血革命は、所属の藩を超越した一人一人の知恵と勇気の結晶であったと感じました。

高山辰雄「弭の音」のミストグラフ

うちのの館所蔵の古瓦と館に見られる石材

会期…二〇一〇（平成二二）年一〇月〜一二月（母屋）

藤岡家の所在する地域は、古代から「うちの大野」と言われている場所です。『万葉集』では

——たまきはるうちの大野に馬並《な》めて
朝踏ますらむその草深野《くさぶかの》（巻一〜⑶⑷）——

と詠まれ、荒坂峠には作家　武者小路実篤の文字による歌碑があります。このことばにちなんで、NPO法人うちのの館の名前が付けられました。

日本画家　高山辰雄がこの万葉歌の場所を描いた「弭《はず》の音」は、高取町の岡村印刷さんの協力でミストグラフという複製にして玄関入り口に展示しています。

修復の途中で出て来た古瓦はこのうちの大野に遺跡が残る「荒坂瓦窯」で焼かれたもので、飛鳥の川原寺（明日香村）の瓦であろうということです。所蔵していた岩石、庭石、寄贈された瓦の調査を奥田尚さん（橿原考古学研究所協力研究員）と松田度さん（大淀町教育委員会）にお願いしました。調査の結果は講演会、展示説明会を開催し、その報告をまとめた「うちのの館所蔵の古瓦と館にみられる石材」（うちのの館発行、奥田尚・松田度共著）を作製しました。

瓦の生産地であったという五條北部地域の風景が、今後の発掘調査によってさらに解明されることを期待しています。そうすることで、『万葉集』自身のもつ意味合いも、また深まってくるかと考えています。

壬生狂言の資料「菜の花」など藤岡家所蔵芸能資料

会期…二〇一〇（平成二二）年一〇月～一二月（展示室二階）

藤岡家は代々、芸能を愛で、自らも演じることを楽しんでおられたかと思われる資料は、たくさんあります。

壬生狂言の資料「菜の花」は、昭和六年に作成された二一枚の作品集で、壬生狂言一六演目に用いられる衣裳や面、道具を写真と絵画で表現した美しい資料です。貞享二（一六八五）年　観世宗家　観世左太夫によって書かれた観世流の子ども用教本。「童学小うたひ」には「章句をもってこれを書き、悉く改正せしむる」とあります。矢野啓通作は、安政五（一八五八）年宝生流免許皆伝の面作りで、神楽・能・猿楽などの面打ちの奥義を極め、天才彫刻

別座敷の玄関を舞台に演奏する高鴨雅楽会の奏者たち

新座敷の大広間を埋めた客が落語を楽しむ「藤岡家見学寄席」

家「掘りの啓通」と呼ばれていましたが、藤岡家は啓通の近江女を所蔵しています。玉骨が朱筆で書き込みを入れているのは「船弁慶」の台本です。所作についての注意事項などを読むと、玉骨が練習を重ねたであろうことが読み取れます。藤岡家は、代々芸能を愛した家でした。

ここで藤岡家住宅で催される主な芸能を紹介します

貴賓の間（別座敷）は、金剛山麓の傾斜を利用し襖を取り払って中庭や母屋に席を設ければ、恰好の舞台になります。

藤岡家住宅には、音楽のイベントも良く似合います。現在も、奥田真祐美さんのシャンソンのほか、たくさんのアーティストが訪れて演奏してくれました。

琴和会の代表島田響湖さんは藤岡家住宅の会員です。会員の益田敬子さんのご縁で、開館記念式典以来毎年一一月一一日の開館記念日に琴和会の箏と山原啓山さんの尺八の演奏会を開いてくれています。

御所市の高鴨神社所属の高鴨雅楽会にも「雅楽と鈴虫の庭」というイベントを全四回、お願いしました。高鴨雅楽会のときは、蘭陵王《らんりょうおう》と納曾利《なそり》の軸を掛けます。

コカリナ演奏家・高田知子さん率いる「コカリナ（木の笛）クラブ・はとぽっぽ」は開館間もない頃から演奏して

くれています。今は、五條朗読サークルの竹田廣子さんらと朗読のコラボレーションで、七夕のイベントをお願いしています。七夕の時期の土曜日の午後から、たくさんの皆さんが集まっての楽しい音楽と朗読の集いです。

オカリナとフルートの奏者松岡徳郎さん、石笛の奏者守山鷲声さん、電子楽器テルミンとギターのグループワタフェイ、地元のオリジナルバンド、エンヤトット一座などが演奏してくれました。

五條市出身の落語家・桂雀太さんの噺を聞く「藤岡家見学寄席」も恒例になりました。看板や、資料の提供、イベントの出演（南京玉すだれ、ガマの油売り）などで藤岡家の運営に協力してくれている加木省二さんの紹介で、アマチュア落語家の生駒亭しん茶さんが、熱心に企画と運営をしてくれています。

藤岡玉骨の絵画と
藤岡家を描くコンクール入賞作品

会期…二〇一一（平成二三）年一月～三月（展示室二階）

二〇一〇（平成二二）年の七月二一日から九月三〇日まで、藤岡家を描くコンクールを開催しました。最優秀賞は殿平慈照さん（五條市在住）。「うちのの館の味わい」という長さ五メートルの大作を製作してくれました。優秀賞は阪口昇治さん（大阪府）。五日間藤岡家に通って細密画のような藤岡家像を完成させてくれました。阪口さんは、その後も藤岡家の絵を描いて寄贈してくれました。

コンクール以外にもプロ、アマを問わず藤岡家を描いてくれる方々が絶えません。

北澤孤山氏の描いた長兵衛梅は、喫茶梅が枝で鑑賞できます。春日敏邦氏は三点の長兵衛梅を製作し、藤岡家大広間で展示しました。三又構三さんも長兵衛梅を描くために、通って来られます。五條新町にアトリエを構えている日本画家杉本洋氏の長兵衛梅も楽しみです。

故・山口裕文氏が藤岡家を描いた版画の絵葉書は、開館の記念品にしました。

自然を撮った写真で有名な梅本隆さんは雑誌の取材で来られ、梅やお雛様の写真を寄贈してくれました。平井憲一さんの写真は、ふるさと創造ネットワークのご協力で、藤岡家の送迎用バスきずな号にも使わせてもらっています。

平井千典さん寄贈の藤岡家の写真は、書斎に掛けています。

写真が趣味という会員の玉置宣爾さんと村上広一さんも、藤岡家のランチサロンに参加しては写真を撮っておられます。村上さんの撮った長兵衛梅も、庭内に展示しています。

「藤岡家の箏〜高橋克己博士と高橋英子さんの世界」

会期…二〇一一（平成二三）年四月〜六月（展示室二階）
高橋英子さんは、藤岡玉骨の妹です。才色兼備を知られた人で、和歌山市の高橋克己博士に嫁ぎました。高橋博士は、東京帝国大学を経て東京帝国大学大学院に進みビタミンAを発見しますが、三二歳の若さで亡くなりました。英子さんはその後、東京の九段で料亭を経営し、歌人としても活躍しました。
藤岡宇太郎さんのお母様多恵さんは、克巳博士と英子さんの次女です。いつもおおらかで、明るく、おしゃれです。
「高橋克己伝」（和歌山市発行）を読むと、博士のご家庭のようすが書かれていて、赤ちゃんの頃の多恵さんが登場します。

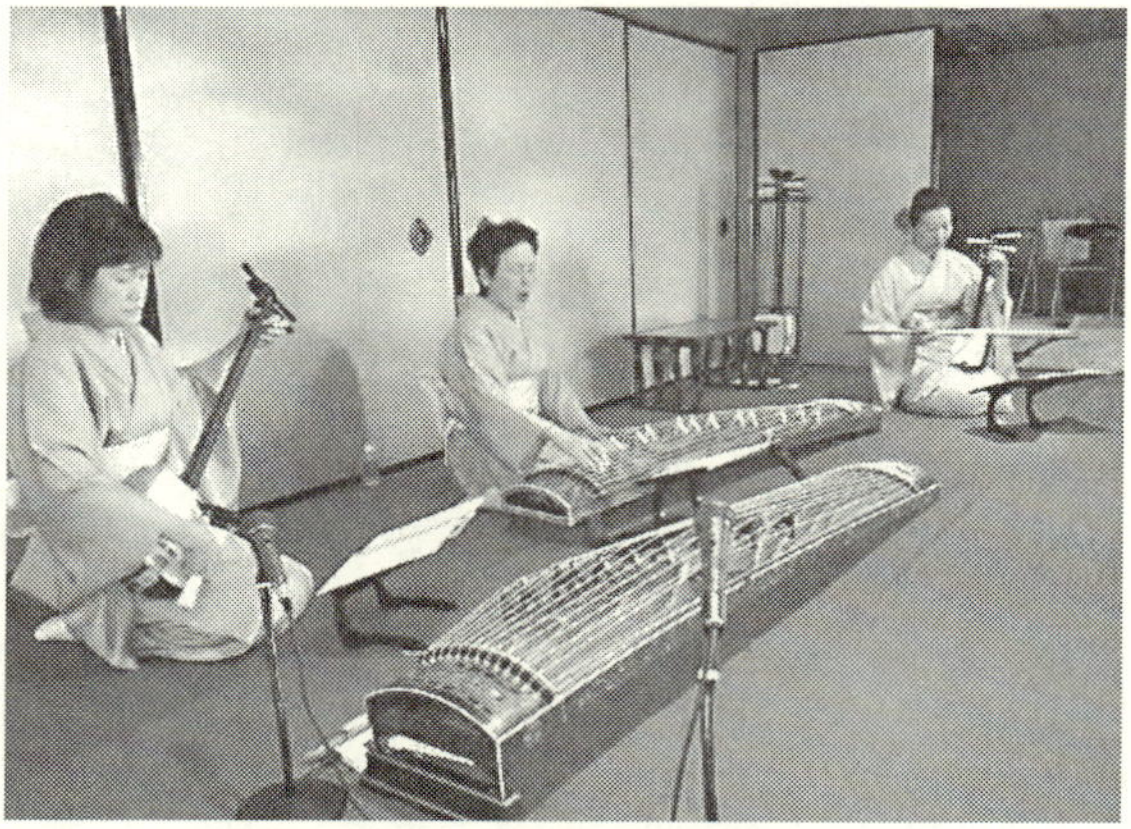
高橋英子の遺品の琴を復元して弾く演奏会

英子さんは生前、自分の琴を和歌山市浄蓮寺のご住職補陀《ほだ》旭蓮《きょくれん》尼に贈っていましたが、藤岡家住宅の開館にあたって、旭蓮尼が当家に返してくれることになりました。
箏が帰ってきたのをきっかけに、藤岡家所蔵の琴と高橋克己博士と英子さんの業績を伝える展示をし、旭蓮尼の筑前琵琶とやすきひろこさんの独り舞台による「早春の舞台」を開催しました。翌年と翌々年は「青葉の舞台」と銘打ったイベントを開きました。

二〇一四（平成二六）年五月には、高橋英子さんの箏を復元し、島田響湖さん（琴和会代表）に実際に演奏していただくことになりました。旭蓮尼には、高橋克巳博士と英子さんについての思い出を語り、琵琶を演奏してもらいます。

藤岡家の薬資料

会期…二〇一一（平成二三）年四月～六月（母屋）

藤岡家は薬商であり、薬種商でした。庭の造作が通常のお屋敷とは違っているのは、植物が薬種として大事にされていたのでしょう。「らんびき」という名前の、植物のエッセンスを採るための南蛮渡来の道具があり、薬の看板があります。看板を見ると、藤岡家で製造販売されていた薬は腫毒散という名前で、腫れ物の毒を小便に下すとありました。五條本町久宝寺屋さんの痰咳の薬も売っています。これは栗山家のことでしょう。上中村の櫻井磯右衛門さんの安栄湯の看板もありました。今は本屋さんを営んでおられる櫻井誠文堂さんのお薬です。櫻井誠文堂さんには、夜のイベントの際に、音響と照明を協力してもらっています。

藤岡家の南側に、グラウンドゴルフ場があります。うちのの館の理事・中谷健さんが地元の近内町在住の近倉建設さんらに呼びかけて造成し、皆さんでゴルフの道具を置く建物まで作ってくれました。藤岡宇太郎さんのお母様、藤藤岡多恵さんのお話では、グラウンドゴルフ場になっているところは、元は、お花畑だったらしいということでした。お花というのは、薬の材料の植物かと思います。

自然の植物を研究し、朝日カルチャーセンターや読売文化センターの講師をなさっている尾上ツヤ子氏は、こういった藤岡家の植生を愛して、生徒の皆さんたちとしばしば藤岡家を訪れてくれます。

藤岡家で、金剛山麓のレストラン「ばあく」のお食事をして、地域の名所をめぐるランチサロンでも、尾上先生の講座をもっていただいています。

花坂保雄様所蔵の風蘭

会期…二〇〇九（平成二一）年七月から毎年七月上中旬

（貴賓の間、大広間、玄関など）

新座敷の床の間に飾られた風蘭

藤岡家住宅のガイドをしておられた松下光宏さんの紹介で、観賞用の風蘭を育てている五條市二見町の花坂保雄さんが風蘭の展示をしてくれることになりました。見事な風蘭鉢に植えられ、一鉢ずつ香りが違っています。展示会で賞を撮った鉢もあり、風蘭の展示中は愛好者がたくさん来てくれます。

風蘭のほか、毎年三月には柴田勝信さんが盆梅を、毎年六月には窪政和さんが庭を花菖蒲で一杯にしてくれています。うちのの館理事の尾崎信子さんは、玄関前を季節の鉢植えで飾ってくれます。庭作りの中心は田中理事長です。修復前はすっかり荒れていた庭が、丁寧な手入れで生き返りました。

子どもの世界
～藤岡玉骨の蒐集した郷土玩具など～

会期…二〇一一（平成二三）年七月～九月（展示室二階）

藤岡玉骨は内務官僚時代、各地方の郷土玩具を蒐集しています。郷土玩具だけで一二〇点。なつかしいおもちゃなどもあります。釣りをしている小さい男の子の博多人形がありました。残念ながら釣り竿がなくなっています。心なしか男の子の背中がしょんぼりうなだれているように見えますので展示の主人公は、この子にしようと考え「子どもの世界」と名付けました。

東京から天川村に移り住んだ彫刻家松本泰輔氏は、玉骨の集めた郷土玩具を見て、自分で創作した郷土玩具杣《そま》人形を寄贈してくれました。

会員で大阪市在住の馬場雅子さんは、ニューヨークで寿司屋を開業しているお友達に頼んで、切り絵を持ってきてくれました。ニンジャ（忍者）と白鳥を切ったものでした。

「銅製の柄鏡」「内蔵に埋められていた貨幣」

会期…平成二三年一〇月〜一二月）（母屋・展示室）

修復によって発見されたものは多く、貨幣は蔵の梁の中の溝に紙でくるんで置かれていたものを、修復の大工さんが見つけました。

柄鏡は厨子二階にあったものです。銅磨き剤で磨くと、現代の鏡よりはっきり写ります。鏡の裏面の彫刻は小さい銅の粒をちりばめ、磨くと宝石のようにきらきらと光りました。どの鏡にも作者の銘が彫られていました。

「フラワーアレンジメント」展と「手描き染色友禅染め」展

会期…二〇一一（平成二三）年一一月二五日・二六日、
二〇一二（平成二四）年一一月二四日・二五日、
二〇一三（平成二五）年一一月二三日・二四日）（全館）

「フラワーアレンジメント」展では、花道家伏見はるみさんらが中心になって、藤岡家全館にフラワーアレンジメントが展示されます。作品は九〇点〜一〇〇点、出店作家はおよそ五〇名、見学者は二日で三〇〇名を超えます。藤岡家の中あちこちが花で満たされて、いつもとはまったく違ったようすになります。次回は春の開催です。

二〇一四（平成二六）年の一一月二〇日〜二四日には「手描き染色友禅染め」展が開催されます。NPO法人うちのの館の設立の頃から、天誅組の活動を通じて携わってくれている櫻本旨代さんの紹介で、北岸加津代さんが指導する友禅染めの会の作品を全館に展示します。二二日と二三日には北岸さんの友禅染めの衣裳を着て歌っておられ

古事記展のポスター

る（歌い手）高田吉子さんを呼び、藤岡家でのコンサートも開催します。

春の塵

会期…二〇一二（平成二四）年一月～三月（展示室二階）

一九四三（昭和十八）年三月、高濱虚子率いる二七人の俳人が藤岡家で宿泊して長谷寺に参詣した際の句を、一人一句ずつ書き記しています。その一行の中大橋桜坡子《おおはしおうはし》がいました。第四回藤岡玉骨記念俳句大会の講演をご子息の大橋晄さん（『雨月』主宰）にお願いしました。晄さんが藤岡家にきてお父様の短冊を目にするとは、桜坡子も想像もしなかったことでしょう。俳句大会の後、大橋晄さんから『雨月』が届きました。

― 盆梅や虚子に続きて父の書も　晄 ―

玉骨の時代藤岡家を訪れていた俳人たちの子どもさんやお弟子さんたちの句が、こうして収蔵庫に増えていきます。後藤夜半の息子後藤比奈夫さんも、ご自身の句を書いた色紙を届けてくれました。比奈夫さんは、玉骨の長男・藤岡長久さんと一高の同級生であり、テニスのダブルスを組んでいたということでした。比奈夫さんの句には「祇園祭」という題が付いていました。

― 東山回して鉾を回しけり　比奈夫 ―

夜半の「天神祭」という句と並べて置くことにしました。

― 金魚玉天神祭りうつり染む　夜半 ―

両句とも、虚子の俳句を学んだ洗練の技です。

「古事記」展

会期…二〇一二（平成二四）年四月～六月（展示室二階）

藤岡家には『古事記』の最古の写本「国宝真福寺本古事記」の複製があります。一九四三（昭和一八）年に立命館大学が作成したものです。この年は『古事記』が完成して一三〇〇年ということで、各地で記念のイベントが開催されていました。

『古事記』に登場する五條に着目しますと、藤岡家の建っている宇智の大野や吉野川尻という有名な場所以外に、阿田地区の阿陀比売《あだひめ》神社、姫火掛けの森、天の磐船石《あめのいわふねいし》など、忘れられていた場所があることが判明しました。

これらは五條の観光スポットにもなる重要な場所で、阿陀比売神社は修理され、天の磐船石の場所には案内の掲示が立てられました。

古事記には更に「木戸」という場所が出て来ます。これが五條と和歌山県橋本市の間の真土峠です。ただ、真土峠のどこを木戸と呼ぶのかが分かりにくい所です。二〇一六（平成二六年）一〇月に開催される「紅葉のランチサロン」では、南都銀行OBで、現在は五條市の観光ボランティアガイドなどにも積極的な家守倶楽部会員の岡本光司さんを講師に、真土峠の古代からの伝承の場所を歩く予定です。

南方熊楠の書簡～熊楠と玉骨～

会期…二〇一二（平成二四）年六月～九月（母屋）

藤岡玉骨が三一歳、和歌山県の課長であったときに、民俗学や粘菌の研究で知られる南方熊楠との出会いがありました。藤岡家には熊楠の二通の長い手紙と短冊が保管されています。

その解読と解釈に助言をお願いしたのは、埼玉県の岸本昌也さんです。和歌山県田辺市の南方熊楠顕彰館に調査に行く途中に何度か立ち寄ってくれました。南方熊楠生誕一四五年ということで展示しました。

扇面の芸術
～藤岡家に残されていた五〇本の扇～

会期…二〇一二（平成二四）年七月～九月（展示室二階）

母屋に展示された南方熊楠の手紙など

厨子二階に置かれていた引き出しの中に、かなり傷んだ物も含めて五〇本を超える扇がありました。ほかに白い扇が数本あり、おそらく藤岡家に来た人たちが絵や詩歌などを扇面に残していったものでしょう。

与謝野晶子は扇面に書くのを好み、与謝野寛（鉄幹）と二人で玉骨の両親の金婚の賀に詠んだ歌を自筆で扇面に書いた軸や額があります。

扇面にエッチングで高野山の地図を描いた扇も珍しいものです。橋本市郷土資料館長北川久氏が詳しく調べてくれました。北川氏は近代芸術家についての造詣が深く、和歌山の郷土資料についても教えて頂いています。

藤岡長和の鞄

会期…二〇一二（平成二四）年一〇月〜一二月（母屋）

藤岡玉骨（本名　長和）は知事になって帰郷したとき、フロックコートにパナマ帽という姿で、北宇智駅に下り立ったという大阪朝日新聞の記事があります。村の人たちは花火を上げてお祝いしました。

昭和二〇年六月に近内の家に帰ってきた時に詠んだ句は

―　帰んなんいざふるさとは麦の秋　玉骨　―

後述の『玉骨句集』の俳人阿波野青畝の序の二ページに掲載されています。

二〇一三（平成二五）年三月、ならドットFMの「作家と不思議なカレーの話」で、パーソナリティの小川嘉永さんが藤岡玉骨のことを取り上げてくれました。小川さんが玉骨のために好きな音楽をリクエストして良いと言ってくれたので、ジョンデンバーの「カントリーロード」をお願いしました。小川さんは、それに加えてスメタナの「モルダヴ」を流してくれました。玉骨のトランクは、故郷を想う音楽に良く似合いました。

藤岡長和のカバン

元禄　立花の図

会期…二〇一二（平成二四）年一〇月～一二月（展示室二階）

二〇一二（平成二四）年六月、種子島から四人のお客様がありました。鹿児島県西表市にある赤尾木城文化伝承館月窓亭を管理する方々です。うちのの館の運営を参考にしたいというお話でした。

種子島家の家老羽生道潔（一七六四～一八四五）は華道の名手で、赤尾木城が保管する道潔の花の絵図がチラシに掲載されています。その絵図の花器が、藤岡家所蔵の銅製の花器と酷似しており、絵図は元禄時代の花道の本「立花《りっか》訓《くん》蒙《もう》図《ず》彙《い》」（全六冊）と同様の花形を解説していました。

そのことがきっかけとなり、藤岡家の華道の本を京都の池坊会館で次期家元池坊由紀さんに見ていただきました。

藤岡家の女性たちは華道を学んでおり、特に玉骨の妹慶さんは卓越した技量をもっていました。未生流の免状や席札があります。一九〇八（明治四一）年発行の未生流の「千種の錦」には初代五條市長山本米三氏ほか一七名の五條の方々が生けた花形が描かれていました。未生流に深い造詣をもっておられる、会員の大國貞子さんと原田キヨウさんもお話をうかがうことができました。原田さんは、毎年七夕飾りを折って届けてくれます。七夕飾りは大切に残しているので、開館から五年でずいぶんたまりました。

「玉骨句集」展

会期…二〇一三（平成二五）年一月～三月（展示室二階）

藤岡玉骨の句集「玉骨句集」は当家にも一冊しか残っていませんでしたので、二〇〇七（平成一九）年一月、藤岡家に来て最初の仕事は、この句集の内容をデータ化して保存することでした。一九五八（昭和三三）年発行の句集だからそれほど難しいこともないだろうと読み始めましたが、難解です。通常には使われていない文字も出て来ます。全四七五句を入力し、読み方と意味を調べるのに一ヶ月を要しました。

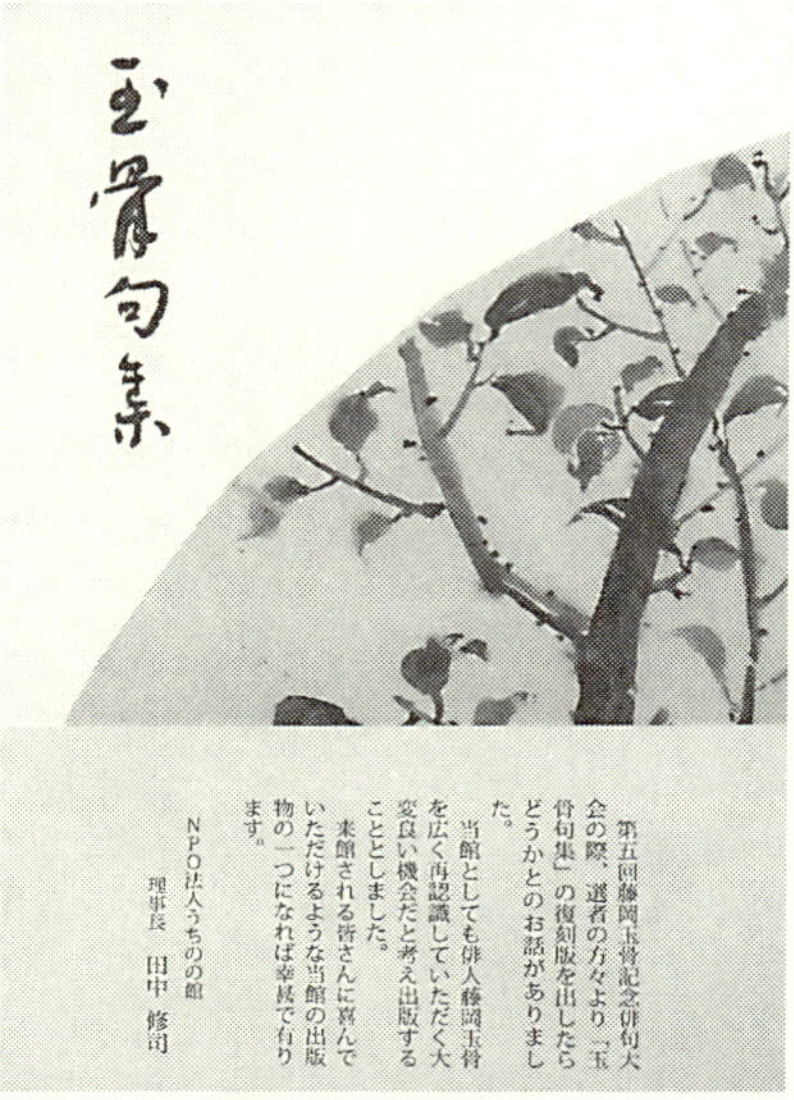

玉骨句集（復刻版）

藤岡玉骨は毎日新聞の選者でしたが、自分の結社を持っていたわけではなく、句集も一冊しか出していません。高い知性と深い感性に裏打ちされた玉骨の俳句が世に出ていないのは残念だと思っていましたが、二〇一三年一〇月。上辻蒼人氏と古沢印刷さんのご協力を得て、開館五周年記念に「玉骨句集（復刻版）」を発行することができ、ほっとしました。

毎年三月六日頃、藤岡玉骨の忌日にちなんで「藤岡玉骨記念俳句大会」が開催されています。五條市長賞、五條市議会議長賞、五條市教育長賞、五條ロータリークラブ会長賞、五條市商工会長賞、五條市観光協会長賞、奈良県俳句協会長賞、奈良新聞社賞、奈良テレビ放送賞、毎日新聞社賞、朝日新聞社賞、読売新聞社賞、産経新聞社賞、奈良日日新聞社賞、藤岡家賞が用意され、各機関からご後援も頂いています。審査員は茨木和生氏、中久保白露氏、瀬山一英氏、塩川雄三氏、西谷剛周氏、上辻蒼人氏ら。平成二五年までは矢野典子氏も加わっておられました。

募集句の賞の他に、俳句大会の日は当日句の選もあります。各選者の特選句には選者先生から直筆の色紙や短冊が贈られます。選句の発表は、句会の楽しさを一層盛り上げてくれます。

江戸時代の女性像〜本・櫛・かんざし〜

会期…二〇一三（平成二五）年四月〜六月（展示室二階）

べっこう製の櫛やかんざし類は、本を捜していて見つけました。蔵の窓際にある本を取りに行くために目の前の箱を持ち上げたときです。

持ち主の名前はよく分かりませんが、幕末の時代にこの家の女主人であったタイさんの肖像画があります。幕末に藤岡家は盗賊に襲われましたが、震える家人を前に「みんな怪我がなくてよかった」と寝てしまったおばあさまです（第三部第五章）。

タイさん

料理の本は、どんなに時代が荒れていようと、女性は食事を作り、家の土台を支えているのだなと考えさせるものでした。NHKのニュースでも取り上げてくれました。藤岡家の資料は、商人であったり女性であったりというある種弱い立場の人たちが、どうやって社会の中で位置を占めるようになっていったかを示しています。近内御霊神社に奉納されている絵馬には、このかんざしを付けた藤岡家の女性像が描かれています。

印章・大坂屋長兵衛

会期…二〇一三（平成二五）年六月～九月（母屋・展示室一階）

修復の工事が進んでいた開館前、出勤すると私の机の上には、壁の下に張り込まれていた文書や、蔵にあった小さい箱などが置かれていました。修復の大工さんたちが、置いてくれたものです。そこに「大坂屋長兵衛」の文字を見つけました。それならば「大長」と呼ばれていたのだろうかと思っていたとき、大長と刻んだ印が見つかりました。印は明治の初めに戸長役場であった時代のものや学校を管理していたものなど種々あります。

山麓で薬商を営んでいた長兵衛の家は、金剛山を越えて五條に出入りする人や物の流れを管理する関所のような役割をもっていたのではなかったかと考えています。

古地図から見る天誅組と五條の人々

会期…二〇一三（平成二五）年七月～九月（展示室）

二〇一三年は五條で天誅組の変が起きてから一五〇年目の年でした。近くの八幡神社にある経蔵には、平成七年八月まで「五條御役所　天忠中山」という墨跡がありました。「中山」とは天誅組を率いた公家の中山忠光卿のことです。

そのとき、ちょうど五條代官所付近にいた藤岡家の手代が、代官たち五人の首級を戸板に乗せて桜井寺まで運ばされたと、玉骨が一九四一（昭和一六）年の「文芸春秋」に書いています。

私は「道」に着目しました。藤岡家は金剛山を越えて五條に入る人や物の流れを管理する関所のような位置にありますが、さて天誅組の変のときは、どういった動きがあったのでしょう。

藤岡家周辺には道標も多く、『五條市史』にはたくさんの人々が往来したと書かれています。もし天誅組が金剛山を越えるときに、藤岡家の前に届くルートを選んでいたとしたら、様相は一変したかと思ったからです。

古地図を見ると、天誅組の足跡と藤岡家前の道とは大きく離れていることが分かりました。ただ、藤岡家近くの八幡様の般若蔵（経蔵）には、一九九五（平成七）年まで「五條御役所　天誅　中山忠光」と墨書されていました。

天誅組が去った後、新しくやってきた代官中村官兵衛が五條の村々より兵を募って鉄砲の稽古をさせたという内容が描かれた絵が藤岡家にあります。この絵も展示資料にしようとしたとき、郷土資料を研究しておられる智弁学園の藤井正英氏が、五條村の庄屋であった中家にも同じような図があると教えてくれました。上辻先生から、農兵の組織の記録として重要な資料であると教わりました。

関東大震災から九〇年

会期…二〇一三（平成二五）年七月〜九月（展示室二階）

関東大震災の当時、兵庫県内務部長であった玉骨は、長崎丸に乗って震災後の救援に行きました。帰りは列車の線路が寸断されていたため歩いて戻ったということです。

晩年はもの静かで穏やかな印象の人であったと聞いていますが、若い頃は熱血の正義漢ではなかったのかと思います。関東大震災の後、兵庫県が発行した救援の記録は、克明に当時を記しています。

関東大震災の後、山本権兵衛内閣のもとで復興院が設置され、後藤新平がその総裁となりました。後藤の計画は大規模で、清浦奎吾内閣のとき、復興院は復興局に縮小されますが、昭和五年、震災の後の復興はみごとに成し遂げられ、復興記念祭が開催されました。

藤岡家には、漫画家の北澤楽天が、後藤新平や犬養毅、加藤高明、原敬を漫画で描いた大正元年の製作の掛軸があります。また、清浦奎吾が総理大臣になった時、熊本県知事である藤岡玉骨に贈った扁額もあります。

東京の復興を祝う復興記念絵葉書など、当時のはがきも残されていますが、復興を祝う当時の人々の気持ちが伝わるような、鮮やかな色彩のはがきです。

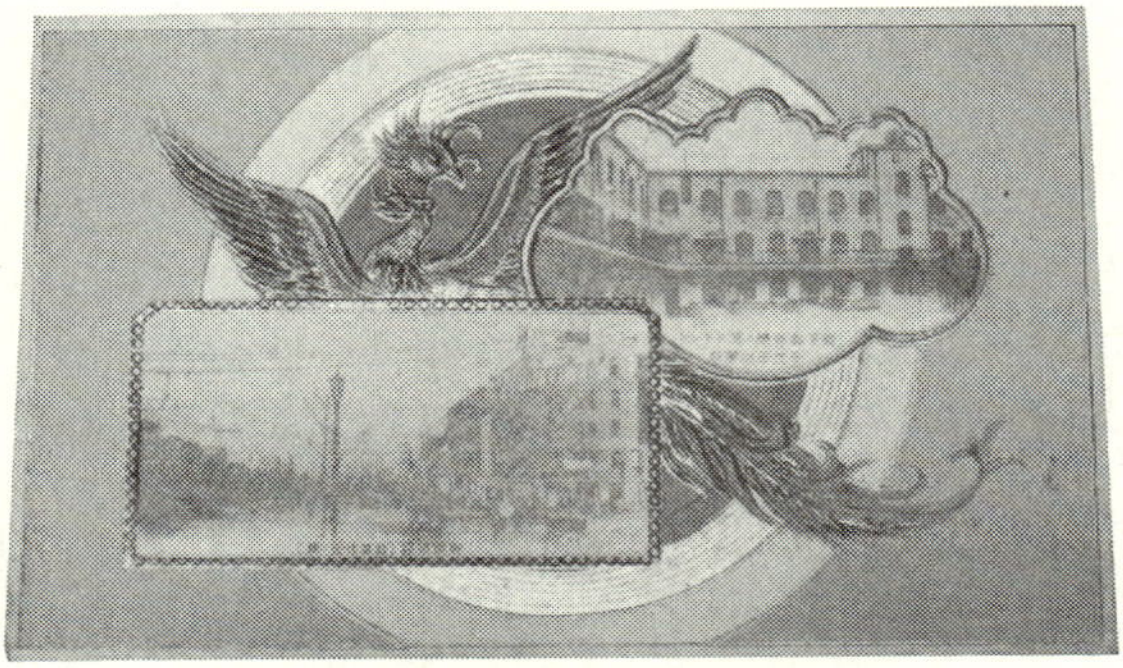

帝都復興記念絵葉書書

大和新四国八十八箇所

会期…二〇一三（平成二五）年一〇月～一二月（展示室）

江戸時代、藤岡家の人々は真言宗の熱心な信徒で、四国参りや西国参りをした資料はたくさんあります。一八〇八（文化五）年、初代藤岡長兵衛は五條の寺をお参りするだけで四国八八箇所を巡ったご利益を得ることができる「大和新四国八八箇所」を、西吉野の松本隋道師と共に定めました。長兵衛自身は四国巡礼をしましたが、江戸時代の五條の庶民にとって、それはなかなか実現できないことであったでしょう。長兵衛は、五條の八八寺のご詠歌を刷って配り、人々を導きました。

茨城県に住む藤岡宇太郎さんから、長兵衛が使っていたご詠歌の版木三枚が送られてきましたので、拓本をとってそれを写真でコンピュータに取り込み、反転させてみますと、ようやく読むことができました。

一番の小島栄山寺からわずか半丁（およそ六〇メートル弱）の所に二番の文殊院があり、また半丁離れて三番の梅室院があり……と、現在では存在しない寺についての情報が盛り込まれています。貴重な資料の発見でした。

新四国八八箇所は昭和三五年に魚谷義盛さん（五條市）によって復活し、その後魚谷義信さんが引き継がれました。

故山口裕文さんが新しい八八箇所を版画にしておられたので、その葉書版を借りて展示しました。

松本隋道師の子孫の方も、展示を見に来てくれました。長兵衛は、あちこちに道標を建て、救民にも心を尽くした人でした。五條市野原の薬師寺は長兵衛の時代に一三番、昭和の八八箇所で一六番の寺ですが、そこには、厨子に入った十一面千手観音の小さな像を納めています。薬師寺は現在金剛寺が管理しておられ、小菊祭りの見学に行った際、金剛寺ご住職にお願いして拝観させてもらいました。

波に乗った観音様で、一八一〇（文化七）年の寄進と書かれていました。ほとんど外気に触れることもなかったためか、台座の波の青い彩色も鮮やかでした。

長兵衛の木像は近内の福徳寺にあります。和歌山県橋本市の提灯屋吉之助による彫刻です。どうして橋本の人の彫刻なのかはわかりません。庶民の肖像彫刻という点では、とても珍しい像であると言えます。

福徳寺は江戸時代には八六番。昭和では八三番の寺になっています。

手回し蓄音機と真空管ラジオ

会期…二〇一三（平成二五）年一〇月～一二月）（母屋）

藤岡家にはヴィクトローラと書かれている古い蓄音機がありました。一九二九～三一（昭和四～六）年の間に製造された純日本製です。それまでは英国製の蓄音機が普通でした。

藤岡家の開館に尽力してくれた故・福井正三氏（元南都銀行員）が生前、お兄様のものだという蓄音機やラジオを寄贈してくれてありましたので展示しました。

窪政和さんと芳田耕平さんが、手持ちの蓄音機を貸してくれたので、その隣に並べました。蓄音機の音色を聞きたいという人のために、芳田耕平さんを講師にお願いして手回し蓄音機の音楽会を開きました。芳田さんのおじいさんのコレクションに天誅音頭のレコードもありました。音楽会の途中、蓄音機が動かなくなるというアクシデントがありましたが、聞きにきておられた　大阪府の大学にお勤めの蓄音機が趣味という壽さんが治してくれました。

福井さんが生きておられたら、きっと楽しそうに聞いてくれただろうなと思いました。いつも熱い心を持った方でした。

青畝百点～俳人阿波野青畝の作品と著作～

会期…二〇一三（平成二六）年一月～三月（全館）

南上加代子さんに寄贈された資料も含め、藤岡家は他に類を見ないほどの青畝の作品を所蔵しています。著書で三四冊。そのうち青畝直筆の句とサインが入った本は一〇冊。青畝の著作はおそらく全部揃っているでしょう。掛軸が九本、短冊二三枚、色紙二六枚、屏風には五点の色紙が張り込まれています。青畝の額は一〇点。暖簾、一〇枚。お盆、一〇枚。その他、玉骨やうた代夫人宛の手紙、葉書、「玉骨句集」の題簽、句碑建立の式辞などを加えると二〇〇点近くになりました。

玉骨と青畝の関わりは深く、玉骨没後はうた代夫人を気遣う葉書もあります。阿波野青畝は幼い頃の病気が元で難聴を患いました。今回の展示を作るために青畝の句を懸命に学んでいて、あるとき私は、はっと気が付きました。「青畝先生の句は絵が見えるようだ」……客観写生という言葉があります。俳句はここに徹するべきであると言われます。青畝は耳に障害を得たために、その句の中に冷徹な程の客観を可能にしました。虚子が「聾青畝ひとり離れて花下に笑む」と詠めば、青畝は「聾青畝こゝに居るぞと青《あお》葉《ば》木《づ》菟《く》」と詠みます。俳句の理知の世界は、自分の障害すら微笑んでしまえるのかと思いました。

ここまで、平成二六年春の展示についてまでを書きました。書いていないことの方が多いので、文章に登場していただけなかった方もたくさんあります。その分はいつかまた次の機会に。それでは、皆様のご来館をお待ちしております。

（平成二六年一月記す）

（追記）

この原稿を書き終えた後に南方熊楠の書簡が十七通発見され、その中には熊楠の自画像など非常に貴重な資料も含まれていました。

第六部　「藤岡家住宅」を担う人たち

西久保　智美

季節ごとに趣向を凝らした企画やイベント、展示などを行い、常に来場者をわくわくさせる藤岡家住宅。管理運営を行うNPO法人うちのの館（以下、うちのの館とする）は、二〇〇九（平成一九）年一一月の開館当初から毎月、何かしらのイベントを企画しては人々を魅了させ、来訪者がまた新たに家族や友人を連れて再び訪ねる人も多い。「来るたびに新しい発見がある」とリピーターになった人の中には、いつのまにかボランティアとして、藤岡家住宅をサポートする側になった人もいる。とはいえ、人々を魅了してやまない企画には、それぞれの得意分野の方々のサポートがあってこそである。人が人を呼び、新たな企画がどんどん生まれる藤岡家住宅は人材の宝庫でもある。ここでは、そうした人たちにスポットをあて、藤岡家住宅への思いを聞いた。

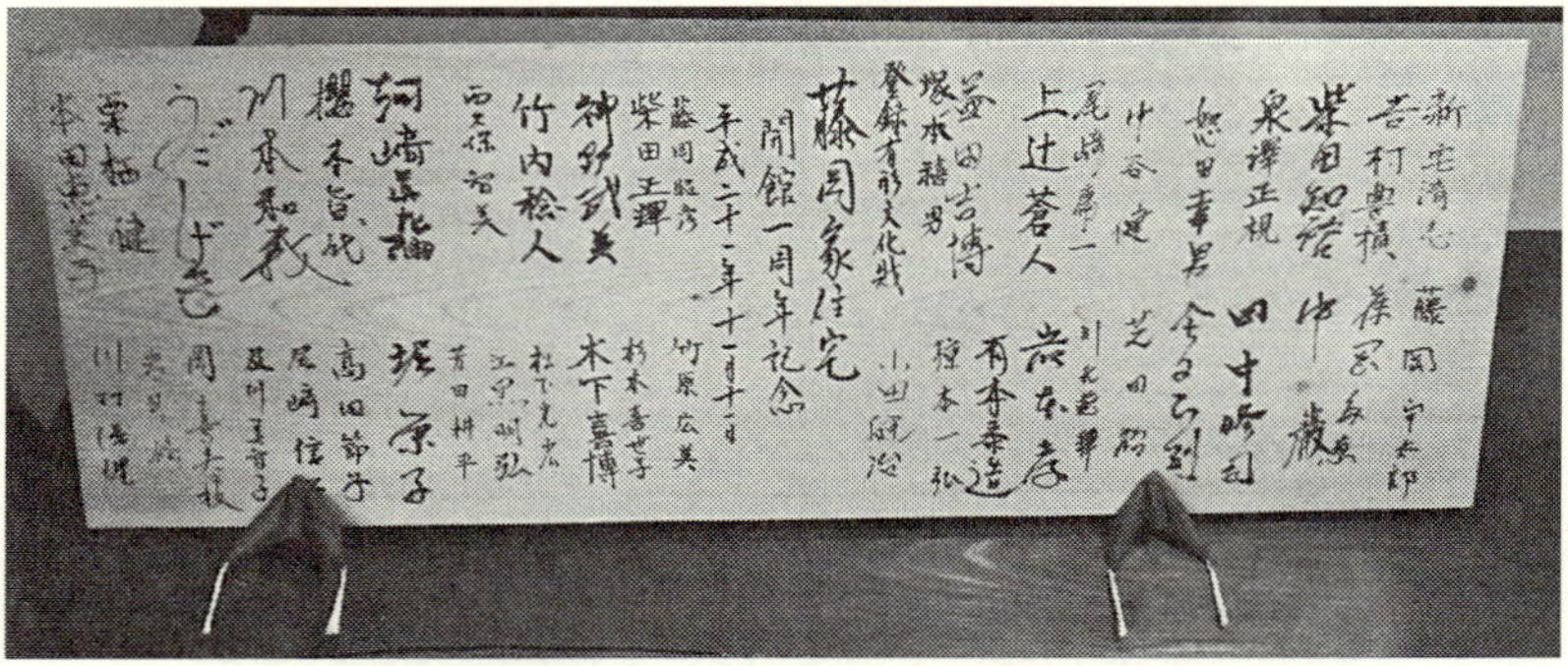

藤岡家住宅の玄関先に掲げられている開館１周年記念の寄せ書き

いろいろな特技を持った人が集まった

うちのの館理事長の田中修司氏と藤岡家住宅との出会いは二〇〇三年五月、当時、天誅組の保存活動の代表を務めていた田中氏のもとに、五條市近内町にある藤岡家住宅に、天誅組の三総裁の一人、松本奎堂の直筆の額があるという話が届いたのがすべての始まりだった（詳しくは、第一部第一章参照）。早速、保存会のメンバーと藤岡家住宅に足を運んだものの、書は、時の内閣総理大臣清浦奎吾が、熊本県知事に就任した藤岡長和のために贈ったものだった。田中氏は「天誅組でなくて残念だったが、こんな立派な家が五條に残っていたとは驚きだった」と話す。祖父、父と大工だったこともあり、江戸時代の建物に興味を持った田中氏は「このまま朽ち果てさせるのはもったいない」と思い、早速、関係者や有識者と協議を重ね、NPO法人として運営することが決まった。そして、二〇〇四年一一月一五日、特定非営利活動法人うちのの館が設立された。運営はもとより、企画のアイデアから来訪者へのもてなしまで、田中氏の「ひらめき」と「行動力」と「努力」が物語っている。もちろん田中氏以外に、藤岡家住宅に魅了され、いろいろな特技を持った人が一人、また一人と増え、運営を支えている。

第一章

NPO法人うちのの館理事長
田中　修司さん

――まさしくゼロからのスタートでしたね。運営の基本理念や企画の発想はどんなところから生まれてきたのでしょう。

修復した立派な家を見てもらうのはもちろんですが、来てもらった人が何回も来たいと思うような「仕組みづくり」が必要だと思いました。それには、博物館や展示室のように仕切られた「見る」場所でなく、近づいて見ることができたり、時には触ったりできるような「感じてもらえる」場所でなければ、面白くない。当主の藤岡宇太郎さんからも「みなさんに使ってもらえるような家でありたい」という意見もあり、仕切りを使わないオープンな展示にしました。それが「間近でじっくり見られる」と非常に評判がよく、人気を呼びました。

イベントの企画については、「季節」や「旬」をキーワードに、五條地域に伝わる風習や行事を集め、その行事に関連したものを企画してみました。季節感がなくなり、行事もどんどんなくなっていくなか、藤岡家住宅では昔の生活、風土をみんなに味わってもらえることを一番大事にしました。例えば一月だったら、五條市の念仏寺で行われる国の重要無形民俗文化財の「陀々堂の鬼はしり」。これに合わせ鬼展をしたり、鬼はしりの見学会を計画したら、意外にも市在住のお客さんが「夜のイベントなので、行ったことがないから」と喜んで参加してくれました。また二月には、樹齢二五〇年の立派な長兵衛梅の咲くころに座敷で「盆梅」を展示しませんかと、市民の人が提案してくれました。運営側だけでなく、外部の方々からもいろんな提案を行っていただき、いろんな人たちの活用の場になっていきました。

ほかには、三月には蔵で見つけた江戸時代の「享保雛」の展示を行い、この地域に残る「雛あらし」という

開館式の宴会でくつろぐ田中修司理事長（左）。中央は川元憙釋・初代うちのの館事務局長、右は益田吉博市議＝ 2008 年 11 月 11 日、新座敷で

風習にも藤岡家住宅も参加することにしました。「雛あらし」というのは、子どもたちがそれぞれの雛飾りをしている家を見せてもらってお菓子をもらう風習で、毎年四月三日には藤岡家住宅でもお菓子を用意して、子どもたちの来館を心待ちにしています。また夏には、浴衣で来館した人は入館無料といった「浴衣deナイト」を企画しました。昔から五條では八月一五日、一六日には「吉野川祭り」がありましたが、今では一五日のみの開催です。せっかく浴衣を出しても、着ていくところがないのはもったいないと、音楽のコンサートや、かき氷や金魚すくいなどの屋台を出しました。どの行事も今ではすっかり定番化していますが、時代の中でどんどん簡素化されてきた文化や行事などを伝える場所を目指しました。

――いままでの企画のなかで、いちばん「粋」にいった企画は何でしょう。

それぞれに思い入れはありますが、そのなかでも蛍の見学ツアーが一番です。蛍狩りを企画した五～六年前は、蛍狩りをしているところもほとんどなく、募集したら、奈良や郡山から電車に乗ってきてくれるほどの盛況ぶりでした。といっても、蛍は自然のもの。当日まで飛ぶか飛ばないか分からないし、途中で雨が降ってダメになることもあるから、念入りに計画を立てました。まずは賀名生《あのう》の歴史民俗資料館で天誅組や南朝など、専門の方々に講義をしてもらった後、ご飯を食べて、蛍を見に行くようにしました。行ったけれど蛍はいなかったでは、来てくれたお客さんに申し訳ない。講義が済んでいたら、辛抱してもらえるかなぁと思った苦肉の策でした。飛ぶか、飛ばないか、運営側はひやひやもんですが、飛んでいたらお客さんたちは感動ものですわ。作られたものではない、自然の美しさに。

運営側は難しいからといって、できないと言ってしまったら、感動も伝えられないし、お客さんに喜んでもらうこともできないと思います。「できない」ということはないんです。そのためには「できる」という実例、引き出しをいっぱい持っておくことが大事だと思います。そのため、日ごろからテレビや本から参考になる事例を集め、自分なりに検証しています。その通りに真似たらあかんけど、発想をヒントに、藤岡家住宅ならどうするかをいつも考えています。やる、やらないではなく、できるところからやっていく。できないといえば、簡単だけど、どうしたらできるのかを考える。一人ではできないのか、二人ではどうなのか、みんなではどうなのか、今だからできないのか、明日まではどうか。いかにしたらできるのかを考える。そしてできるところから始めることが、一番大事ですわ。行動を起こさないと、何も始まりません。

それから、八〇％で満足することも大事。満足することが自信につながります。よく一〇〇％まで求めて一生懸命してしまいがちですが、そこまでいこうとしたら、しんどくて途中で止まってしまう。それなら八〇％の地点で満足し、次につなげていく方が大事です。ＮＰＯ法人うちのの館には、お越しいただく方には、「どんなんかなぁ」という「夢」と「楽しみ」を、お帰りのお客様には「あぁ良かったなぁ」と、「喜び」と「満足」と「感動」をお持ち帰りいただく、という理念があります。常にお越しくださる方々、藤岡家住宅に興味を持ってくださっている方々に、どのようにすれば喜んでいただける

来館者第１号の阿波野健次さん（俳人阿波野青畝の長男）と記念写真を撮る田中理事長（左）＝内蔵で

かを考えています。

――お客さんに喜んでもらえる企画をどんどん行っていくなか、運営で難しいと思うことはありますか。

三つの課題があると思います。一つ目は、入館者の伸び悩みです。藤岡家住宅は、江戸時代からの庄屋屋敷で修復された建物の素晴らしさはもちろん、さまざまな美術品や文化資料を所蔵していることから、建築や歴史、文化など多方面からの来場者を見込んでいました。展示も間近で見ることができるよう工夫し、またスタッフやボランティアたちによって、ていねいに館内の案内をすることに力を入れてきました。おかげで、二〇〇八年一一月の開館から一年余りで入館者は一万人を超えることができました。二万人の来場者を目指し、企画展やイベント、季節折々の食事を楽しめるランチサロンなど、いろいろとやってきましたが、開館五年を過ぎた現在は、有料入館者が七〇〇人を割り込むほど。スタッフ一同、力を合わせて一生懸命やってきても、結果を出すのはなかなかです。市が「新たな箱もの」を持つのを渋っていた気持ちが、いまごろになってよく分かります。企画を変え、努力をしても、入館者が減る怖さ。人が動かない時期にイベントをしてきましたが、六月～九月は少なく、そして一月、二月の来訪者は数えるほどです。来てもらったら、絶対満足してもらえる自信はありますが、まずは来てもらえるために何をしていかなければならないか、再検証の時期にきていると考えています。

二つ目は、やはり資金繰りです。入館料三〇〇円の収入や寄付などでまかなっていますが、運営スタッフやイベントを実施するための活動資金など、足りない分は私が支援してきています。私は自分が預かった以上は、何があっても黙ってやっていくと決意していますが、私も八四歳となりました。建物の修復前から毎日のように藤岡家住宅に来て手伝っておりましたが、気力、体力の回復力が落ちてきて、休んでももとに戻らないようになってきました。いまは週に三日程度。誰かに協力していただくにも、資金が必要になってきます。そのためには自立できるように一刻も早く対策を練っていかないといけません。寄付をいただける認定NPO法人の登録を目指していますが、認定はなかなか厳しく、登録の手続きをするにも書類が複雑で難しい。そういった面で今まで行政のOBに事務局を支えてきてもらっていました。しかし、その体制では次の世代につながっていかない。そのためにも二〇一四年から行政のOBの採用をやめ、大学卒業後から、うちのの館の事務局を担当している職員に帳簿のつけ方や支出など、お金の動きを徹底して知ってもらい、一緒になって対策を考えていけるように取り組んでいます。せめて収支をトントンにもっていけるシステムにしないといけません。

三つ目は、先ほどの話とかぶる部分もありますが、活動に続く人の育成、そしてその仕組みづくりです。誰でも新たに入ってきたら、すぐに関われるような仕組みづくりを急がないと、私自身がいつまで関われるか、年齢的なこともあり、分かりません。イベントの準備や館内清掃など運営にはボランティアの方々が熱心に携わってくれています。でも今後、藤岡家をどのように活用して一〇〇年先も二〇〇年先に守り、伝えていくか。藤岡家住宅の保存と活用の両面から見た考え方をする人を育てないといけないと思っています。どうすればお客さんに喜んでいただけるか、満足していただけるか、常にその視点を持ちながら、私はやってきました。今思えば、そのワンマンなところが人を育ててこなかったのかもしれません。商売をやっていたからかもしれませんが、考えたらすぐに実行。じっと待っていたら、タイミングを逃すので、先手、先手でやってきました。もちろん今までと同じことをしていても、お客さんに飽きられてしまいます。そう思って、私がどんどん企画を考え、営業も行ってきた。でも人を育てるには、時にはじっと待ち、任せることが必要なんですね。昨日より今日、今日より明日、日進月歩です。地道に手を抜かんとやっていたら、いつの日にか、多くの人たちに藤岡家住宅を分かってもらえる、そう信じて、人の育成や仕組みづくりに取り組んでいかないといけません。今藤岡家住宅を支えてくれるスタッフもきちんとできる人ばかりで、最高にいいけれど、一人ずつの力を一つの方向へまとめて持っていく、そのところがちょっとできていないと思っています。

——人材育成、後継者づくりは、どこの団体でも課題になっていますね。

それに地元の皆さんとのつながりがまだまだできていません。地域の人に利用していただけるようにグラウンドゴルフ場を整備しましたが、利用者の方々ともっと交流し、ボランティアの応援をいただけるような体制づくりはできていません。たとえばイベントで、「明日、道が一方通行になります」というお知らせはしてきましたが、準備段階から地域の人たちともっと話をしないといけません。藤岡家住宅でイベントをして、皆さんが楽しんでくれたらいいという気持ちではあかん、せっかくやったら一緒にやって行けるように、地元の会議にも積極的に出ていかないといけないと思います。

その反省を踏まえて、二〇一四年の総会で、住友林業ホームテックが借りてくれている蔵を了解を得て地元の皆さんに開放することを提案しました。皆さんの集いの場所だったり、蔵前のスペースで農作物を販売したり、焼き芋の機械があるから芋も作って、販売してもらえたらいいなと思っています。藤岡家住宅に来られたお客さんは、お土産がほしいし、また地域の人たちとも話をしたいと思っている人もいてるから。地元の人たちに提供して活用してもらって交流を深めていきたいと思っています。また、まだまだ五條市民の中でも、五條の観光施設も変わってきたことを知らずに、家に閉じこもっているお年寄りの方がいらっしゃいます。藤岡家住宅も五條文化博物館も西吉野の賀名生の里歴史民俗資料館も変わったし、南朝ゆかりの国の重要文化財の堀家住宅も最高ですし、そして全国で八十八番目の重要伝統的建造物群保存地区の五條新町もあります。それぞれをつなぎ、循環できるような仕組み、お年寄りが一歩でも外へ出れるような仕組みをつくれたらと、マイクロバスを導入しました。地元の皆さんにもお客さんにも喜んでもらいたいし、うちの館だけでなく博物館や新町、賀名生と、お互いに連携がとれるような体制づくりをして、五條の観光を魅力あるものにしたいと進めており、それがちょっとずつ実ってきているかなぁと感じています。

――課題も多く、くじけそうになることはありませんか。

正直、心が折れそうになる時もあります。どないもならんなぁと思うこともしばしばで。そんなとき、地元の北宇智小学校の俳句会があって、子どもたちは上辻蒼人先生から俳句の手ほどきを受けた後、思い思いの場所で遊び回ったり、寝転んだりしながら俳句をつくるのですが、これが本当に素晴らしい句をつくるんです。子どもたちの目線は驚きと感動を与えてくれました。そのほかにも夏休みにも子どもたちに絵を描く場所として提供したら、私たちが見逃している藤岡家住宅の魅力を上手な絵で伝えてくれました。次世代を担う子どもたちがしっかり見てくれていると思ったら、元気がでてきました。

　また藤岡家住宅にある一〇〇年前の時計も、最初は時計屋に修復してもらったので鳴っていましたが、ネジを巻いているうちに、また止まってしまいました。昔の時計だから左と右の両方からネジを巻かないといけなくて、そのうちに止まってしまい、何べんか回してみたけど直らないし、五年もたっていたので、もうあきらめていました。ちょうど、そのころ藤岡家住宅も、緊急雇用対策や助成がなくなり、人の派遣、嘱託といった人の応援もなくなり、藤岡家住宅でやらないといけなくなり、私たちの力だけではどうすることもできないなぁと思っていました。この時計もどうなっているか分からへんけ

夏のイベントには、家守倶楽部のボランティアがお手伝い＝駐車場で

ど、応援してよといって、いつものようにネジ巻いたら、突然、動き出したんです。5年も放っておいた時計、私も諦めていた時計が動き出したことに、感動を覚えました。あかんと思ってたらあかん、もういっぺんこのメンバーをひとつにまとめて、ひとつずつやっていこう。これから私たちがいなくなっても、一〇〇年、二〇〇年残すためにも、一人の知恵や一人の技術ではなく、いろんな人の知恵や技術を結集させ、この家を残していくための仕組みをつくろうと思いました。みんなそれぞれにええものを持っているのだから、それを出し合って生かしていこうと、仕事の内容を残すための仕組みづくりを始めています。今までそれぞれの担当がしっかりしていたから任せていたけれど、それではダメだったんですね。人に伝えるというのは、ほんまに難しいと実感しました。私も自分が担当しているランチの調理や盛りつけ方のマニュアルをつくり、それをもとにスタッフと一緒に調理法を伝えました。味見やコツなどを包み隠さず教え、そのスタッフ自らが得心して作っているから、任せられる状況になっています。

――開館六年を迎え、これからの思いをお聞かせください。

藤岡家住宅は、あと一歩、あと二歩、燃え上がる一歩手前だと思っています。そこまでお客さんが来てくれている、認めてくれていると信じています。しかし努力をしていますが、まだまだ周知が足らず、また観光地の奈良からも遠いところにあるのがネックだと思っています。藤岡長和さんがどれほどすごい人だったのか、それを皆さんに知ってほしい。私自身、長和さんが熊本県知事時代に、奥さんのうた代さんと一緒に、菊池郡合志町（現合和市）のハンセン病療養施設「国立療養所菊池恵楓園」を訪れ、施設の人たちと一緒に俳句を詠んでいたことに深く感銘を受けました。今から七〇年ほど前、ハンセン病はらい病といわれ、聞いたらみんなが逃げてしまうような病気でした。ハンセン病にかかった人は、当時は拘束、逮捕され、留置場に入れられる時代だったんです。長和さんは、奥さんと2人でその場に行って、俳句を教え、また匿名で文芸を楽しむ会館「言志堂」を建てたことを知り、このことが私の活動の原点となりました。政治家であっても、当時、そんな人がいたことを知ってほしいと強く願っています。

いま振り返ると、藤岡家住宅とかかわるようになって、生きがいができ幸せだなあと思っています。もちろん大変なことありますが、何よりも、みなにおおきにといって喜んでもらえる。人に喜んでもらえるほど、うれしいことはありません。そしてこれだけの立派な家を管理させていただいているので、健康でいることができるということ。毎日の花生けの見回り、二カ月に一回は、調度品、掛け軸から絵から壺から、全部入れ替えていくのですが、私と川村さんと二人でこの仕事をさせてもらえるのも最高だと思っています。開館して六年目、毎月どこかが変わってきています。難しいと言われながらも、傷んでいた長兵衛梅も見事な花をつけるようになり、止まっていた時計も動き始めました。スタッフも次の時代につながるための仕組みづくりに取り組んでいます。そして多くのボランティアの人たちも、かかわってくれています。その輪を、もっと広げていきたい。そして地域の宝を守っていきたいと思っています。

2010年11月、五條市の1市2村の合併を記念して田中修司理事長や児童文学作家の川村たかし氏（2010年1月に死去）らが「名誉市民」に選ばれた。その内祝会で花束を受け取った田中理事長と、川村氏の令嬢の川村優理・現うちのの館館長

NPO法人うちのの館　相談役・監事
奈良県俳句協会　理事

上辻　蒼人　さん

――藤岡家住宅と関わられるようになったきっかけは。

藤岡家住宅には、数多くの俳句資料があり、高濱虚子や、阿波野青畝など、有名な俳人のものは分かっていたものの、それ以外のものが分からず、そのままになっていて、一度、その資料を見てほしいと声がかかったのが始まりでした。すでに奈良県庁を早期退職をしていたので、早速、時間を見つけて、藤岡家住宅へ通い始めました。まだ、うちのの館が修復をしていた時のことでした。昔から俳句をたしなんでいたものの、藤岡玉骨のことは知らず、いろんな資料を読み進めるうちに、玉骨の偉大さを知るようになりました。またホトトギスの同人でもあったので、関係資料もたくさんありましたが、俳句には名前しかないため、分類などの作業途中では気づかないことも多くあり、今になって新たに気づくことも

藤岡家子ども俳句教室で小学生らを指導する上辻蒼人さん＝新座敷

しばしばです。まだ発表はできませんが、驚くような内容が見つかっていますし、これからも面白い内容のことがどんどん出てくると思います。その内容については、うちのの館の館長の川村優理さんが企画して展示してくださると思いますので、どうぞお楽しみに。

また玉骨のことを多くの人に知ってほしいと、藤岡家住宅が開館した二〇〇八（平成二〇）年一一月に、第一回藤岡玉骨記念俳句大会を開き、その後、玉骨の命日である三月に毎年、開催しています。それとともに、子どもたちにも俳句に慣れ親しんでもらおうと、地元の北宇智小学校の児童を対象に、五條ロータリクラブと共催で「藤岡家子ども俳句教室」を行い、玉骨の足跡を広める活動を行っています。

――子どもにとって、俳句は難しくないのでしょうか。

実は、戦前まで俳句は若者の文学と言われていたのですが、今ではすっかり高齢者の文学になってしまいました。「藤岡家子ども俳句教室」では、藤岡家住宅に来てもらったら、まず一句詠んでもらい、その後の座学で簡単に説明し、詠んでもらった句にアドバイスをします。

不思議なことに、参加する児童は毎年変わるのに、年々俳句のレベルがあがっているような気がします。なかには、はっとさせられるような、素晴らしい句もあるんですよ。子どものころから句を詠むことで、いろんな物に対して、素直な視点を持つことができ、それを適切な言葉で表現できるようになります。また物事も注意深く観察できるようになります。子どもの感性を伸ばすには、俳句は最適なんですよ。

――「藤岡玉骨俳句大会」は来年（二〇一五年）には第七回を迎えますが、年々、投句者が増えておられるときます。

有難いことに、毎年五〇〇句以上の句が寄せられ、当日も六〇～七〇人ほど参加してくださっています。それも大阪や兵庫、滋賀などあらゆるところからの参加で、うれしいですね。藤岡家住宅に来てもらったことを記念にしてもらえるように、大会終了後には、必ず全句を載せた冊子を郵送し、「つながり」を大切にしています。そんなこともあり、大会をきっかけに、今度は仲間と一緒に吟行に来てくださる方々もいらっしゃいます。ここには、藤岡家住宅が持っていた膨大な俳句資料のほかに、いろんな人から寄贈された俳句関連の資料もあります。うちのの館ですが、俳句をしている人の間では、「俳句」の館としての認識が少しずつできてきているのではないでしょうか。俳句をしている人にとって、ここが名所のひとつになることが今後の藤岡家住宅の活動の中で重要な位置を占めていくと思っています。

NPO法人うちのの館　元理事
故　河﨑　眞龙彌　さん

NPO法人うちのの館の理事で、藤岡家住宅に残されていた膨大な色紙と短冊をスキャンしてデータ化し、来場者がいつでも閲覧できるように整理された河﨑眞龙彌さん。本業は乗用車のシートなどをデザインするテキスタイルデザイナー。藤岡家住宅の修復当初から関わり、NPO法人を立ち上げるのに尽力され、うちのの館のロゴマークも制作されました。病のため、惜しくも二〇一二（平成二四）年七月にお亡くなりになられました。故人の活動への想いを妻の純子さんからお伺いしました。

――藤岡家住宅と関わられるようになったきっかけは。

テキスタイルデザイナーとして、大阪市内でスタジオを構えていたのですが、夫の両親の介護のため、スタジオを切り上げて、帰郷しました。それから自宅のある五條新町の夏祭りなどに関わるようになり、田中修司理事長から天誅組一四〇年祭（二〇〇三年＝一八六三年八月尊皇攘夷派の志士が大和五條で武装蜂起した「天誅組の変」にちなんで）の行事を手伝ってほしいと声がかかったことが始まりでした。そして天誅組の額があると聞い

自宅では柿渋染めを制作していた
河﨑眞龙彌さん＝五條市新町で

河﨑眞龙彌氏と河﨑氏がデザインした
うちのの館のロゴ

て、田中理事長と一緒に藤岡家住宅へ行ったのが始まりでした。仕事のことはほとんど話さない人でしたので、どんな作業をしていたのか、あまり詳しくは分かりませんが、きっと、「藤岡家住宅には大変な文化遺産が山積みになっている、これを放っておけない」と思ったのだと思います。当初は修復のころで、藤岡家住宅に行くとほこりまみれになって帰ってきました。また柴田棟梁とも修復についても話していたみたいで、「もとのまま、忠実に修復すること」を重要視して、議論を交わしていたと思います。特に俳句や短歌の色紙や短冊をスキャンし、データ化には力が入っていました。

河崎さん制作のタペストリー

――短冊だけでも三八〇枚以上あったと聞いています。

原本を預かって作業をしていたので、その管理には非常に気を遣い、番号をつけてなくさないようにしていましたね。あとスキャンも色紙や短冊の色を忠実に、できるかぎり原本に近い色でデータ化できるように補正をしたりしていました。そのあたりは、やはりデザイナーとしての血が騒ぐんでしょうね。「見つかった文化遺産を後世にきちんと伝えたい」という想いで、黙々と作業をしていたと思います。ちょうどそのころのことを書いた文章が出てきたので、これを読んでいただけたら、と思います。今後とも、この文化遺産が次世代に引き継がれていくことを願っています。

――『うちのの館通信』（第四号）のリレーエッセイ（平成二一（二〇〇九）年一月八日）で掲載された原稿ですね。その当時のご主人の想いが伝わってきますね。最後にその全文を紹介します。

三年前、仏壇裏の部屋に置かれていた本棚に、ほこりまみれになって積まれていた塗りの箱、短冊帳、その他箱に入れられたものを見つけた時はおどろきました。たぶん当主の長和氏が拘った俳句の短冊ではないかと思った。これらは、ばらばらにしてはあとで分からなくなってしまう。本棚全体の状態を写真に撮り、一つ一つの単位でも記録した。

さて、これらをどうすれば一枚の紛失もなしにするにはどうすれば良いのかと思った。それには現物の大きさでスキャナーし、保存するのが良い。単位ごとに通し番号をつけてプリントし、スクラップすると一番見やすく、整理しやすいのではないかと思った。

これは自分でするしかない。二首ずつスキャナーが始まった。延々と作業が続き、途中、いやになった事もあったが、考えてみると与謝野晶子、鉄幹、高濱虚子、小原牧水など、中学校で習った人々の名が出てきた。

河東碧梧桐《かわひがしへきごとう》、天誅組に関係ある伴林光平《ともばやしみつひら》（注・天誅組の志士。捕らえられて獄中で『南山踏雲録』を著すが、斬首）、高取の阿波野青畝などに出くわした時は感動した。それからは興味を持ちながらの作業に変わっていった。これらの俳句の短冊もスキャナー一回では取り込めないので、二回に分けての作業になった。以外の部分を白になるようにカットし、裏面に書いてある場合はそれぞれの横に入れ、左端に通し番号を入れた。

短冊帳は長和氏が大事にされてきたのではないかと思った。中には短冊を止めてある糸が切れてしまっているものも多くみられたので、一個一個のりで止めなおして修理をさせてもらった。

なかには長女瑠璃子さんの死を悼んでの句会は心が痛む思いでした。私自身にお疲れさんでした。

第二章　ボランティアグループ
家守倶楽部《やもりくらぶ》の仲間たち

貴瀬　昌義さん

——藤岡家住宅と関わるようになったきっかけは？

金剛山の反対側の大阪府太子町に住んでいますが、ドライブで通りかかった時に、藤岡家住宅の看板を見つけ、二〇〇九（平成二一）年一二月に初めて訪れました。

貴瀬昌義さん＝薬医門前から新座敷を望む

その時にボランティアの方が約1時間かけてていねいに案内してくださったことに感動し、早速、私もボランティアグループの家守《やもり》倶楽部に参加することにしました。ボランティアといっても、いろいろなジャンルがありましたが、私は歴史が好きだったので、案内ボランティアとして週に一回、藤岡家住宅へ通うようになりました。しばらくは案内している方の後ろで説明を聞いたり、案内の仕方を学んだりして、いただいた基本のガイドマニュアルに、私なりにいろんな資料を集め、説明しやすいように一冊の本にまとめました。展示品の一つ一つにはそれぞれの歴史や物語があります。それをどういう風に説明するかでお客さんの興味、関心が変わってくるので、いろいろと勉強をしました。そのなかでも学芸員の川村優理さん（現館長）のガイドは、いつも新たな情報や視点を学ぶことができ、また絶えずお客様の身になって案内される田中理事長からは、おもてなしの心を学びました。資料や文献も大事ですが、人とのふれあいの中で勉強させていただいています。

――案内するなかで工夫されていることはありますか。

お客さんに身近に感じてもらおうと、自分なりに藤岡家のおすすめスポットを「藤岡家七不思議」として文章を考えてそれぞれのスポットに貼りました。もちろん学芸員さんにも相談しながらですが。たとえば、藤岡長和をはじめ東大や阪大へ進学する家だったので、書斎は受験生のパワースポットとして案内し、子どもさんに興味を持ってもらえるように取り組んでいます。案内をしていると、反対にお客さんから教えてもらうことも多く、あるお客さんからは、蔵には解体するときのために刀やお金が埋めてあることを教えてもらいました。藤岡家住宅は、まるで知識の集積場所。案内するスタッフやボランティアだけでなく、お客さんからも情報や知識が提供され、それが生きているような気がします。

――大阪から通うのは大変ではありませんか。

片道に約四五分かかりますが、週に一回なので、それほど大変ではありません。行事もできるかぎり手伝いに来るようにしていますが、どんな出会いがあるのか、いつもわくわくしながら、藤岡家住宅に来ていて、退職してからの私の生きがいの一つにもなっています。私が住んでいる太子町でもどんどん藤岡家の素晴らしさをＰＲしています。その結果、太子町長を始め、多くの方々がおいでになり、うれしく思っています。藤岡家住宅を誇らしく思っています。これからも藤岡家住宅を通じて、この地域の行事や文化も伝えていけたらと思います。

竹田　義則さん

――藤岡家住宅と関わるようになったきっかけは。

私は元奈良県の職員で五條土木事務所に勤務をしていました。退職後、何をしようかと考えたとき、まちづくりや観光振興について学ぼうと大阪市立大学大学院で学び、そのとき教授から、調査研究の一つとして「藤岡家住宅」の話が出たのがきっかけでした。今から六年前の話です。

藤岡家住宅では、来館者一人一人に非常に丁寧に案内を行い、おもてなし力がとても高い。それに案内人の方は基本的な館内の情報や知識だけでなく、それぞれに勉強をされているので、それがお客さんへの満足感につな

展示中の箏を説明する竹田義則さん＝新座敷で

がっているのだと思います。調査、研究、提案をするだけでなく、一緒に活動しながら、民間のマネジメント、おもてなしの心を学べたらと思い、私も案内人として週に一回、藤岡家住宅へ通うようになりました。

お客さんの中には、難しい提案をされる人もいます。行政だと、無理なものは無理と断ることもありますが、田中理事長は、無理を何とか実現する、努力により実現するという思いのもと、お客さんへの対応をされておられます。「おもてなしの心」について非常に勉強になります。観光には「見る」「食べる」「買う」の基本的要素以外に、観光リーダーの存在が不可欠で、経済感覚を持った観光戦略を行い、観光資源をターゲット顧客に合わせてアレンジするマーケティングが必要です。藤岡家住宅では田中さんがその存在であり、観光要素論の観点から、地元の資源を発見し、育てるイベントを季節に合わせて企画されています。

――ボランティアをする中で、新たな発見はありましたか。

三ヵ月に一度、展示物が変わるので、その都度、勉強しないと案内することはできません。おかげで万葉集をあらためて読み直したり、万葉集のつながりで富山県高岡に行きますと、薬草で富山と奈良がつながったりして、非常に面白くなってきました。いま奈良県でも漢方の取り組みが進められていますが、藤岡家住宅はもと薬種屋で、薬草もあった場所です。藤岡家住宅で提供するランチは地元の食材を中心にしたうちの里ランチですが、これを「健康膳」とすれば、また違った広がりが出るのではと、思っています。そういう意味でも富山県は先進地であり、薬草を使ったお茶やアイス、練製品などの食料品や化粧品など、街全体で薬草を使ったまちづくりを行っています。情報交換なども行いつつ、藤岡家住宅への魅力へと取り込んでいけたら、面白いかもしれません。藤岡家住宅には題材がたくさんあるので、発想は次から次に浮かんできます。ボランティアをするようになって、退職後の楽しみができました。

――今後の展開について思っておられることはありますか。

藤岡家住宅のパンフレットを県内の観光施設に設置させていただき、定期的に補充に行くことで、部数の減り方によって、観光客の動線が分かります。東京など遠くから来られる方もいらっしゃいますが、やはり大阪の人をターゲットに戦略を練っていくのが一番いいと思います。近鉄の阿部野橋駅付近に奈良県中南部の観光資源を紹介する案内所があってもいいかもしれませんね。そのためには周辺地域の市町村との広域的な取り組みが重要になってきます。奈良県の観光の最大の課題は宿泊客が少ないことですが、歴史的資源は県全体にあり、中和、南和の観光に「深み」をもたらすことで、観光行動を面的に、回遊的に拡大することができ、宿泊につながっていくと思います。例えば東京の「奈良まほろば館」と連携して、観光パンフレットなどの情報発信だけでなく、中南部地域に来られるようなツアーを企画するのも一つだと思います。アクセスが不便だから、へき地だからという理由だけでなく、どのように工夫していくのかが鍵であり、「マイナス」を「プラス」に持っていく田中さんのように、次から次へ可能性を探りながら、どんどん発想していくのが大事だと思っています。そういった意味でも藤岡家住宅は興味深い研究の対象であり、自分自身の学びの場でもあります。

窪　政和 さん

窪政和さん＝五條市内で

——藤岡家住宅と関わるようになったきっかけは？

私は南都銀行を退職後、ＯＢ・ＯＧで結成するボランティアグループ「ナント・なら応援団」に所属しており、その派遣で藤岡家住宅と関わるようになりました。五條市在住でしたが、ちょうど二〇一〇（平成二二）年の「平城遷都一三〇〇年祭」のときのことです。最初は、案内か、資料整理でもと思って行ったのですが、そのボランティアの方がたくさんいらっしゃったので、手薄な庭のそうじをさせていただくようになりました。もともと趣味で盆栽や花菖蒲などを作っていたので、趣味の延長線上のようなものですが、週に一回、二〜三時間程度のボランティアをしていて、かれこれ四年ぐらい続いています。

——六月には、丹精込めて育てられた花菖蒲が藤岡家住宅を飾りますね。

二週間だけなのですが二五鉢程度の花菖蒲を展示させていただいています。もともと藤岡家住宅の庭にも、新種の花菖蒲がありましたが、全然、手入れがされていなかったので、花が咲いていませんでした。それを持って帰って、根っこを切ったり、手を入れたりしたら、美しい白い花が咲きました。手間ひまかけて育てた花菖蒲が咲いてくれると本当にうれしいですし、藤岡家住宅を訪れてくれた人がその花を見て喜んでくれたら、さらにうれしいです。そのほかには、電車の模型などを活用したジオラマ風の寄せ植えも展示させていただきました。

——五條市民にとって藤岡家住宅の存在は？

藤岡家住宅は、五條市民にとっても重要な文化財です。

みんなで協力して後世に伝えていけたらと思っています。私は偶然に仲間に誘われて「ナント・なら応援団」に入ったので、ボランティアをするようになりましたが、そういう機会がなかったらボランティアをしていなかったかもしれません。ほんの少しのボランティアですが、それでも良いことをさせてもらっているので、私自身も気持ちがいいし、生きがいにもなっています。ボランティアをやってみたいなぁと思っている人は、結構いらっしゃると思いますので、そのきっかけづくりをどうするか。藤岡家住宅では気軽にボランティアができるところだと思うので、積極的に五條市のいろんな団体に声をかけたりして、みんなで五條市の貴重な財産を守っていくような体制づくりができたら、いいなぁと思っています。

第三章　藤岡家住宅を支えるスタッフ

ランチサロンを支える「ばあく」

泉澤　ちゑ子さん

――藤岡家住宅のランチサロンで、「ばあく」のお料理がいただけるとあって、毎回、好評ですね。

ＮＰＯ法人うちの館の田中理事長からお声をかけていただいて、平成二一年四月から年間五～六回、藤岡家住宅の大広間で「ばあく」の食事を召し上がっていただ

「ばあく」を経営する泉澤ちゑ子さん＝五條市小和町で

いています。「ばあく」は、丹精込めて育てた1頭の豚を大切に食べきることをモットーに、二〇年前から地元のお母さんたちと一緒に豚肉の販売やハム、ソーセージの加工を行っている団体で、藤岡家住宅から車で五分ほどの小和町に工房があります。工房の横にはログハウスの農家レストランもあり、ハムやベーコンなどを使った手軽なランチをしていますが、藤岡家住宅は建物が建物だけに、どうすればお客さんに満足していただけるのかなと、いろいろと試行錯誤しました。入館料込みで一八〇〇円。でもお客さんは一八〇〇円の価値を求めて来ます。限られた予算のなかで、その部分をどう埋めていくか。季節を感じて、お客さんに「わぁ～、素敵」と思ってもらう、その毎回のメニューづくりが大変でした。その上、ガスなどの調理器具や器も持っていくので、まるで「ばあく」の大移動みたいで、最初の頃は特に大変でしたね。できるだけ「ばあく」で調理したものを、会場で手を加えるようにしていたのですが、藤岡家住宅は国の登録有形文化財。やはり天ぷらなどで家を汚しても、匂いを染み付かせてもいけないと、今では、藤岡家住宅と工房の距離を生かして、前菜の進み具合を電話で連絡しながら、作業は「ばあく」で行い、出来上がった料理をすぐに届けるようにしています。

――優雅なランチサロンの裏では、大変な作業をされているんですね。評判の良いお料理は、毎回どのようにして決められるのでしょう。

学芸員の川村さんが、季節を表す「早春」「若楓」「紅葉」のランチサロンということで、ちらしを作ってくれていますので、その言葉をイメージできるような献立を考えます。また藤岡家住宅には、俳句に関わる資料も多く、俳句を添えてくれているので、料理にも俳句観が出せたらいいなと、いろいろと工夫をしています。なかには、解釈が分からない俳句もあり、川村さんに内容を尋ねながら、題目や季節感を味わってもらえるよう、食材や色、香りで工夫しました。出されたお題に、どのようにお返事できるのか、どうすれば川村さんに驚いてもらえるのか、まるで真剣勝負のような感じで、非常に勉強になりました。たとえばアジサイのデザートでは、小さな花をカラフルな市販のゼリーを使って表現してみたり、お月見はお盆の中で風景を見立てたり、お客さんにすべてを説明するのではなく、自由に季節感を感じてほしいと思っています。今では娘が引き継ぎ、若い世代ならではの感性で、俳句を読み解き、料理を表現してくれています。

藤岡家住宅は父親が関わっていたこともあり、私にとっても、このような形でお手伝いできることをうれしく思っていました。

――長い間、藤岡家住宅の管理をお父さんの村井祥賓《しょうほう》さんがされておられましたね。

父親は、うた代さんが土地の所有者に声をかけてくれたおかげで家を建てることができ、それに対して「恩」をずっと持っていました。台風の時は、自分の家をほったらかしにして、藤岡さんの所へ行ったほどで、母親が「何かあったら藤岡さんのところやなぁ」と言っていたのを覚えています。また家も狭かったので、うた代さんは父親に「四人も子どもがいたら大変でしょう。勉強もはかどらないでしょう」と、一時期、弟と一緒に夜になったら藤岡さんの所で泊めてもらったこともありましたが、家が広くて静かだったので、反対に気になって勉強ができなかった想い出もあります。玉骨さんが亡くなり、うた代さんが一人になり、女中さんが亡くなっても、父親は家の守と仏さんの守をしていました。藤岡家住宅が修復され、うちのの館が管理していくとき、父親は、「寂しいけれど、体が動かれなくなってからでは遅い、あれでよかったんかもしれへんなぁ」と言っていました。藤岡家住宅が多くの人によって守られ、次世代に伝えられるようになったことを父親は喜んでいたんだと思います。

田中さんから「村井さんが毎朝、戸を開けて閉めてくれていたから、良い状態で藤岡家住宅が残っていた」とお礼を言われたことがありました。「ばあく」に声をかけてくれたのは、そんなこともあったからだと思います。藤岡家住宅でのランチサロンは、普段やっている仕事とはまた違ったことで、新鮮な気持ちで取り組めます。新たな展開が生まれたり、次から次にある課題に対応したり、利益は生まなくても、常に緊張させてもらえる、貴重な場所です。これからも自分にできる限りのことはしていきたいと思っています。

NPO法人うちのの館　事務局長

木下　喜博さん

――藤岡家住宅の立ち上げ当初から関わっておられますね。

　大学時代に高取城CG再現プロジェクトに関わっていたのですが、そこでお世話になった人の紹介で田中理事長と出会い、天誅組のスタンプラリーの地図の作成やイベントのお手伝いをするようになりました。最初はボランティアだけのつもりだったのですが、藤岡家住宅を管理、運営していくために、NPO法人を立ち上げることになり、田中理事長から事務局を手伝わないかと声をかけられたのが、きっかけでした。自分を必要としてくださっていることがうれしかった反面、NPOについて何も知らなかったので不安もありました。でも田中理事長や携わっている人たちの熱い想いに心が決まり、大学卒業後、NPO法人うちのの館で働き始めました。

　そのころは家の修復作業が行われており、棟梁や職人

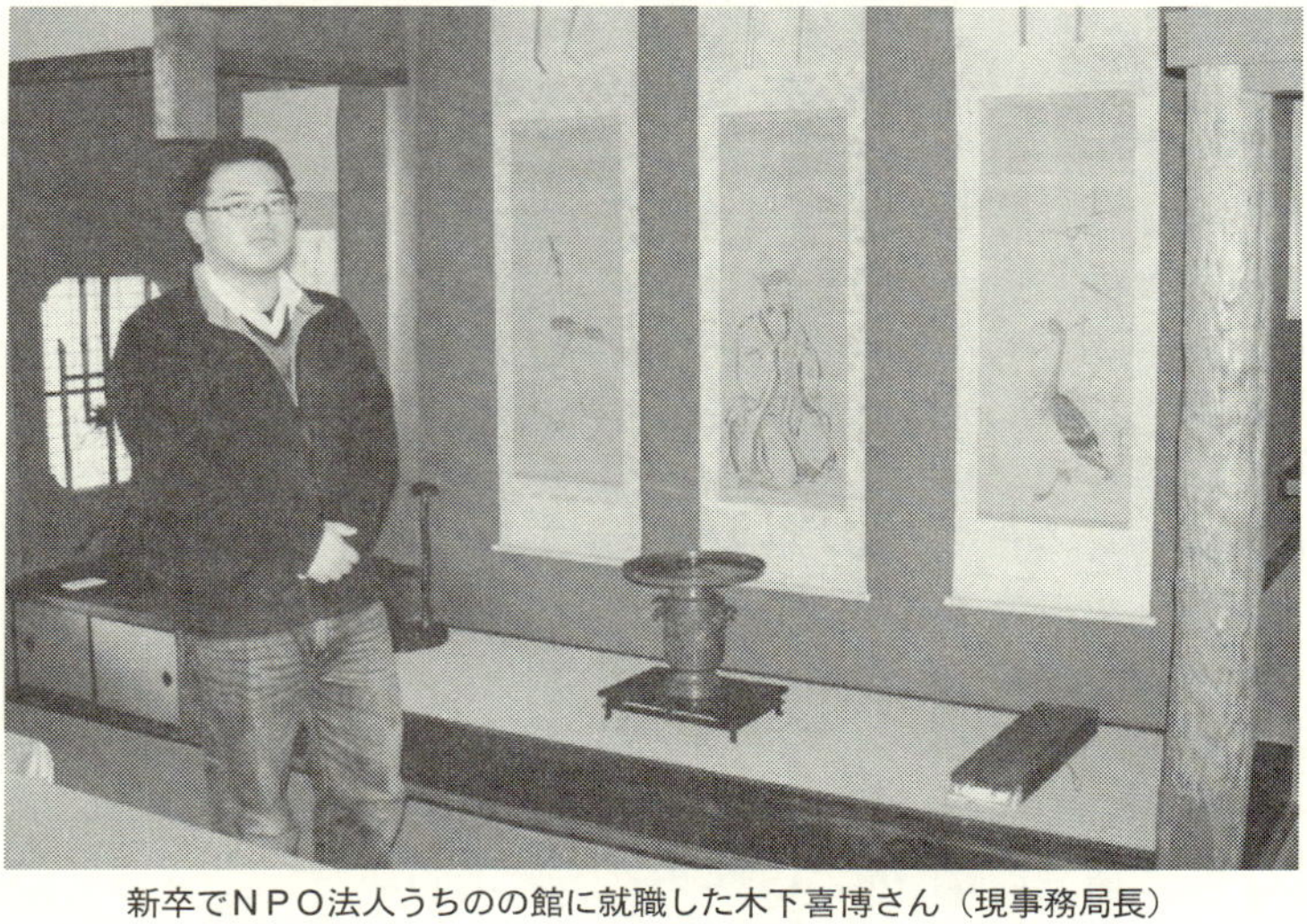

新卒でNPO法人うちのの館に就職した木下喜博さん（現事務局長）

さんたちの作業記録や、事務作業の補助等の作業を中心に進めました。入ってすぐに「マネージャー」という肩書きをいただいた私は、会社勤めの経験もないところからのスタートだったので、物事をどう進めていったらいいのか、いつも手探り状態でした。特に大変だったのは、平成二〇年一一月に開館してからです。ついお客さんの案内に率先して出てしまうので、事務作業がなかなか進まず、そのうえ、中途半端で片づけたくないので、時間ばかりかかってしまって、ずいぶんいろんな人に助けられたり、迷惑をかけたりをしたなぁと思います。それも今ではずいぶん段取りよく、案内も事務作業も進められるようになってきています。

——ていねいな案内は、藤岡家住宅の魅力のひとつでもありますね。

案内人が話す内容は、基本的に同じですが、スタッフそれぞれに味があり、それが面白いとおっしゃってくださるリピーターもいらっしゃるほど。私は話が上手でなく、学芸員でもありませんので、藤岡家が修復されていく様子やその時のエピソードをお伝えするようにしています。ここは、文化施設に見られるNGゾーンがほとんどありません。それがお客さんとのコミュニケーションを広げているような気がします。来てくれたお客さんがまた新たな情報を持ってきてくれる。たとえば、大和新四国八十八カ所展をしていたらまた別の資料を持ってお客さんがきてくれたりするのです。人がまた新たな人を呼んでいるようで、本当に不思議です。そのうえ、お客さんから教えていただくことも多く、自分たちでは知りえなかった情報も集まり、勉強させていただいています。

藤岡家住宅は玉手箱のようで、宝物がどんどん出てきます。与謝野晶子や高濱虚子の手紙、夏目漱石の小説『坊ちゃん』の初版本。五條の田舎に、教科書で習ったような有名な人が来ていたり、その物があったり、本当にすごいなぁと思います。七年携わっていても、その面白さはどんどん増しているような気がします。

——平成二五年四月から事務局長に就任さてましたね。

今後、どのような活動展開を考えておられますか

まだまだ未熟ですが昨年から事務局長を拝命し、もっとたくさんの方に藤岡家住宅を知ってもらうために、ま

ずはやれることからどんどんやって行こうと思っています。先日もお客さんから「お琴の演奏会と食事会をしたいのだけど」というご依頼をいただきました。お客さんからは「演奏の後、タイミングよく食事を出していただき…」と言われたものの、四〇人ほどの大人数です。お客さんからも当日、七人のスタッフをつけるからと言われましたが、田中理事長から「それはおもてなしをしていないことになる」と言われ、実現するのが難しい話でした。理事長の理念も分かるし、お客さんの願いを叶えてあげたい、だからできるだけNOとは言いたくないんです。お客さんの思いを実現できるように、精一杯努力するのが私の仕事だと思っています。一つ一つ、ていねいに対応していくことで、解決できることもあります。「あぁここへ来てよかったなぁ、無理を言ったけど、藤岡家住宅でできて良かったなぁ」と喜んで帰ってもらえたら、私も最高です。この経験から私自身もいろんなことを学ばせていただき、成功事例がひとつできました。これからもNOを言わず、お客さんの気持ちになって、まずはやってみたいと思っています。

また今後、藤岡家住宅単独で事業をするのも限界があることも事実です。これからは新町や五條文化博物館などの、観光スポットと協力、連携しながら「つながっていく仕組みづくり」に力を入れていきたいと思います。藤岡家住宅だけで完結させず、周辺地域の魅力を伝えることで、何度来ても楽しめる地域だということを知ってもらうための仕組みづくりを進めていけたらと考えています。

資料

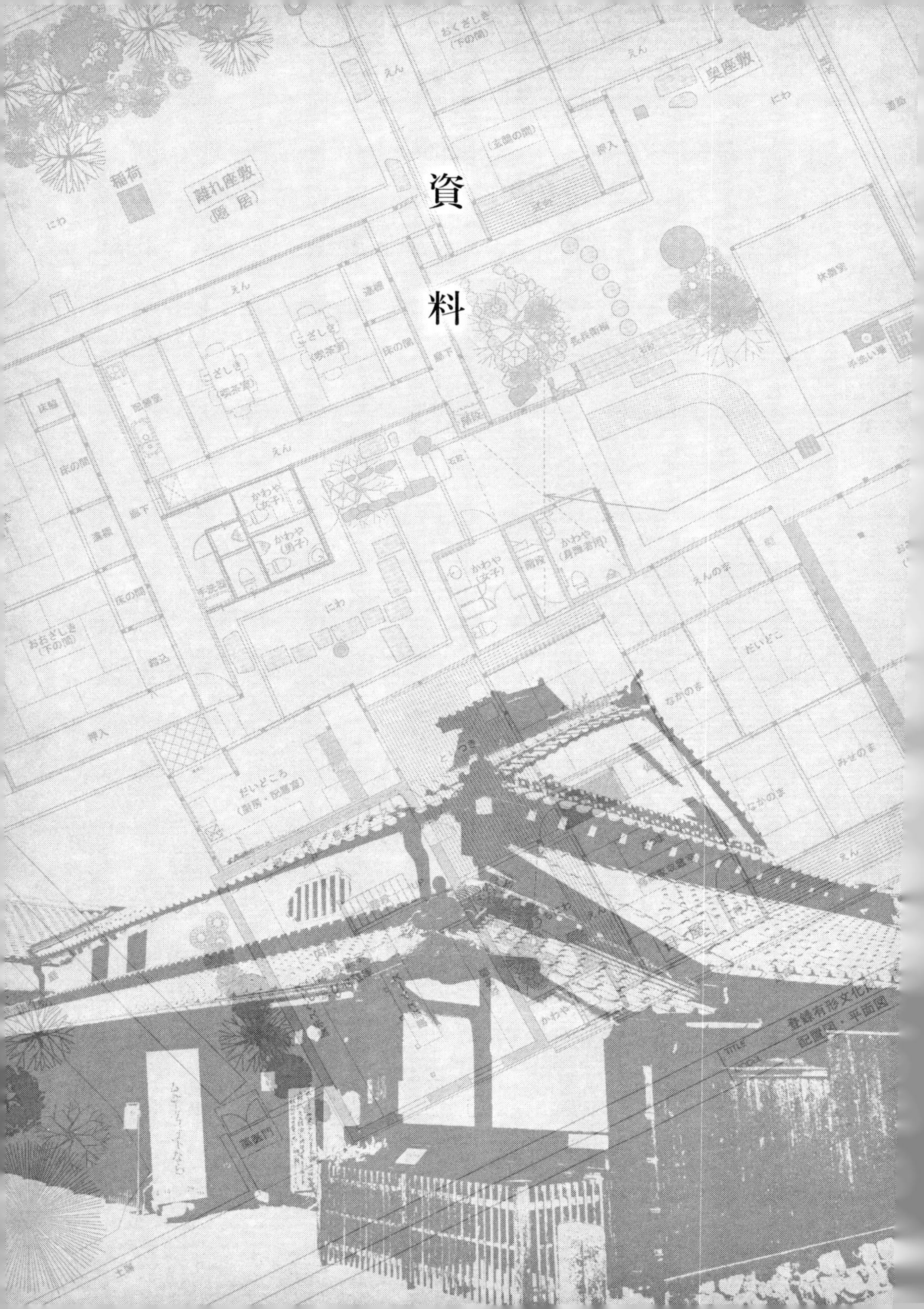

稲荷
離れ座敷
(隠居)
奥座敷
おくざしき
(下の間)
にわ
えん
押入
床の間
廊下
かわや
(女子)
かわや
(男子)
手洗い場
だいどこ
なかのま
みせのま
えんのま
だいどころ
お右ざしき
(下の間)

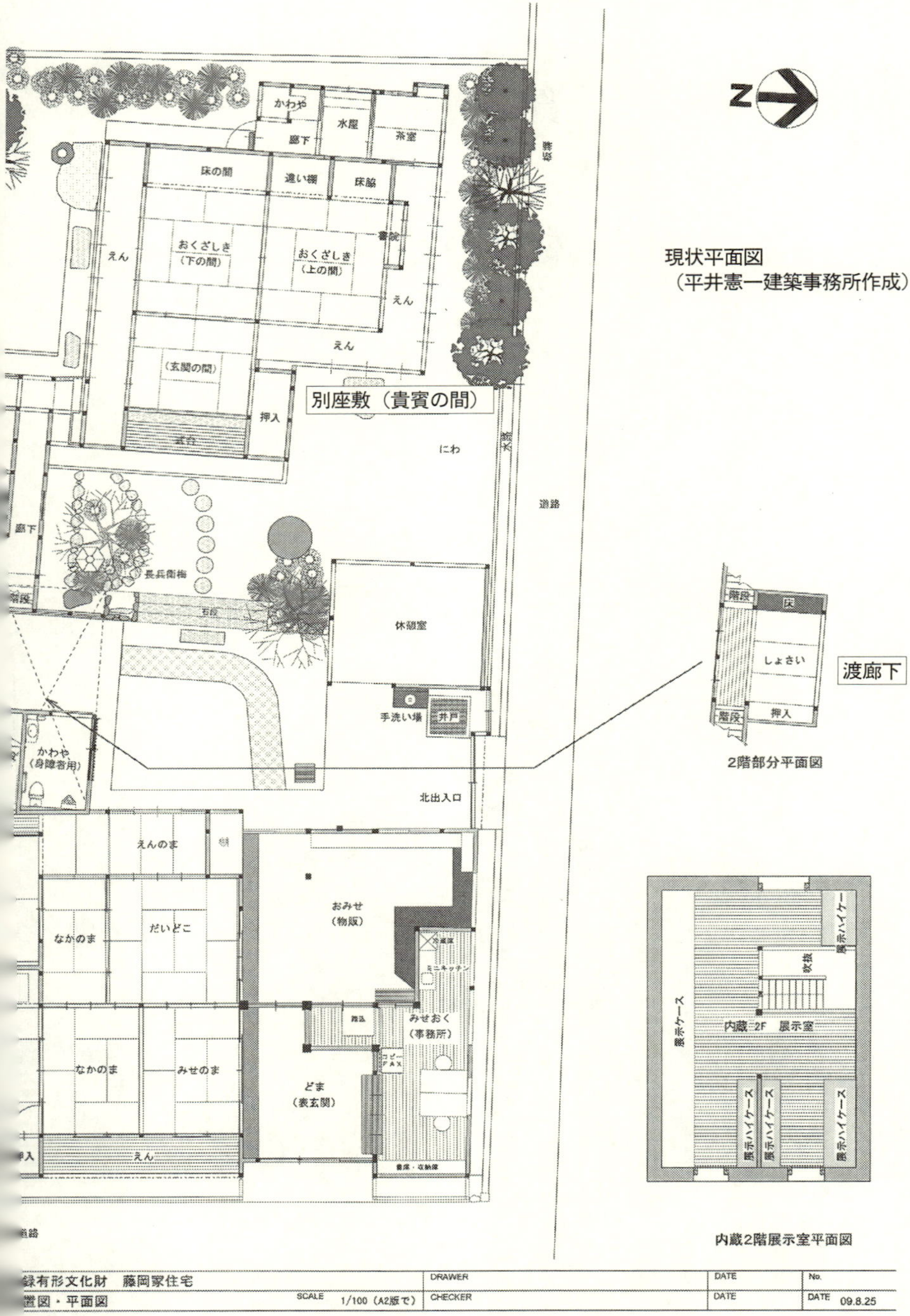

現状平面図
（平井憲一建築事務所作成）
かわや
水屋
茶室
廊下
床の間
違い棚
床脇
書院
おくざしき（下の間）
おくざしき（上の間）
えん
（玄関の間）
押入
別座敷（貴賓の間）
にわ
道路
長兵衛梅
休憩室
手洗い場
井戸
かわや（身障者用）
北出入口
えんのま
おみせ（物販）
なかのま
だいどこ
みせのま
どま（表玄関）
みせおく（事務所）
冷蔵庫
ミニキッチン
コピーFAX
書庫・収納庫
階段
床
しょさい
渡廊下
2階部分平面図
展示ケース
展示ハイケース
吹抜
内蔵 2F 展示室
内蔵2階展示室平面図
録有形文化財 藤岡家住宅
置図・平面図
SCALE 1/100（A2版で）
DRAWER
CHECKER
DATE
No.
DATE 09.8.25

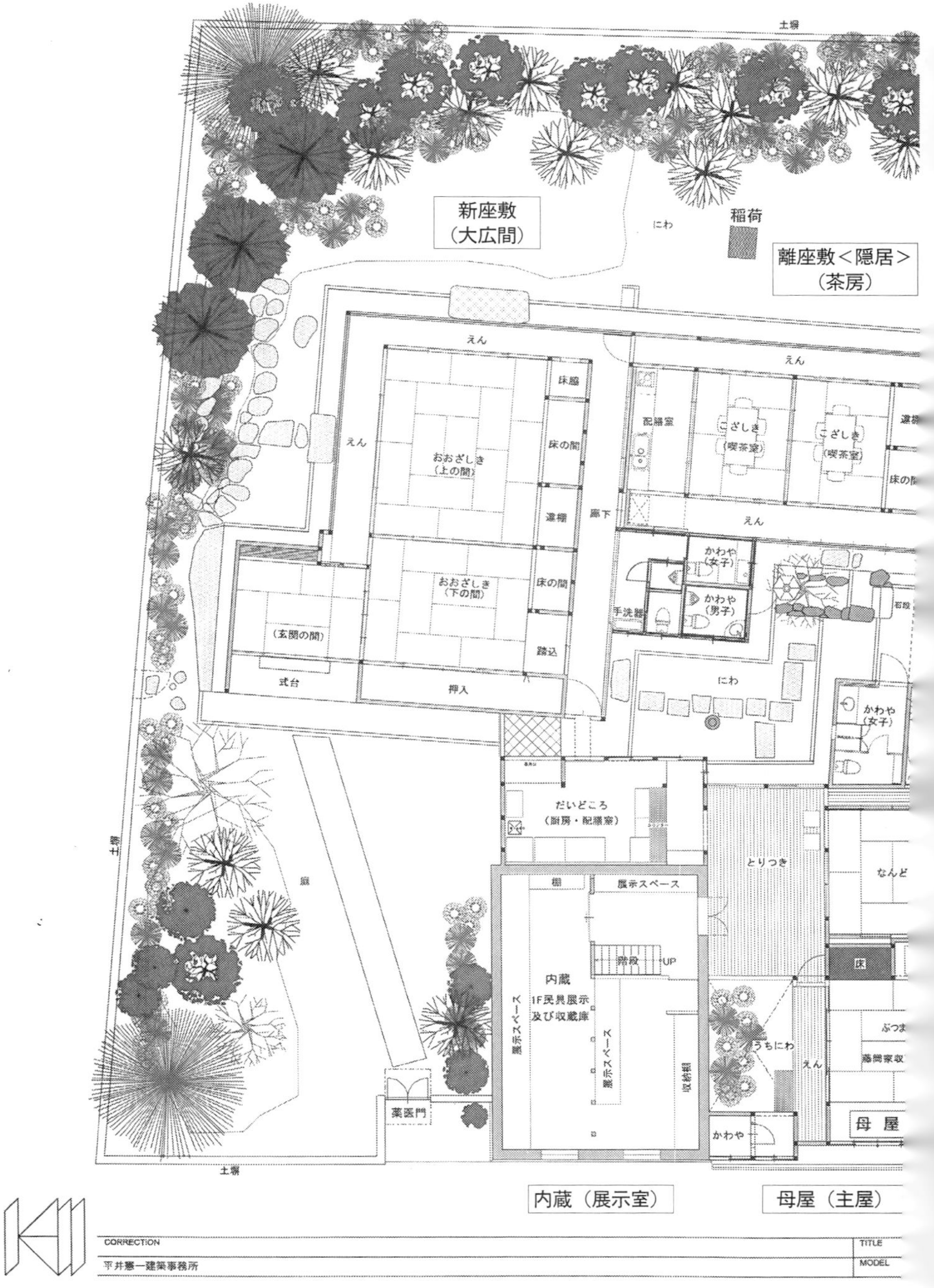

注：（カッコ）内は現在の使われ方です

藤岡家住宅修復年表

年	月日	できごと
1995年（平成7年）	8月19日	藤岡いとこ会を近内の家で開催。約60人集まる。
1998年（平成10年）	9月22日	台風７号奈良県地方を襲う。 庭木が倒壊し、母屋の屋根の煙り出しが吹き飛ばされる。 管理をしていた村井祥寶や藤岡昭彦ら近所の人たちが落ちた瓦の除去作業を行う。
	10月9日	宇太郎　近内に出向き状況を長久に報告（10月11日付長久あての手紙） 「応急修理を近内近倉建設に依頼、恒久的な処置をどうするか苦慮している」
2000年（平成12年）	10月27日	近倉建設に補修の見積を依頼、同時に現状の図面作成も依頼。
	11月18日	見積金額5220万円。 母屋、内蔵、新座敷を補修し、他は解体、撤去する場合。
	12月11日	長久の意見「わずか10年程度家の寿命を延ばしても無意味である。自分なら子孫に負の遺産を残さないよう考える。ただし、最終的な判断は宇太郎に任せる」
2001年（平成13年）	1月25日	近倉建設の現状図面完成
	6月4日	藤岡宇太郎、ホームページで知った五條新町の山本陽一に初めてメールする。
	6月6日	山本から返事。市に寄付して活用できないか考えてみる。 山本が上山保見企画調整課長に連絡し、宇太郎の思いを伝える
	6月12日	山本の要請により、五條市総務部次長ら市関係者7人が藤岡家住宅を視察する。
	10月16日	藤岡宇太郎、五條市役所で山本、上山保見（当時企画調整課長）と、藤岡家住宅保存問題について初めて面談。
2003年（平成15年）	5月19日	田中修司ら、天誅組保存会のメンバー4、5人が「天誅組ゆかり」の額を見に藤岡家住宅に来訪。
	5月26日	田中、児童文学者川村たかしら8人が藤岡家住宅を再視察。 郷土史家の藤井正英（現市立五條文化博物館長）が調査のため資料を持ち帰る。
	5月29日	上山の引率で五條市幹部が藤岡家住宅を視察。 上山「市だけでは困難なので民間を交えて維持することを検討している」。
	6月7日	市立五條文化博物館によるメール、FAXで応答する聞き取り調査。

年	月日	できごと
2003年（平成15年）	6月11日	藤岡家住宅の保存活用に関し、益田吉博市議を交えて市議会議長室で協議。上山生活産業部長から経緯の報告「文化財的価値についての調査を県に依頼中」。活用策について田中、川村らからの意見多数。
	6月20日	県教委文化財保存課による藤岡家住宅の調査。近内町の自治会長や藤岡昭彦（新宅）ら同席。
	6月26日	村井祥寶から宇太郎へ県教委調査について報告の手紙。資料の借用書も同封。
	7月30日	五條市の岸本総務部長、山下企画調整課長らが藤岡宇太郎と東京にて面談。「市として保存・管理を行うのは難しい、民間による活用に期待したい」。
	8月22日	市教育長、山下課長ら市関係者と田中修司ら19人が出席して藤岡家住宅・新座敷にて会合。 「NPO法人による管理をめざす」方針を打ち出す。
	10月16日	「なら県政出前トーク」五條文化博物館会議室　藤岡家住宅の保存利用に関する研修会。
	11月	山下企画調整課長が宇太郎と東京で第2回の面談。内容は、 1, 修復費用について。 2, 寄付のあり方について。 3, NPO法人取得予定団体との懇談について。市としては保存・管理を行うのは難しい、民間による活用に期待したい。
	12月	市と保存利用団体との協議・NPO法人取得について田中氏をはじめ数人で早急に検討する 団体としては市への寄付を望む。
2004（平成16年）	1月20日	藤岡宇太郎と田中修司が初めて新座敷で会う。 五條市幹部も同席し、五條市の考え方を宇太郎に説明する。 「NPO法人立ち上げが第一」
	2月6日	NPO法人うちのの館の設立申請書を県に提出。
	2月18日	藤岡家住宅の寄付に関し藤岡宇太郎と協議。内容は ①藤岡家所有財産の確認 ②土地家屋のすべてを対象に五條市に寄付する意向 ③建物の修復費はNPO法人に5千～8千万円を現金で寄付。 修復個所は屋根、柱、床敷き、基礎、土塀、庭木、その他。 「母屋の屋根については梅雨までの早い時期に行いたい」
	3月1日	藤岡家住宅の方向性にある程度、めどが付く、という五條市役所内部の公文書。
	3月13日	藤岡家住宅で、北宇智地区への地元説明会を開く。 2004年中に市が取得し、維持管理をNPO法人に貸与する、という方向性を地元に説明。
	4月5日	柴田棟梁が柱や基礎の修復について検討。
	6月27日	田中修司、博物館友の会総会で、藤岡家住宅の保存活用に言及。

年	月日	できごと
2004（平成16年）	7月28日	近内集会所においてNPO法人の設立総会。
	11月25日	「特定非営利活動法人うちのの館」を県知事が認証（12月15日設立）。
2005年（平成17年）	6月16日	田中からＮＰＯのメンバーに「五條市から冷たい答え」という文書。
	6月23日	藤岡宇太郎、田中修司らが榎信晴市長と面談。「家屋敷の寄付を受けるのは難しい」との回答。長屋門に帰還後、周辺の土地開発公社の土地を棚田オーナー制度にするなどのアイデアも。宇太郎は「市に寄付が前提ではないが、先が見えないと困る。有効活用を」と訴える。
	7月10日	田野瀬財務副大臣の井谷秘書のアドバイスで、登録有形文化財の申請をする。
	7月16日、25日	県文化財保存課による登録有形文化財認定のための調査が行われる。
	11月12日	藤岡長久死去、88歳。
	11月18日	国の文化審議会が登録文化財指定を文科大臣に答申。
	11月24日	登録有形文化財「藤岡家住宅」の集客交流を目的にした活用プランの提案が京都造形芸術大学プロジェクトセンター関本らによってなされる。「近代産業遺産のアート再生プロジェクト」。
	12月15日	ＮＰＯ法人が示す市への寄付が不可の場合、藤岡所有のまま使用権をNPO法人に与えるという方向。
	1月29日	宇太郎、田中にメールし、修復業者の選定を任せる。予算総額は8千万円（名義は母の藤岡多恵）で必要な都度に支払う。NPO法人への寄付は「現時点では決断しかねる」
2006年（平成18年）	2月11日	宇太郎氏とNPO法人うちのの館と話し合い。修復と建物・土地、備品などの所有権は藤岡家とし、管理運営はNPO法人が行う、建物の修復は3月から行うなどを合意。
	3月初旬	修復を開始
	4月1日	専任職員を置いて、藤岡家住宅に本格的に事務所を開設
	6月21日	登録有形文化財認証プレートを母屋に設置（登録は3月）
	8月18日	宇太郎から田中修司理事長への手紙。「できるだけ元の状態を保つ、ウソの作り物などを加えない」「納屋（牛小屋、男衆部屋など）などは危険なので取り壊しはやむなし」
	9月6日	宇太郎、田中理事長に「家の調査記録」について要望。「文物よりも建物を中心に」

年	月日	できごと
2007年（平成19年）	5月17日	NPO法人より地元自治会長、各種団体長に向けて「登録有形文化財・藤岡家住宅公開について」という文書を発し、掃除や民俗資料の点検などの援助を要請。
2008年（平成20年）	10月12日	藤岡いとこ会。 宇太郎や奥田真祐美ら約50人集まり、藤岡家住宅を見学。
	11月11日	復元工事完成祝賀会実施
2009年（平成21年）	1月8日	一般公開始まる
	4月20日頃	復元工事完了

関係者の外部表彰

柴田正輝　2009 年（平成 21 年）10 月 31 日 奈良県知事表彰「卓越技能賞」受賞。

田中修司　2009 年（平成 21 年）10 月 26 日 第 14 回奈良新聞文化賞

2010 年（平成 22 年）11 月 3 日 第 1 回あしたのなら表彰

（平成 22 年）11 月 28 日 五條市名誉市民

展　示 （その他の部屋）	ランチ企画	見学者など	資料などの 発見	寄贈	取材、掲載日、 放送日など
					「うちのの館通信」 創刊号発行（16日） 奈良リビング掲載 （19日）
ギャラリー茶房 で山口南渓展					「うちのの館通信」 第2号発行（11日）
					「うちのの館通信」 第3号発行（1日）

●藤岡家住宅での行事

日時	うちのの館主催	他団体主催	藤岡家住宅外での行事	展　示（展示室）
平成20年2月	・北宇智保育所メロン組、梅の鑑賞 ・盆梅を出して、句会	五條ロータリークラブ玉骨の句碑建立（17日）		
4月	藤岡家グランドゴルフ場開設（3日）			
5月			かげろう座出展（25日）	
6月	万葉文化館所蔵の絵画「弭（はず）の音」をミストグラフ版にして、玄関に。五條を舞台にした万葉歌の一場面を描いている。	五條ロータリークラブ50周年記念　藤岡家子ども俳句教室（6/18選句、6/23表彰式）（4日）		
7月	立命館大学文学部教授島田康寛氏。所蔵品のうち56点を調査（17日）			
8月	奈良産業大学情報学部の学生　資料をデジタル化（11日、12日、18日）			
9月				
11月	・展示（11日） ・開館式典（11日） ・一般公開（12日） ・藤岡家名品 呈茶と華展（12日、13日） ・藤岡玉骨記念俳句大会、島田康寛氏記念講演「俳句と日本画」（21日） ・ごじょうばあむpresents「秋の歴史探訪ツアー～町の全部が博物館～」（23日） ・宇智野の雅楽の調べ　高鴨雅楽会（30日）			藤岡家に残る俳句短冊の名品
12月	・能楽（金春流）無料体験講座（13日） ・町づくり人　講演会（大広間、理事長講演）（14日）	大和の秋にこだわる文学散歩―御所と五條を訪ねる―バスツアー（奈良新聞主催）講師：上野誠氏		

展　示 （その他の部屋）	ランチ企画	見学者など	資料などの 発見	寄贈	取材、掲載日、 放送日など
・「絵屏風」（大広間）、「ジョサイア・コンドル画獅子舞之図」（貴賓室）、「サーカスのライオン」原画展（茶房梅ケ枝） ・北沢孤山作品展（館内） （～3月22日）					「うちのの館通信」第4号発行（8日）
	ばあく「梅ケ枝ランチバイキング」		桃山がめ発見（米蔵床下から、江戸初期の備前がめが出土）		・奈良テレビ「気ままに駅サイト」放送（10日） ・テレビ朝日「都のかほり」撮影。翌年1月、関東方面で放送
菅井梅関「梅図」、北沢孤山「梅図」（茶房梅ケ枝）	ばあく「おひなまつりらんちさろん」 （28日）				・「うちのの館通信」第5号発行（1日） ・月刊「ならら」3月号、藤岡家住宅特集 ・五條市広報「うちのの館から」連載スタート
	若葉らんちさろん（後援:ばあく）（28日）				
	菖蒲らんちさろん（22日）				・「うちのの館通信」第6号発行（1日） ・奈良テレビ「気ままに歩こーく」放送（20日） ・NHK「ならナビ」（22日） ・NHK「万葉ラブストーリー」放送（22日） ・テレビ大阪「大人旅歩き旅」（30日）

日時	うちのの館主催	他団体主催	藤岡家住宅外での行事	展　示（展示室）
平成21年1月	・展示（～2月） ・維持管理協力金　入館料制度スタート、本格的開館（8日） ・「藤岡家住宅」見学と鬼走りを見る会（14日）	「藤岡家住宅」見学と鬼走りを見る会（奈良交通主催）（14日）		「藤岡玉骨の人と作品」「百人一首」
2月	・茶房「梅ケ枝」で喫茶店がオープン（下旬） ・盆梅展、長兵衛梅（28日～） ・ひなまつり（母屋）（2月28日～4月3日）			
3月	・展示（～4月） ・北宇智保育所メロン組梅鑑賞（5日）			東海道五十三次
4月	・展示（～6月末） ・ひなあらし（3日） ・第1回理事会（18日）		五條市中央公民館主催教室講座開講式　記念講演「もてなしの心」登録有形文化財「藤岡家住宅」 田中理事長（11日）	「教科書展」I 江戸時代～明治時代
5月	・鯉のぼり＆武者のぼり（全館）（～6月） ・茶房 梅が枝～本格的オープンを記念して～（イベント）（28～31日）		・開館記念事業　人形劇団クラルテ公演「サーカスのライオン」（9日） ・宇智野の里の古墳めぐり（NPO法人うちのの館、五條市文化財課共催）（17日）	

展　示（その他の部屋）	ランチ企画	見学者など	資料などの発見	寄贈	取材、掲載日、放送日など
				・駐車場に7本の桜の木寄贈 ・阿波野青畝のお弟子さんより、青畝の作品をはじめとするおよそ92点が寄贈（南上コレクション）（18日）	
					「うちのの館通信」第7号発行（1日）
					・県民だより奈良（1日） ・奈良新聞広告（6日） ・きのかわトーク広告（7日）
	「お月さまのらんちさろん」ランチ後は大善寺の重要文化財、釈迦如来立像を拝観（25日）	葛城市の高齢者ケアステーションこころの利用者が来訪。「回想法」としての利用（10名ずつ×6回）		カブトムシの幼虫（8日）	・「うちのの館通信」第8号発行（1日） ・ラジオ佐賀でPR（11日）
「鷹図屏風六曲一双」（大広間）				小島町の玉木紀子氏から南上コレクションの色紙展示のための額縁を寄贈	・奈良テレビ「ゆうドキッ！」放送（28日）
塩島利彦とピケの世界展（19～21日）				北宇智小学校から俳句教室のお礼で、柿をプレゼント（10日）	「うちのの館通信」第9号発行（1日）

日時	うちのの館主催	他団体主催	藤岡家住宅外での行事	展　示（展示室）
平成21年6月	第2回子ども俳句教室開催（2日） （6/17選句、6/22表彰式）		郷土再発見（西吉野編）～蛍舞う西吉野～「西吉野の歴史と源氏蛍の鑑賞会」（賀名生歴史民俗資料館共催） （11、12、16、17日）	
7月				教科書展（貳） ～与謝野晶子の生きた時代～（～9月末）
8月	「ゆかた・デ・ナイト」 エンヤトットー座の座・コンサート、夜店など（16日）			
9月	「雅楽と鈴虫の夕べ」 高鴨雅楽会（20日）	住友林業ホームテック 米蔵と大広間で休暇のリフォーム設計相談会を開催（13日）		
10月	・観月会～琴の調べと共に～（3日） ・展示（1日～12月末） ・菊の展示（～11月）			「寄贈された南上加代子コレクション～阿波野青畝・後藤夜半など関西で活躍した俳人たちを中心に」
11月	・開館1周年（11/8～11/15の来館者へ抽選でプレゼント贈呈） ・心に残る歌とコカリナのコンサート ・ミニ・食の乱反射（14日） ・開館記念藤岡杯グラウンドゴルフ大会開催（18日）	・カトレア句会（南上加代子氏主宰）（7日） ・「五條・西吉野に太平記・南朝ロマンをたずねる」（奈良新聞主催、講演会）（28日）		

展　示 （その他の部屋）	ランチ企画	見学者など	資料などの発見	寄贈	取材、掲載日、放送日など
平城遷都1300年、光明皇后没後1250年 当家所蔵の「手鑑」のうち、光明皇后の部分と東大寺の資料を展示（展示室1階）、萩原栄文「鬼」展（1/5～2/14、米蔵）、藤岡家所蔵名品の内 虎の図（～3月）					「うちのの館通信」第10号発行（1日）
	梅のらんちさろん（26日）				
住友林業ホームテック「旧家再生」をテーマに展示会（米蔵）（7日）	ひなまつりらんちさろん（26日）				「うちのの館通信」第11号発行（1日）
	菖蒲のランチサロン（金剛寺見学）（28日）				「うちのの館通信」第12号発行（1日）
	あじさいのランチサロン（高鴨神社、高天彦神社、野草園などの見学）（25日）				
	ランチサロン 夏祭りを食べよう！IN「藤岡家住宅」（草谷寺）（23日）				「うちのの館通信」第13号発行（1日）
	ランチサロン（新町通り）（27日）				「うちのの館所蔵の古瓦とやかたにみられる石材」発刊（31日）

日時	うちのの館主催	他団体主催	藤岡家住宅外での行事	展　示（展示室）
平成22年1月	・展示（～3月） ・萩原栄文「鬼」展　オープニングパーティー（5日） ・来館者1万人目、到達（13日） ・ティーサロン「昼の鬼走り」（講演＝鬼走りについて、昼の鬼走り見学）（14日）			東京漫画界「東海道五十三次絵巻 上・下巻」（～3月）
2月	藤岡家住宅のびりけんさん「訶梨帝母（かりていも）」さんの設置			
3月	第2回藤岡玉骨記念俳句大会開催（10日）			
5月	・家守倶楽部　松下さんサボテンの花展（5月中） ・平成22年度 特定非営利活動法人うちのの館通常総会開催（17日） ・うちのの里「万葉故地めぐり2010」（22日）	・「平成の千早越え・五條・初夏の陣」～講演と1日展示会（「維新の魁・天誅組保存伝承顕彰推進協議会主催）（17日）		
6月	・家守倶楽部 窪さん 花菖蒲（6月中）	第3回藤岡家子ども俳句教室（五條ロータリークラブ主催）（9日）	第2回蛍舞う西吉野（蛍を鑑賞する会）（6月中）	
7月	・展示（～9月） ・藤岡家を描くコンクール（21日～9月30日）	藍染め展と藍染めの体験会（橋本市 呉服店みそや主催）（15～17日）		「アメリカの新聞に載った遣米使節団」
8月	「ゆかた・ザ・ナイト2010」ライトアップライブと夜店の夕べ（シャンソン歌手 奥田真祐美、えんやトット一座）（17日）			

展　示（その他の部屋）	ランチ企画	見学者など	資料などの発見	寄贈	取材、掲載日、放送日など
	お月さまのランチサロン（やな漁の見学）（24日）				「うちのの館通信」第14号発行（1日）
「うちのの館所蔵の古瓦と岩石」（母屋）、銘石展示（大広間、貴賓の間）	紅葉のランチサロン（大澤寺）（22日）				「藤岡玉骨片影」発刊（1日）
	銀杏のランチサロン（葛城一言主神社見学）（26日）				「うちのの館通信」第15号発行（1日）
	クリスマスランチサロン（近内御霊神社絵馬見学）（24日）				
「藤岡家所蔵の卯と兎」					「うちのの館通信」第16号発行（1日）
	ひな祭りランチサロン（賀名生梅林）（12日）				「うちのの館通信」第17号発行（1日）
藤岡家の薬資料					
	つつじのランチサロン（船宿寺）（6日）				「うちのの館通信」第18号発行（1日）
	水無月のランチサロン（高天彦神社、橋本院）（22日）				

日時	うちのの館主催	他団体主催	藤岡家住宅外での行事	展　示（展示室）
平成22年9月	・藤岡家見学寄席（19日） ・雅楽と鈴虫の庭（高鴨雅楽会）（25日）			
10月	・展示（～12月） ・うちのの館所蔵の古瓦と藤岡家の石材説明会（5日） ・木のオカリナ　コカリナと歌ンコンサート（16日）			壬生狂言「菜の花」など藤岡家に残された芸能資料
11月	・開館記念日（11日） ・第2回　琴と尺八の宴（13日） ・藤岡家を描くコンクール表彰式（13日） ・第2回藤岡杯グラウンドゴルフ大会（18日）	「天誅組」と柿を巡る歴史講演会（奈良新聞共催）（30日）	第2回うちのの里の古墳めぐり（20日）	
12月				
平成23年1月	展示（～3月）			「藤岡玉骨の絵画」「藤岡家を描くコンクール優秀作品展」
2月	・長兵衛梅と盆梅展示（～3月） ・ひなまつり（2月19日～4月3日）			
3月	・早春の舞台（琵琶の演奏）（2日） ・第3回藤岡玉骨記念俳句大会（2日）			
4月	・展示（～6月30日） ・ひなあらし（お子様にお菓子プレゼント）（3日）		五條ばうむ（市立五條文化博物館）の指定管理者として運営（1日）	高橋克己博士と高橋英子さんの世界
5月	平成23年度通常総会開催（21日）		五條市立五條文化博物館オープン（1日）	
6月	カンオアオイの展示　大岡桂子氏所蔵の展示（開館から）	第4回 藤岡家子ども俳句教室（五條ロータリークラブ主催）（10日）	第3回「蛍舞う西吉野」（17、18、24日）	与謝野晶子の書簡

展　示 （その他の部屋）	ランチ企画	見学者など	資料などの発見	寄贈	取材、掲載日、放送日など
	夏祭りランチサロン（市立五條文化博物館）（22日）				「うちのの館通信」第19号発行（1日）
	清流のランチサロン（御霊神社）（20日）				
	秋晴れのランチサロンと真田庵の見学会（21日）				「うちのの館通信」第20号発行（1日）
銅製の柄鏡	実りのランチサロンと隅田八幡宮の見学会（14日）				
辰年の美術					
	・ひな祭りランチサロン（高取）（9日） ・若葉ランチサロン（西吉野歴史民俗資料館、波宝神社）（14日）				
	サクラソウのランチサロン（高鴨神社）（2日）				・「うちのの館通信」第24号発行（1日） ・「近内マップ」発刊（11日）
「南方熊楠の書簡～熊楠と玉骨～」（母屋）	緑蔭のランチサロン（船宿寺）（8日）				
	夏祭りランチサロン「夏祭りを食べよう IN 藤岡家住宅」（二上山博物館）（24日）				「うちのの館通信」第26号発刊（1日）

日時	うちのの館主催	他団体主催	藤岡家住宅外での行事	展　示（展示室）
平成23年7月	・展示（～9月30日） ・風蘭展示　花坂保雄氏所蔵（1日） ・第2回藤岡家見学寄席（31日）			子どもの世界～藤岡玉骨の蒐集した玩具～
8月	第3回「ゆかた・デ・ナイト藤岡家の夏祭り」（16日）			
9月	雅楽と鈴虫の庭（高鴨雅楽会）（18日）			
10月	・展示（～12月25日） ・歌とコカリナのコンサート（8日）			五條代官と大坂屋長兵衛・内蔵に埋められていた貨幣
平成24年1月	展示（5日～3月31日）			「春の塵」～高濱虚子一行が残した一冊の句帳
3月	・ひなまつり ・第4回藤岡玉骨記念俳句大会（6日） ・長兵衛梅と盆梅展示（3月20日～4月上旬）			藤岡家のおひなさまと盆梅
4月	ひなあらし（3日）			
5月	・藤岡家の武者人形と武者のぼり ・「青葉の舞台」（琵琶演奏）と「古事記」の一人芝居鑑賞（13日） ・平成24年度通常総会（26日）			藤岡家所蔵「古事記」
6月	・展示（6日～9月30日） ・第4回「蛍舞う西吉野」（23、26、28日）			
7月	・展示（～9月30日） ・第4回歌とコカリナと朗読のコンサート（7日） ・風蘭展示（全館）（10日～）			「扇面の芸術」

展　示 （その他の部屋）	ランチ企画	見学者など	資料などの発見	寄贈	取材、掲載日、放送日など
	百日紅のランチサロン（野半の里で食事）（22日）				
「藤岡長和の鞄」展示	小菊まつりのランチサロン（金剛寺）（26日）				
	紅葉のランチサロン（9日）				「うちのの館通信」第28号発行（1日）
	枯葉のランチサロン（11日）				BS朝日放送「百年名家」放送（9日）
「藤岡家に残る東大寺の資料」					•「うちのの館通信」第29号発行（1日） •藤岡家住宅の平成25年1月～12月イベント案内完成
	ひなまつりランチサロン（高取のまちやのひなめぐり）（13日）			•北沢孤山氏から「藤の絵」寄贈 •後藤比奈夫氏から「色紙」の寄贈、中杉隆世氏「玉骨の短冊」を寄贈	•「うちのの館通信」第30号発行（1日） •奈良新聞「長兵衛梅」（20日） •NHK奈良放送「ならナビ」（23日）
与謝野晶子筆「源氏物語礼讃」	ヤマブキのランチサロン（榮山寺）（25日）				NHK「ならナビ」放送（5日）

日時	うちのの館主催	他団体主催	藤岡家住宅外での行事	展　示（展示室）
平成24年8月	第4回「ゆかた・デ・ナイト」（16日）			
9月	第５回雅楽と鈴虫の庭（高鴨雅楽会）（16日）			
10月	・展示（2日～12月24日） ・第5回藤岡家子ども俳句教室（五條ロータリークラブ主催）（11日） ・第3回　藤岡家見学寄席（20日）		「近内の伝承を歩こう」（11日）	・「元禄・立花の図」～生け花550年に寄せて ・森狙仙「猿図」公開（11日）
11月	・開館4周年記念「琴と尺八の宴」（11日） ・開館4周年記念 抽選会（11～18日） ・第4回藤岡家グラウンドゴルフ大会（16日） ・フラワーアレンジメント展示（24～25日）			
12月	松岡徳郎クリスマスフルート&オカリナコンサート（11日）			
平成25年1月	・展示（8日～3月31日） ・第2回　藤岡玉骨記念囲碁大会（12日）		念仏寺陀々堂鬼走り見学（14日）	「玉骨句集」展
2月	・ひなまつり（※紅筝会の琴演奏）（2月末～4月上旬） ・長兵衛梅と盆梅展			
3月	・第5回　藤岡玉骨記念俳句大会（4日） ・佐渡山豊ライブ（大広間）（31日）	「梅香る、早春の五條」（五條市まちづくり推進協議会主催ツアー）（17日）		
4月	・展示（1日～6月30日） ・ひなあらし（5日）			江戸時代の女性像～本・くし・かんざし～

展　示 （その他の部屋）	ランチ企画	見学者など	資料などの発見	寄贈	取材、掲載日、放送日など
	エビネランのランチサロン（高天）（22日）				「うちのの館通信」第31号発行（1日）
「印章 大坂屋長兵衛」展 （8日～9月25日）	薔薇のランチサロン（おふさ観音見学）（5日）				
「関東大震災から90年」浅草12階下のサロメ	夏祭りランチサロン 夏祭りを食べよう！ IN 藤岡家住宅 （23日）				「うちのの館通信」第32号発行（1日）
	清流のランチサロン（15日）				「うちのの館通信」第33号発行（1日）
蓄音機と真空管ラジオ展	紅葉のランチサロン（16日）				
「うまどし」展					
雛人形					
武者人形・武者のぼり（全館）					

日時	うちのの館主催	他団体主催	藤岡家住宅外での行事	展　示（展示室）
平成25年5月	・武者人形と武者のぼり展示（上旬～ 6月7日） ・青葉の舞台（琵琶）（11日） ・平成25年度通常総会（19日） ・民謡家、福島竹峰 藤岡家で唄う（29日）			
6月	・窪政和氏の花菖蒲（1 ～ 15日） ・第5回蛍舞う西吉野（22、25、27日）			
7月	・展示（2日～ 9月29日） ・第5回歌とコカリナと朗読のたなばたコンサート（6日） ・花坂保雄氏の風蘭展示（9 ～ 28日） ・五條中学1年生 見学とスケッチ（10日） ・ホームページ上で五中1年生の作品展（23日） ・第2回みそや藍染め展（25 ～ 27日）			天誅組 大和義挙150年記念展寺 浮世絵「古地図」～絵図からたどる天誅組と五條の人々～
8月	第5回「ゆかた・デ・ナイト」（16日）			
9月	・はならあと2013（7 ～ 16日） ・松岡徳郎オカリナ&フルートのコンサート（28日）			
10月	・展示（1日～ 12月23日） ・第4回藤岡家見学寄席（12日）			大和新四国八十八箇所展
平成26年1月	・展示（7日～ 3月30日） ・鬼走り見学（14日）			「青畝百点」奈良県の生んだ偉大な俳人阿波野青畝の作品127
2月	盆梅と長兵衛梅（22日～ 4月5日）			
3月	第6回藤岡玉骨記念俳句大会（4日）			
4月	・展示（1日～ 6月29日） ・増田厚司箏コンサート（27日）			「はがき」展～帝都復興記念絵葉書など120点～「藩札と松坂はがき」

NPO法人うちのの館発行の本・DVDなど

定期刊行物

会報「うちのの館通信」

隔月刊及び特別号（平成24年11月1日 第40号回発行）

年間イベント案内　2012年・2013年・2014年　（頒価　無料）

刊行書籍

①「登録有形文化財　藤岡家住宅」 頒価800円

2010年4月発行

発行元　NPO法人うちのの館

②「うちのの館所蔵の古瓦と館にみられる石材」　頒価600円

平成22年8月31日発行

発行元　NPO法人うちのの館

執筆者　奥田尚（橿原考古学研究所協力研究員）

松田度（大淀町教育委員会）

③「玉骨片影」　頒価1000円

平成22年10月1日

発行元　NPO法人うちのの館

執筆者　松岡ひでたか（俳句研究家・民俗学者）

④「玉骨句集」（復刻版）

平成23年10月10日

発行元　NPO法人うちのの館

監修・編集　上辻蒼人（奈良県俳句協会理事　奈良新聞大和俳壇選者）

川村優理

DVD

「登録有形文化財　藤岡家住宅」 平成21年

発行元　NPO法人うちのの館

市立五條文化博物館のDVDもあります。

連　載

五條市広報に「うちのの館から」連載中　執筆者　川村優理

（平成24年11月1日号で70回）

奈良日日新聞「うちのの里を眺めると」 執筆者　川村優理

平成20年11月14日～平成21年11月6日（全50回）

登録有形文化財藤岡家住宅のアクセス・利用案内

■〒637-0016　奈良県五條市近内町 526　TEL FAX：0747-22-4013
■開館時間／ 9:00 ～ 16:00 貸会場の開館閉館時間はご要望に応じます。
■休 館 日／毎週月曜日（月曜が祝日の場合は翌日）
■入 館 料（維持管理協力金）／大人 300 円、6 歳～中学生 200 円。
20 人以上は 20％の団体割引有 。
■アクセス／ＪＲ和歌山線北宇智駅から徒歩約 20 分（1.3 ㎞）
■施　　設／喫茶あり。グランドゴルフ場も併設。俳句・観月会・会議・お茶席利用可（要申し込み）。年間通じて各種イベント開催。詳細は問い合わせください。

■藤岡家住宅送迎用ノンステップ・ミニバスのご案内

ベンツのミニバス「きずな」号にて、ＪＲ五条駅・北宇智駅、南海高野線林間田園都市駅、近鉄吉野線福神駅に迎えに行きます。13 人乗り（立ち席を入れて 21 人乗り）です。グループで 3 日前までに電話・ファクスで申し込んで下さい。調整の上お返事致しますので、連絡先は忘れずにお願いします。市内の重要伝統的建造物群保存地区「五條新町」を観光する方は、民俗資料館長屋門下の駐車場まで送ります。詳しくは「うちのの館」にご相談下さい。

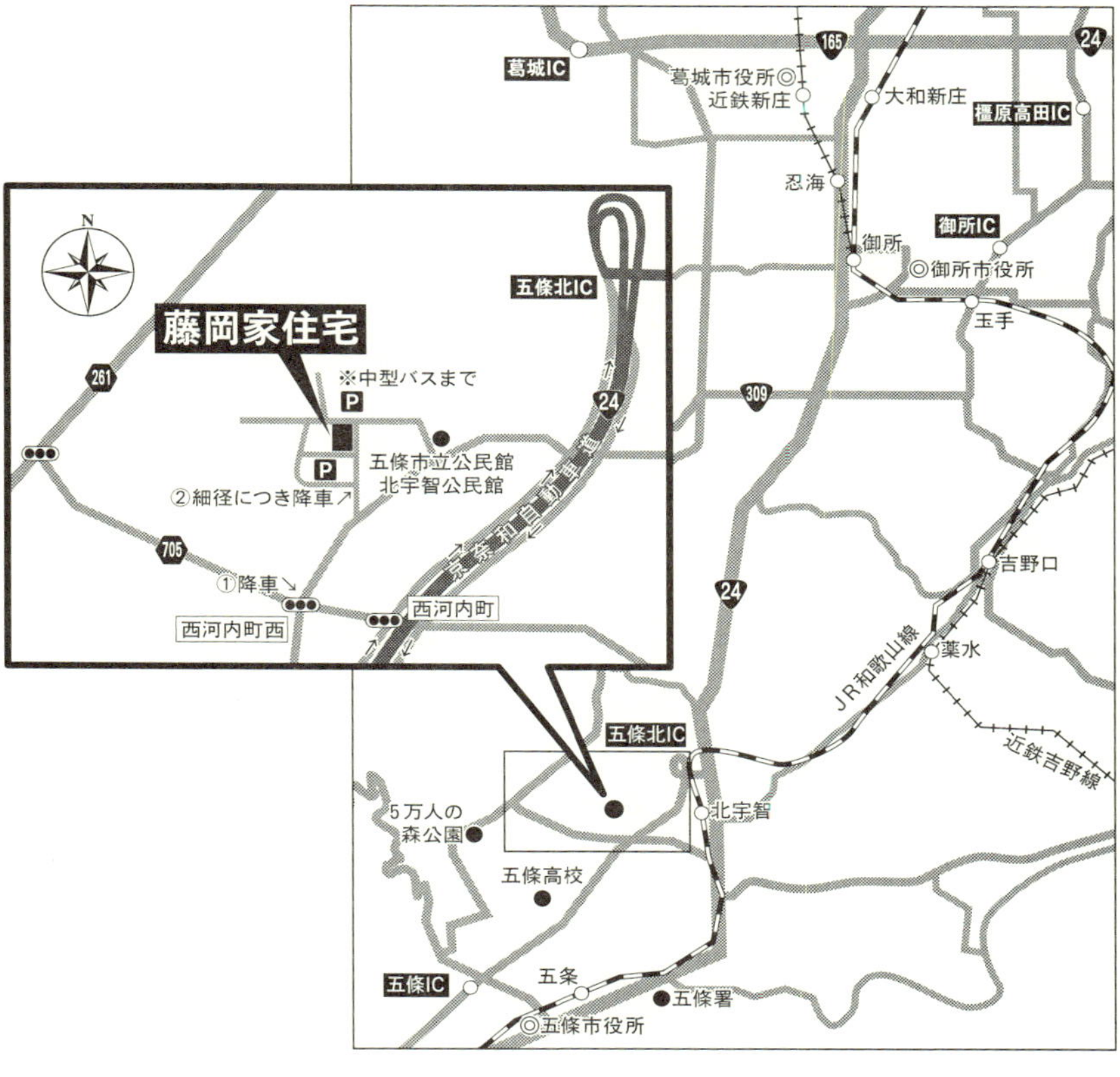

あとがき

私が先祖から受け継いだ家は奈良県五條市中心部から北へ四キロほど離れた近内町という金剛山の登り口に近い農村部にある。江戸の後期から大正にかけて建てられた建物が数棟あるが、祖母（うた代）が昭和五三（一九七八）年に死去してから誰も住んでおらず、幸い近所の方が維持管理をしてくださっていたが空き家の状態であった。

この家は平成一〇（一九九八）年一〇月奈良県地方を襲った台風一〇号により屋根瓦などが飛ばされる被害を受けた。その後数年は応急処置のまま放置していたが、修繕するか壊すかの選択を迫られた私は考えあぐねて、面識は無かったがインターネットのホームページで見かけた、五條市の「五條新町」（現在は重要伝統的建造物群保存地区）の町並み保存運動をされている山本陽一氏に宛て相談のメールを平成一三年六月初めに送った。思えばそれがすべての始まりであった。

先祖から受け継いだ古い家を壊したくないという私の単純な思いは、その後五條市在住の方々を中心に思いもよらぬ大きさに広がった。そして本文で述べられているような経緯により、平成一六（二〇〇四）年一二月にこの家の修復を監理しその後保存、活用を行うために、五條市在住の田中修司氏を理事長とする特定非営利活動法人うちの館（以後ＮＰＯ）が設立され、平成一八（二〇〇六）年には修復が開始された。二年半後の平成二〇（二〇〇八）年一一月に修復が完成し、登録有形文化財藤岡家住宅として一般公開をはじめた。本年は開館後六年、ＮＰＯ発足後一〇年にあたる。

本書はこの藤岡家住宅の修復とその後の活用の記録である。執筆は主に元朝日新聞社記者で五條市担当であった神野武美氏と、元奈良日日新聞社記者の西久保智美氏にお願いした。お二人とも新聞記者として修復活動開始当初から取材をされてきておりこれまでの経緯をよくご存知である。神野さんは定年退職後、京都市文化財マネージャーに登録し、古民家や町並み保存の活動を行っていられる。また西久保さんは地元五條市住川町出身で、それだけにこの家の保存活動に対する思い入れも深い。ともに最適の方に執筆いただけたと思っている。お二人には時には批判を含めてできるだけ客観的にまとめていただくようにお願いした。

修復やその後の公開・活用はすべて田中氏を中心とするＮＰＯの皆さん、ボランティアの方々の手で行われた。私自身は素材である家と土地を提供し、そして純粋に修復に必要な部分の費用を拠出したに過ぎない。私は修復の当事者というより傍観者という立場であった。本書をまとめるに当たってＮＰＯの皆さんや関係者にお話をお聞きし、資料を提供いただいたが、その当時もそして現在も日常的な業務がお忙しく、記憶や記録を十分には集めることができなかった。特に活動の初期部分は私の所有している資料によったため、私の言動に関する記述の割合が大きくなってしまったきらいがあるが、実際はすべて皆さん自身の考えに基づき活動されていたのである。

古家を壊したくない、修復するのであれば皆さんに使ってもらいたいというのが私の当初からの思いである。これは田中さんも平成一六年に初めてにお会いしたときから同じお考えであった。その後実際の運営はＮＰＯにお任せしているのであるが、心の中では、「活用するのであればできるだけ文化的な方法で」と願っていた。ただこれは、交通の便が良いとはいえない五條市、そのはずれにある藤岡家住宅の立地を考えただけでも難しいことは私にも分かる。ところが皆さんも同じ思いだったのか、それとも私の思いが伝わったのかは定かではないが、ＮＰＯの皆さんは開館当初からこの難しい路線に挑戦し続けられている。藤岡家住宅が開館する前に行われた市立五條文化博物館における矢尾米一氏の俳句に関する講演会を始めとして、各種の講演会、俳句大会、琴の演奏会など本文に述べられている各種の文化的な行事が催されており、著者が藤岡家住宅を訪れたことが契機となって生まれた図書も数冊発行された。中でも特筆すべきなのは開館以来継続して開催されている企画展である。内蔵を利用した展示室で三ヶ月毎に内容を変えて、当家に収蔵されている文物を題材とした展示が行なわれている。私の祖父（長和）に関する展示も度々あり、つし（屋根裏の物置）に残っていた古い日用品に関する展示などは興味深く、私も毎回楽しみにしている。この家のようなところに専任の学芸員がいるということ自体が珍しいと思うが、さらに企画展を継続して行っているというのは異例なことで、そのご努力は計り知れないものがある。開館以来学芸員として企画展を担当され、現在は「うちのの館」館長としても活躍されている川村優理氏にはこの企画展の全貌を記していただいた。

本文にも述べられているように、うちのの館の活動は多数の方々の力添えをいただいて進んできたが、中でも自ら起業した柿の葉すしの店を全国規模の会社まで育て上げた経験のあるNPO理事長の田中修司さんと、理事長を学芸的な面で支えた館長の川村優理さんによる力が大きい。このお二人に代わる人が何処にでも居るのか、この活動記録が一般的な事例となり得るのか私にはわからないが、本書が私と同じ境遇の人達、田舎に古い家があるが自分自身は都会で生活しておりその処置に困っている人達に、何らかの手がかりを与えることができればうれしく思う。

また五〇年後、一〇〇年後、いつになるか判らない、また誰がどのように行うかも判らないが、この家が再び修復の日を迎えられることを切に願い、本書がそのときに何らかの参考になればよいと思っている。

最後になるが修復が始まるずっと以前からこの家を見守りお世話いただいた、故村井祥寶さん、池田節子さんなど藤岡ゆかりの方々、新宅の藤岡家の方々そして近隣の近内町の皆様に厚く御礼申し上げる次第である。

平成二六（二〇一四）年一一月

藤岡家住宅当主　藤　岡　宇太郎

「登録有形文化財藤岡家住宅～修復と活用の記録」編集委員会

委　員　長：藤岡宇太郎
編　集　長：神野武美
編 集 委 員：川村優理（うちのの館館長）
　〃　　　：西久保智美
取材・聞き取り資料の作成：うだしげき
写真・図面・資料の作成：平井憲一設計建築事務所
取 材 協 力：田中修司（うちのの館理事長）
　〃　　　：木下喜博（うちのの館事務局長）
編 集 協 力：梶谷和世

登録有形文化財
藤岡家住宅 ～修復と活用の記録

2015 年 2 月 24 日発行　初版第一刷発行

発 行 人：特定非営利活動法人うちのの館（やかた）
〒 637-0016　奈良県五條市近内町 526 番地
TEL：0747-22-4013

編・著「藤岡家住宅―修復と活用の記録」編集委員会
発　売：京阪奈情報教育出版株式会社
〒 630-8325　奈良市西木辻町 139 番地の 6
Tel:0742-94-4567　URL:http://narahon.com/

印　刷：共同プリント株式会社

ISBN978-4-87806-809-6　Printed in Japan 2015